信息化视角下
高校教学档案的建设与管理

范　杰　魏相君　敖青泉　著

NORTHEAST NORMAL UNIVERSITY PRESS
WWW.NENUP.COM

东北师范大学出版社

图书在版编目（CIP）数据

信息化视角下高校教学档案的建设与管理 / 范杰，
魏相君，敖青泉著． -- 长春 ： 东北师范大学出版社，
2019.3
ISBN 978-7-5681-5602-8

Ⅰ．①信… Ⅱ．①范… ②魏… ③敖… Ⅲ．①高等学
校－教学管理－档案管理－信息化－研究 Ⅳ.
① G647.24-39

中国版本图书馆 CIP 数据核字（2019）第 055059 号

□策划编辑: 王春彦

□责任编辑: 卢永康　　　　　□封面设计: 优盛文化

□责任校对: 张　尧　　　　　□责任印制: 张允豪

东北师范大学出版社出版发行
长春市净月经济开发区金宝街 118 号（邮政编码: 130117）
销售热线: 0431-84568036
传真: 0431-84568036
网址: http://www.nenup.com
电子函件: sdcbs@mail.jl.cn
定州启航印刷有限公司印装
2019 年 4 月第 1 版　2019 年 4 月第 1 次印刷
幅画尺寸: 170mm×240mm　印张: 17.75　字数: 324 千

定价: 79.00 元

前　言

信息化代表了一种信息技术被高度应用，信息资源被高度共享，从而使人的智能潜力以及社会物质资源潜力被充分发挥，个人行为、组织决策和社会运行趋于合理化的理想状态。

信息化是人类社会发展的第三次浪潮，也是世界各国人民实现世纪跨越的战略选择。信息化对高校教学档案事业的冲击远超出我们的想象，信息技术的广泛运用，使高校教学档案工作的重点、档案管理的内容和管理手段发生了巨大的变化。由于受传统体制和观念的约束，加之人类知识结构惯性的影响，高校教学档案信息化管理出现了技术和人才短缺、标准和规范滞后、法律保障不得力等问题。另外，高校教学档案部门对高校教学档案信息化管理全面展开似乎也准备不足。鉴于此，理性分析高校教学档案信息化管理实践，系统研究如何全面实现高校教学档案信息化管理问题成为当务之急。

档案工作是高校的重要工作之一，也是衡量其教育质量和管理水平的一个重要标志。为了加强教学档案工作的业务建设，做到收集齐全、结构合理、管理科学，笔者特编写了这本书。本书分为两个部分，第一部分是理论研究篇，包含了信息化和信息化管理概述、教学档案概述、高校教学档案的管理三个章节。这个部分先简要概括了信息化和信息管理的含义和一些相关知识，包括档案及其属性、特点，教学档案的概念、内容、特点和作用。系统讲述了教学档案的管理，包括从收集、整理、鉴定、保管、开发利用、编研到统计整个业务流程。第二部分是实践探索篇，即高校教学档案管理的现状和存在的问题、对教学档案的一些思索以及教学档案的信息化建设，详细阐述了信息化建设的含义、内容和保障体系，供读者借鉴和参考。全书文字简要、资料丰富、通俗易懂、实用性强，对从事档案工作尤其是高校档案工作的人员具有很好的参考和学习价值。

本书在编写过程中，因时间和水平有限，不足之处在所难免，敬请读者批评指正。

目 录

理论研究篇

实践探索篇

理论研究篇

第一章　信息化和信息化管理概论

信息的传递和交流是人类生存的基本需求，改变和改进人类信息处理、传递和交流的方式也是人类努力的方向之一。人类历史上曾经有过四次比较重要的、与信息和信息处理技术相关的技术革命，包括语言的产生、文字的创造、造纸和印刷术的发明以及电报、电话和电视的发明。以数字计算技术和微处理技术为代表的现代信息技术的发明拉开了当代信息革命的序幕，并对人类社会产生了巨大影响。信息化是当今世界经济和社会发展的大趋势，是推动经济发展和社会变革的重要力量。大力推进国民经济和社会信息化，是促进生产力跨越式发展、增强综合国力和国际竞争力、维护国家安全的关键环节，也是推进区域经济发展，提高社会组织的管理决策能力和经营服务水平的战略措施。要想提高信息化建设和应用水平，就必须加强信息化管理。本章在阐述信息化的概念与内容、社会信息化的推进规律和社会组织信息化发展模式的基础上，界定信息化管理的概念，分析信息化管理的内容和作用。

第一节　信息化的含义及现代信息技术

一、信息化的含义

（一）有关信息化的多种观点

1967 年，日本政府的一个科学、技术、经济研究小组在研究经济发展问题时，比照"工业化"的概念，正式提出了"信息化"的概念。该小组认为，信息社会是信息产业高度发达且在产业结构中占据优势的社会，而信息化是由工业社会向信息社会前进的动态过程，它反映了从有形的可触摸的物质产品起主导作用的社会到无形的难以触摸的信息产品起主导作用的社会的演化或转型。法国的西蒙·诺拉和阿兰·孟克于1978年出版的《社会信息化》一书对信息化概念的国际传播起了重要的促进作用。该书探讨了计算机与远程通信紧密结合而产生的远程数据处理对社会发展的巨大影响，指出信息化是人类社会必然的发展趋势，并建议法国政府用国家政策来促进信息化。1986年12月，中国科技促进发展研究中心等单位在北京召开了"首届中国信息化问题学术会议"，会议讨论了信息化的战略与政策、道路与发展模式、信息化与社会发展、信息化测度等问题，并编辑出版了论文集《信息化——历史的使命》。随着信息化实践的推进，人们对信息化概念的认识也在逐步深化和丰富，学术界从不同角度对信息化概念进行了论述并形成了不同的观点。目前，关于信息化有以下几种理解。

1. 侧重于信息技术发展及其应用的"信息化"

这类观点从信息技术的角度出发，注重信息化的技术特征，强调信息技术的发展与应用。有学者认为，信息化就是要在人类社会的经济、文化和社会生活各个领域中广泛而普遍地采用信息技术。也有学者认为，信息化就是计算机化，或者再加上通信化。钟义信认为，信息化是指用现代信息技术武装国民经济各部门和各领域，极大地提高社会劳动生产率。

2. 立意于经济角度的"信息化"

这类观点从信息产业的成长和发展方面出发，强调信息产业在国民经济中的地位与作用。有学者认为，信息化是信息产业高度发达且在产业结构中占优势地位的社会——信息社会前进的过程，它反映了由可触摸的物质产品起主导作用向难以触摸的信息产品起主导作用的根本性改变。也有学者认为，信息化是生产特征转换和产业结构演进的动态过程，这个过程由以物质生产为主向以知识生产为主转换，由相对低效益的第一产业、第二产业向相对高效益的第三产业、第四产业演进。吴传基认为，信息化就是指社会经济结构从物质与能量为重心向信息与知识为重心转变的过程。李富强认为，信息化是指社会经济的发展从以物质和能量为经济结构的重心向以信息为经济结构的重心转变的过程，在这个过程中，不断地采用现代信息技术装备国民经济各部门和社会各领域，从而极大地提高社会劳动生产率。南云认为，信息化就是要加快国民经济各部门之间、部门内部及企业间的信息沟通与交流，促进企业技术改造，使企业的发展更适应新技术的发展和不断变化的市场需求，从而加快经济的运行节奏，促进经济发展。

3. 强调知识、信息利用的"信息化"

这类观点从信息资源的开发利用方面出发，从信息的收集、加工、传递角度界定信息化概念。有学者认为，信息化就是知识化，即人们受教育程度的提高及由此而引起的知识信息的生产率和吸收率的提高过程。也有学者认为，信息化即信息资源（包括知识）的空前普遍和空前高效率的开发、加工、传播和利用；人类的体力劳动和智力劳动获得空前的解放。

4. 突出信息、信息技术对社会经济影响的"信息化"

这类观点综合了以上各类观点，强调运用信息技术、开发信息资源及其对社会经济的影响。1997年，国务院信息化工作领导小组提出了国家信息化的定义，认为国家信息化就是在国家统一规划和组织下，在农业、工业、科学技术、国防及社会生活各个方面应用现代信息技术，深入开发、广泛利用信息资源，加速实现现代化的过程。李京文认为，信息化是指在经济和社会活动中，通过普遍采用信息技术和电子信息设备，更有效地开发和利用信息资源，推动经济发展和社会进步，使信息经济增加值在国民生产总值中的比重逐步上升至占主导地位的过程。汪向东认为，信息化是指人们凭借现代电子信息技术手段，通过提高自身开发和利用信息资源的能力，推动经济发展、社会进步甚至人们生活方式变革的过程。

（二）信息化的内涵

我们认为，社会信息化就是在社会活动的各个方面广泛应用现代信息技术，充分开发和有效利用信息资源。

1. 广泛应用现代信息技术

现代信息技术的应用是信息化建设的主阵地。广泛应用现代信息技术主要是指现代信息技术的单独应用或综合应用，包括信息基础设施建设、采用计算机进行业务处理、实现办公自动化、建立管理信息系统和决策支持系统等。

2. 充分开发与有效利用信息资源

信息资源的利用是社会组织和个人获取信息资源并将其应用到工作和生活中的信息活动。具体来看，就是社会组织和个人采用现代信息技术广泛而快速地获取所需要的信息资源，通过吸收信息资源的内容，改变信息结构和知识结构，优化各项工作和管理决策，创造新的信息产品或物质产品，更好地满足日益增长的社会物质与信息需求。

二、现代信息技术

（一）现代信息技术的含义

信息技术是指用于管理、开发和利用信息资源，能够扩展人类信息器官功能的技术设备及其相应的使用方法与操作技能。现代信息技术是指在现代科学技术，尤其是微电子技术、激光技术和网络技术进步的基础上发展起来的电子信息技术设备及其相应的使用方法与操作技能。

（二）现代信息技术的类型

现代信息技术是一种发展迅速且范围不断扩大的技术。如今，现代信息技术已发展为一个由多种信息技术所组成的高新技术群。

按其技术特征不同，现代信息技术主要包括传感技术、计算机技术、通信技术、光盘技术等。

传感技术是信息技术中的"感觉器官"，主要利用光、压力、温度、气体、磁、放射线、光导纤维等传感装置，高精度、高效率地采集各种形式的信息。例如，卫星遥感技术、红外遥感技术、次声和超声遥感技术、热敏、光敏、味敏、嗅敏传感器及各种智能传感系统等。

计算机技术是信息技术中的"神经中枢"。计算机是由电子管、晶体管、集成电路等电子元件构成的复杂的电子装置，可以高质量、大容景、低成本地存储、处理和输出各种形式的信息。1946年，美国宾夕法尼亚大学的科学家和工程师设计制造了世界上第一台电子计算机。现在，计算机的类型较多，一般将计算机分为服务器、工作站、微型机、便携设备、嵌入式系统等几大类。计算机由硬件系统和软件系统两大部分组成。计算机的硬件系统是构成计算机系统的各种硬件设备的总称，由主机和外部设备两大部分组成。计算机指令的集合称为程序，程序和相应的有关文档构成了计算机软件。计算机通过软件接受输入的数据并进行处理，再输出给用户。计算机软件分为系统软件和应用软件两大类，系统软件是用来管理计算机中CPU、存储器、通信连接及各种外部设备等所有系统资源的程序，其主要作用是管理和控制计算机系统的各个部分，使之协调运行，并为各种数据处理提供基础功能；应用软件是用来完成用户所要求的数据处理任务或实现用户特定功能的程序。

通信技术是信息技术中的"神经网络"，主要是通过现代通信设施，高速度、高保真、安全地传递声音、文字、图像、数字及其他形式的信息。人类一直在改进信息传播的方式，从原始社会人们利用手势、声音、火光等方式传播信息到语言的产生；从文字的出现到纸张、印刷术的发明；从电话、电报到电视的问世；从通信卫星上天到因特网建成，人类社会信息传播发生了深刻的变化，且每次变化都是划时代的。

光盘技术是一种通过光学的方法读写数据的信息存储技术。光盘按其读写功能可分为只读式光盘、一次写光盘和可擦重写光盘三种类型。它不仅可以用于文字信息的存储，也可以用于声音和图像信息的存储，其优点是存储密度高、容量大、体积小、成本低，可以随机存取。缺点是配套设备较昂贵。

按其功能不同，现代信息技术可分为信息获取技术、信息处理技术、信息组织技术、信息存储技术、信息检索技术、信息传输技术、信息安全技术等。

信息获取技术是指延长人的感觉器官而收集信息的技术。它能把人的感觉器官不能准确感知或不能感知的信息转化为人能感知的信息，主要包括摄影技术、录音技术和遥感技术等。遥感技术是指从远距离高空及外层空间的各种运载工具，即遥感平台上，利用各种传感器接收来自地球表面的各类电磁波，并对这些信息进行扫描和摄影、传输与处理，从而对地表各类事物和现象进行远距离探测和识别的现代综合技术。

信息处理技术，也称信息加工技术，是指对信息进行分类、排序、转换、比较、运算、分析、推理和检索的技术，如多媒体技术、人工智能技术等。多媒体技术是集文字、图像和声音于一体的信息处理技术。人工智能技术是用计算机模拟人处理信息的能力，使计算机能显示出人类智能行为的技术。

信息组织技术是指使零散、无序的信息实现有机联系和序化的技术，主要包括数据库技术、超文本技术等。数据库技术是指建立、维护、利用数据库的技术，其实质是利用数据库管理系统对数据库进行管理。超文本技术是将零散的信息通过节点和链组织成互相关联的网状结构的技术。

信息存储技术是指跨越时间保存信息的技术，主要包括数据压缩技术、磁存储技术和光学存储技术。数据压缩技术是对多媒体信息进行实时压缩和解压缩的技术。在未压缩的情况下，数字化的声音和图像数据量非常大，计算机处理费时，存储空间大，因此必须对多媒体信息进行实时压缩和解压缩。磁存储技术主要用于录音机、录像机和计算机的数据存储，有磁带、硬磁盘、软磁盘等。它的优点是存储量大、体积小、成本低，但要借助辅助设备才能使用。光学存储技术是一种通过光学的方法读写数据的存储技术。光盘可以方便地与计算机接口而用作外存储。

信息检索技术是在已建立的数据库和计算机网络中查找所需信息的技术，主要包括光盘检索技术、联机检索技术和网络检索技术等。光盘检索技术是利用计算机从购买的光盘数据库中查找所需信息的技术。光盘检索的具体过程是将光盘数据库放在计算机的光盘驱动器或光盘塔（由多个光盘叠加而成，并配有接口卡设备）中，采用相应的检索策略，输入检索词，通过检索软件的运行从光盘中找到所需要的信息。联机检索技术是用户使用终端设备，运用一定的指令输入检索词和检索策略，通过通信网络连接联机信息中心的中央计算机，进行人机对话，并通过检索软件的运行从联机信息中心的数据库中查找所需信息的技术。网络信息检索技术是利用计算机检索存在于互联网信息空间的各类网络信息资源的技术。目前，网络信息检索技术主要有资源定位检索技术、超链接搜索技术／网络搜索引擎技术及通用信息检索技术。制约网络信息检索技术发展的瓶颈是图像音频视频检索、汉语自动切分、搜索引擎缺陷等。智能检索技术、知识检索技术、多媒体检索技术、新一代搜索引擎技术、自然语言检索技术和基于内容的检索技术是网络信息检索技术发展的核心与关键。

信息传输技术是指一切能使信息跨越空间而流动的技术，主要包括通信技术、计算机网络技术等。通信技术是通过适当的传输介质（如双绞线、同轴电缆、光导纤维、微波、通信卫星等）将数据信息从一台机器（可以是计算机、终端设备或其他任何通信设备）传送到另一台机器的技术。计算机网络技术是现代通信技术和计算机技术相结合的产物，是利用通信设备和线路将地理位置不同、功能独立的单个计算机和计算机设备互联起来，以功能完善的网络软件（即网络通信协议、信息交换方式及网络操作系统等）实现网络中资源共享和信息传递的技术。

信息安全技术是保障信息管理系统、信息网络及其信息自身的安全性的现代信息技术，主要包括访问控制技术、数据加密技术、安全认证技术、防病毒技术、防火墙技术等。访问控制技术用来控制用户对网络资源（文件、目录和设备）的访问，虽然用户已经登录网络系统，但若没有授予他访问网络资源的某些权限，仍不能访问有关的文件、目录及设备。数据加密技术是增强网络信息安全的有效手段，它主要利用某种加密算法，将信息明文变换成密文进行发送，使截取者无法破译，从而实现信息的安全传输。目前，常用的加密算法有对称密钥加密算法和公开密钥加密算法两种。在进行网络通信的过程中，信息交流双方身份的认证也是至关重要的一环。计算机网络中的认证主要包括数字签名、身份验证及数字证书。通常的防病毒技术可以分为病毒预防技术、病毒检测技术和病毒清除技术三种。防火墙技术是一种保护网络信息安全的技术。它利用一个或一组网络设备（计算机、路由器、计算机子网等），在内部网和外部网之间构造一个保护层屏障，检测所有的内外连接，限制外部网络对内部网络的非法访问或内部网络对外部网络的非法访问。

（三）现代信息技术的特点

1.现代信息技术的高技术性

现代信息技术是一种高技术。"高技术"一词在西方国家最早出现于 20 世纪 70 年代，目前国际上还没有统一的定义。不过，越来越多的人认为，高技术是指那些对一个国家或地区的经济、社会和军事有重大影响，能形成新兴产业的先进技术。这就对高技术赋予了双重的解释，即技术上是高端的、社会和经济意义是重大的。高技术同新兴技术和尖端技术不是同一概念。新兴技术和尖端技术一般只指技术本身，而高技术总是密切地同某些特定的产品或产业相联系。具体而言，尖端技术是一种空间排列的概念，指在技术结构体系中处于顶端或最前沿的那一部分；新兴技术是一种时序排列的概念，指出现时间较短或相对传统技术具有新质特征的技术；高技术更强调它的功能和社会经济效益，具有更广泛的科技、经济、社会意义。高技术并不是只指某一单项的技术，而是一个技术群。目前，国际上公认的高技术包括电子信息技术、生物技术、新材料技术、新能源技术、空间技术、海洋开发技术等。

2.现代信息技术的先进性

与传统信息技术相比，现代信息技术在性能上具有明显的先进性。现代信息技术的先进性主要表现为传递信息速度快、范围广、保真性能好；处理信息速度快、准确性高；存储信息密度高、容量大；显示信息图文声像并茂；能以更少的时间，完成更多的工作，取得更好的效果。

3.现代信息技术更新的快速性

现代信息技术更新快、发展迅速。作为现代信息技术基础的微电子技术的发展是建立在晶体管原理之上的。1948 年美国贝尔实验室研究出了晶体管，20 世纪 50 年代出现了集成电路，60 年代初期集成电路达到小规模集成水平，60 年代中后期达到中规模集成水平，70 年代达到可在一个芯片上集成 20 多万个元件的大规模集成水平，80 年代达到了超大规模集成水平。20 世纪 50 年代，计算机技术的主要标志是编程计算，60 年代是数据处理，70 年代是计算机网络，80 年代是模式识别，90 年代是专家系统和人工智能。就通信技术而言，1876 年人类开始进入电气通信时代；1895 年波波夫和马可尼用他们发明的协电批示器接收到协电产生的电波，从而揭开了无线电通信的序幕；1957 年苏联发射了第一颗人造地球卫星，开启了人类利用卫星通信的新时期；1976 年世界上安装了第一条试验性光纤通信线路，此后光纤通信得到迅速发展；从 20 世纪 60 年代起，数字传输技术逐步兴起，由于计算机在通信中的应用，程控交换技术、网络通信技术迅速发展，20 世纪 80 年代兴起了综合应用计算机技术、光通信技术、数据交换技术、数字传输技术、分组交换技术和计算机网络技术等先进技术的综合业务数字网。

4. 现代信息技术的高渗透性

现代信息技术的高渗透性主要表现在两个方面。一是不同现代信息技术之间的高渗透。不同信息技术之间可以相互渗透、相互结合，形成功能更加多样、性能更加优越的信息技术设施，如计算机技术、电视机技术、电话技术结合，形成了三电一体的信息技术设备；多媒体技术、超文本技术结合，形成了超媒体技术；计算机技术和现代通信技术结合，形成了计算机网络。二是现代信息技术对其他方面的高渗透。现代信息技术不仅能应用于信息管理和信息服务领域，还能应用于工业、农业、交通运输、财政金融、科学研究、文化教育、文艺体育、行政管理、军事国防、家庭生活等各个方面。这表明现代信息技术具有强大的渗透力。

三、信息资源

（一）信息资源的含义

资源是指在自然界和人类社会中一切可以用来创造物质财富和精神财富且达到一定量的客观存在形态。国内外学者对信息资源有不同的理解。有人认为，信息资源是指未经人们开发加工的原始信息，如各种自然信息、机器信息和社会现象信息。这种理解把信息资源与人们常说的"矿产资源""海洋资源"等相对应。也有人认为，信息资源就是信息，包括各种信息，只是把信息当作一种资源来加以认识、开发和利用。钟义信就认为"信息资源包括各种各样的信息库"。还有人认为，信息资源是指与信息生产、利用等有关的一切资源，包括信息资料、信息人才、信息技术等，或者把信息资源看成是信息活动中各种要素的总和（包括信息、人才、设备、技术等）。这是对信息资源较为广义的理解。在较发达国家，对信息资源的理解，多数认为是信息活动中各种要素的总和。我国大部分学者倾向于把信息资源理解为文字图像、声音等多种媒介和形式的信息。

我们认为，信息资源有广义和狭义的理解。广义上说，信息资源是可以用于创造物质财富和精神财富的各种信息及其相应的人才和技术等，是与信息活动相关的资源的总称。狭义的信息资源是指可供人类用来创造财富的各种信息。本书所指的信息资源是狭义的信息资源。

（二）信息资源的类型

根据载体和存储方式的不同，信息资源可划分为天然型信息资源、实物型信息资源、智力型信息资源、文献型信息资源和网络型信息资源。

天然型信息资源是以天然物质为载体的信息资源。天然型信息资源分布十分广泛，是没有经过人脑加工的信息资源，更新速度较慢。这种类型的信息资源是科学研究的原材料，科研人员尤其是自然科学研究人员主要通过对这种天然型信息资源进行加工来认识自然、认识世界。

实物型信息资源是指以人造物质产品为载体的信息资源，如新研制的产品的模型、样品等。实物型信息资源直观性与隐蔽性同在，真实可靠且不易失真，但传递和保存不便。实物型信息资源实质上是物质资源，所以人们一般利用其物质属性，但当人们利用其信息属性时，物质资源就成了实物型信息资源。

智力型信息资源是指以人脑为载体的信息资源。智力型信息资源的存储载体是人脑，传播载体是语言；内容较新颖，更新速度快；不便于保存且易失真；交流和传递范围有限。

文献型信息资源是指以纸张等传统介质和磁盘、光盘、胶卷等现代介质为载体的信息资源。文献型信息资源内容广泛，类型多样；质量较高，具有不同的加工深度；传递较方便，传播范围广；便于保存和利用。

网络型信息资源是一切投入互联网的电子化资源的总称，主要包括将原本相互独立、分布于不同地域的数据库、信息中心、图书馆等，由信息网络联结在一起的信息资源；以网络形式出版的信息资源（网络出版物）；仅在网上交流的信息资源。网络型信息资源具有内容丰富、质量高低不一、数量大、增长快、传递速度快、可跨国界流动和传递等特点。

按其内容性质不同，信息资源可划分为政治信息资源、法律信息资源、科技信息资源、经济信息资源、管理信息资源等。

政治信息资源主要由政治制度、国内外政治态势、国家方针政策信息等构成。

法律信息资源主要由法律制度、法律体系、立法、司法和各种法规信息构成。

科技信息资源是与科学、技术的研究、开发、推广应用等有关的信息。

经济信息资源是指反映经济现象的各种有用信息的总和。其内容繁多，包括国家经济政策信息、社会生产力发展信息、国民经济比例与结构信息、生产经营信息、市场供求信息、金融信息等。

管理信息资源是各行业各层次管理与决策活动中形成的，并对管理过程、效果等进行反映的信息。

（三）信息资源的特点

1. 精神形态与物质形态共存

一般情况下，经济资源的物质形态是其主要存在形式。信息资源指的是信息的语义内容，多是精神形态的，但是信息资源必须借助物质载体而存在，即使是无形的信息资源也有其物质载体。比如，市场行情是一种信息内容，是精神形态的，但它的存在形式却是物质的，要么以纸张为载体而存在，要么以磁盘为载体而存在，要么以人的大脑为载体而存在，其中的纸张、磁盘、人的大脑都是物质的。市场行情在传播的过程中，必须借助信道（如声频、视频等），这些信道同样是物质的。

2. 分布的广泛性与不均匀性共存

作为资源的信息无处不在。自然界的各种物质无时不在产生信息，信息资源存在于自然界的各个角落。社会的各个单位、个人都是信息源，都产生信息，也都存储和利用信息。可以说，人类社会充满了信息。

然而，信息资源分布又不是均匀的。一般来说，分布在社会机构中的信息资源多于分布在自然界和个人手中的信息资源，分布在城市的信息资源多于分布在乡村的信息资源，分布在专职信息机构的信息资源多于分布在非信息机构的信息资源，分布在发达国家的信息资源多于分布在发展中国家的信息资源。

3. 无限性与稀缺性并存

信息的"储量"是无限的，永不枯竭的，而物质资源和能源不具备这种特性。物质资源在特定空间内的储量是有限的。信息资源呈现出不断丰富、不断增长的趋势，这是由于信息资源主要产生于人类的社会经济活动之中，而人类的社会经济活动是一个永不停歇的运动过程，信息也总是处在不断产生、不断积累的过程之中。

然而，信息资源在一定历史条件下相对人们的特定需求来说又是稀缺的。在既定的时间和空间里，某一特定的个人或机构由于人力、物力、财力等因素的限制，其信息资源的拥有量总是有限的。人们对信息资源的需求越来越大，要求信息资源内容综合度越来越高，针对性越来越强，因而满足人们某一特定信息需求的信息资源在质和量上表现出稀缺性。

4. 非消耗性与时效性并存

大部分物质资源的利用往往是一次性的，每用一次就要消耗一部分。信息资源则可以多次开发，反复使用，在开发与使用过程中，不仅不会被消耗掉，反而用之弥增，不断形成新的信息资源。

物质资源的利用虽然具有消耗性，但与其开发利用的时间关系不大，不会因为开发晚而利用价值变低，也不会因为开发利用的时滞而浪费，即便是太阳能，也能利用先进的科学技术与设备储存起来备用。但是，同一信息资源并不可以永久地被利用下去，随着时间的推移，信息资源会很快失去其利用价值，即信息资源具有时效性。

5. 可共享性与可选择性并存

在人类社会中，物质资源的利用表现为独占性，利用者之间是一种竞争关系。而信息资源的利用可使不同的利用者在同等程度上共享一份信息资源，从这一层面看，信息资源是一种可共享的资源。

信息资源的使用方向具有可选择性。同一信息资源可以作用于不同的对象，并产生多种不同的作用效果。不同用户使用同一信息资源，可根据需要对信息资源的使用方向进行不同的选择。

第二节 信息化的主要方面

信息化的外延相当丰富，涉及经济社会的各个方面、各个领域和各个层面。按社会活动领域不同，信息化主要包括经济信息化、管理信息化、教育信息化和生活信息化等。按层次范围不同，信息化主要包括微观信息化（即家庭信息化和社会组织信息化）、中观信息化（即行业信息化和区域信息化）和宏观信息化（即国家信息化和全球信息化）。

一、经济信息化

经济信息化是指在经济活动的各个行业、各个领域广泛采用信息技术，开发和利用信息资源，主要包括工业信息化、农业信息化、金融信息化、商务信息化等。

（一）工业信息化

工业信息化是指在工业企业的研究开发、设计生产、市场营销、组织管理等方面，应用先进的信息技术，建设应用系统和网络，充分整合和广泛利用企业内外的信息资源，提高企业生产、经营和管理水平，增强企业竞争力的过程。工业信息化的内容主要包括以下方面。

1. 产品设计信息化

产品设计信息化指将信息技术用于产品设计、工艺设计方面，即在网络和计算机辅助下通过产品数据模型，全面模拟产品的分析与设计过程。产品设计信息化集成了现代设计制造过程中的多项先进技术，包括计算机辅助设计（CAD）、计算机辅助工程分析（CAE）、计算机辅助工艺规划（CAPP）、网络协同设计（NCD）等。产品设计信息化能更新传统的设计思想，大大提高产品设计能力，缩短产品设计周期，降低产品的研发与设计成本，为开发新产品和新工艺创造有利条件，提高企业及其产品在市场上的竞争力。

（1）计算机辅助设计（CAD）。计算机辅助设计是利用计算机帮助设计人员进行设计。其特点是将人的创造能力和计算机的高速运算能力、巨大存储能力和逻辑判断能力结合起来。在工程设计中，带有创造性的设计、方案的构思、工作原理的拟订等需要发挥人的创造性思维能力，这些工作一般应由人来完成；非创造性且繁重的工作，如非常复杂的数学计算、多种设计方案的提出、综合分析比较与优化、工程图样及生产管理信息的输出等均可由计算机完成，设计人员对计算、处理的中间结果做出判断、修改，以便更有效地完成设计工作。

（2）计算机辅助工程分析（CAE）。计算机辅助工程分析泛指包括分析、计算和仿真在内的一切研发活动。CAE技术是计算机技术和工程分析技术相结合形成的新兴技术，CAE软件是由计算力学、计算数学、结构动力学、数字仿真技术、工程管理学与计算机技术相结合而形成的一种综合性、知识密集型信息产品。在近20年的市场需求推动下，CAE技术有了长足的发展，凭借跨学科的数值模拟分析技术越来越受到科技界和工程界的重视。随着CAE技术的不断成熟和CAE软件向高性能方面的发展，CAE技术的应用范围不断扩大，不仅在汽车制造业、飞机制造业、板材加工成型、模具制造业得到了广泛的使用，还在其他领域，如生物医学、建筑桥梁、冶金、电子产品制造及日用消费品的制造中得到了应用。

（3）计算机辅助工艺规划（CAPP）。计算机辅助工艺规划是通过向计算机输入被加工零件的原始数据、加工条件和加工要求，由计算机自动地进行编码、编程，直至最后输出经过优化的工艺规程卡片的过程。或者说，计算机辅助工艺规划是通过向计算机输入被加工零件的几何信息（形状、尺寸等）和工艺信息（材料、热处理、批量等），由计算机自动输出零件的工艺路线和工序内容等工艺文件的过程。这项工作需要有丰富生产经验的工程师进行复杂的规划，并借助计算机图形学、工程数据库及专家系统等计算机科学技术实现。计算机辅助工艺规划常是联结计算机辅助设计（CAD）和计算机辅助制造（CAM）的桥梁。CAPP在现代制造业，如航空、航天、船舶、动力装备、电子机械、水利机械、武器装备、汽车、通用机械等领域都有广泛的应用。

（4）网络协同设计（NCD）。网络协同设计是借助计算机及其网络技术对某一项工作进行协同设计，是计算机支持的协同工作（CSCW）的一个重要研究领域，也是利用分布在全球范围内的制造资源（制造设备、设计者的知识技巧和数据库等）实现动态联盟的一项关键技术。网络协同设计充分利用了网络资源共享、信息共享的优点，将协同设计系统的功能更充分地挖掘出来。人们利用网络协同设计系统可在虚拟的计算机网络环境下合作完成设计任务。

2. 生产制造信息化

生产制造信息化是指将信息技术用于产品的生产制造过程。在制造过程中采用信息技术，可以实现对制造过程的监控和管理，解决加工过程中的复杂问题，提高生产的精度和规模制造水平，实现制造过程的自动化和集成化。生产制造信息化的主要技术包括计算机辅助制造（CAM）、柔性制造系统（FMS）、分布式控制系统（DCS）、快速成型制造技术（RP）、虚拟制造（VM）、计算机集成制造系统（CIMS）等。

（1）计算机辅助制造（CAM）。计算机辅助制造是指利用计算机进行辅助加工、检测、装配、辅助生产等过程，其核心是计算机数字控制（以下简称数控）。1952年，美国麻省理工学院率先研制成数控铣床。数控的特征是由编码在穿孔纸带上的程序指令控制机床，能根据加工要求，自动更换刀具，自动进行车、镗、铣、刨，进行复杂零件的加工，保证加工零件的质量，减少废品率，降低成本，缩短生产周期，改善制造人员的工作条件。随着微型单板机的普及，在通常用的车床、刨床、铣床和镗床上，可以装上单板机，实现自动控制，改变传统的加工方式，提高加工效果。计算机辅助制造广泛应用于船舶、飞机和各种机械制造业。

（2）柔性制造系统（FMS）。柔性制造系统是由统一的信息控制系统、物料储运系统和一组数字控制加工设备组成，能适应加工对象变换的自动化机械制造系统。柔性制造系统的工艺基础是成组技术，它按照成组的加工对象确定工艺过程，选择相适应的数控加工设备和工件、工具等物料的储运系统，并由计算机进行控制，故能自动调整并实现一定范围内多种工件的成批高效生产（即具有"柔性"），并能及时地改变产品以满足市场需求。柔性制造系统由中央管理和控制计算机、物流控制装置、自动化仓库、无人输送台、制造单元、中央刀具库、夹具站、信息传输网络、随行工作台等组成。柔性制造系统具有以成组技术为核心的对零件分析编组、以微型计算机为核心的编排作业计划、以加工中心为核心的自动换刀具和换工件、以托盘和运输系统为核心的工件存放与运输、以各种自动检测装置为核心的自动测量与保护等功能。

（3）分布式控制系统（DCS）。分布式控制系统是由多台计算机分别控制生产过程中多个控制回路，同时可集中获取数据、集中管理和集中控制的自动控制系统。分布式控制系统采用微处理机分别控制各个回路，而用中小型工业控制计算机或高性能的微处理机实施上一级的控制。各回路之间和上下级之间通过高速数据通道交换信息。分布式控制系统具有数据获取、直接数字控制、人机交互及监控和管理等功能。分布式控制系统是在计算机监督控制系统、直接数字控制系统和计算机多级控制系统的基础上发展起来的，是生产过程中一种比较完善的控制与管理系统。在分布式控制系统中，按地区把微处理机安装在测量装置与控制执行机构附近，使控制功能尽可能分散，管理功能相对集中。这种分散化的控制方式能改善控制的可靠性，不会因为计算机的故障而使整个系统失去控制。当管理级发生故障时，过程控制级（控制回路）仍具有独立控制能力，因此即便个别控制回路发生故障也不致影响全局。与计算机多级控制系统相比，分布式控制系统结构更加灵活，布局更为合理，成本也更低。

（4）快速成型制造技术（RP）。快速成型制造技术是国际上新开发的一项高科技成果，简称快速成型技术。它的核心技术是计算机技术和材料技术。快速成型技术摒弃了传统的机械加工方法，根据 CAD 生成的零件几何信息，控制三维数控成型系统，通过激光束或其他方法将材料堆积而形成零件。用这种方法成型，无须进行费时、耗资的模具或专用工具的设计和机械加工，极大地提高了生产效率和制造柔性。在铸造生产中，模板、芯盒、压蜡型、压铸模等的制造往往是靠机械加工的办法，有时还需要钳工进行修整，费时耗资，且精度不高。特别是对于一些形状复杂的薄壁铸件，如飞机发动机的叶片、船用螺旋、汽车缸体与缸盖等，模具的制造更是一个老大难的问题。虽然一些大型企业的铸造厂也进口了一些数控机床、仿型铣等高级设备，但除了设备价格昂贵之外，模具加工的周期也很长，加之没有很好的软件系统支持，机床的编程也很困难。面对今天世界上经济市场的竞争，产品的更新换代日益加快，铸造模具加工的现状很难适应当前的形势，而快速成型制造技术的出现为解决这个问题提供了一条颇具前景的新路。

（5）虚拟制造（VM）。虚拟制造是综合运用仿真、建模、虚拟现实等技术，提供三维可视交互环境，对从产品概念产生、设计到制造全过程进行模拟实现，以期在真实制造之前，预估产品的功能及可制造性，获取产品的实现方法。其基本思想是将制造企业的一切活动，如设计过程、加工过程、装配过程、生产管理、企业管理等建立与现实系统完全相同的计算机模型（虚拟系统），然后利用该模型运行整个企业的一切活动并进行参数的调整，在求得最佳运行参数后再进行最终的实际制造活动，以确保整个运行都处于最佳状态，即可使新产品开发一次获得成功。虚拟制造对提高产品质量、降低产品成本、缩短设计制造周期、改进设计运行状态都起着十分重要的作用。

（6）计算机集成制造系统（CIMS）。计算机集成制造系统是借助计算机技术，综合运用现代管理技术、制造技术、系统工程技术，把分散在产品设计制造过程中各种孤立的自动化子系统有机地集成起来，形成适用于多品种、小批量生产，实现整体效益的集成化、智能化的制造系统。集成化反映了自动化的广度，它把系统的范围扩展到了市场预测、产品设计、加工制造、检验、销售及售后服务等全过程。智能化则体现了自动化的深度，它不仅涉及物资流控制的传统体力劳动自动化，还包括信息流控制的脑力劳动的自动化。CIMS 一般包括管理信息应用分系统（MIS）、技术信息应用分系统（CAD&CAPP）、制造自动化应用分系统（CAM）、计算机辅助质量管理应用分系统（CAQ）等 4 个应用分系统和数据管理支持分系统、网络支持分系统 2 个支持分系统。

3. 企业管理信息化

企业管理信息化是指采用现代信息技术建立信息管理系统，把企业的设计、采购、生产、制造、财务、营销、经营、管理等各个环节集成起来，共享信息资源，从而达到降低库存、提高生产效能、保证产品质量、快速应变的目的。主要应用层面包括管理信息系统（MIS）、决策支持系统（DSS）、供应链管理系统（SCM）、客户关系管理系统（CRM）、企业资源规划系统（ERP）等。

（1）管理信息系统（MIS）。管理信息系统是一个由人、计算机等组成的能进行信息的收集、传送、存储、维护和使用的系统。MIS 是一个人机结合的辅助管理系统。管理和决策的主体是人，计算机系统只是工具和辅助设备，主要应用于结构化问题的解决；主要考虑完成例行的信息处理业务，包括数据输入、存储、加工、输出、生产和销售的统计等；以高速度、低成本完成数据的处理业务，追求系统处理问题的效率。一个企业的管理信息系统主要有以下几个子系统：一是库存管理子系统，其功能包括对库存的控制、库存台账的管理、订货计划的制订和仓库自身管理等；二是生产管理子系统，其功能包括物料需求计划的制订、生产计划的安排、生产调度和日常生产数据的管理分析等；三是人事管理子系统，其功能包括人员的档案管理、人员考勤情况管理、人员各种保险基金的管理和人员培训计划的制订等；四是财务管理子系统，其功能包括财务账目管理、生产经营成本管理、财务状况分析和财务计划的制订等；五是销售管理子系统，其功能包括销售计划的制订、销售状况分析、顾客信息的管理和销售合同的管理等。

（2）决策支持系统（DSS）。决策支持系统是以管理科学、运筹学、控制论和行为科学为基础，以计算机技术、仿真技术和信息技术为手段，针对半结构化的决策问题，支持决策活动的具有智能作用的人机系统。该系统能够为决策者提供决策所需的数据、信息和背景材料，帮助明确决策目标和进行问题的识别，建立或修改决策模型，提供各种备选方案，并对各种方案进行评价和优选，通过人机交互功能进行分析、比较和判断，为正确决策提供必要的支持。决策支持系统基本结构主要由数据部分、模型部分、推理部分和人机交互部分组成。数据部分是一个数据库系统；模型部分包括模型库（MB）及其管理系统（MBMS）；推理部分由知识库、知识库管理系统和推理机组成；人机交互部分是决策支持系统的人机交互界面，用以接收和检验用户请求，调用系统内部功能软件为决策服务，使模型运行、数据调用和知识推理达到有机的统一，有效地解决决策问题。

（3）供应链管理系统（SCM）。供应链是由供应商、制造商、仓库、配送中心和渠道商等构成的物流网络。供应链管理，就是指在满足一定的客户服务水平的条件下，为了使整个供应链系统成本达到最小，而把供应商、制造商、仓库、配送中心和渠道商等有效地组织在一起，进行产品制造、转运、分销及销售的管理方法。供应链管理系统是一个以客户订单为驱动的供应链管理软件。该系统综合了供应链上的客户与订单、产品定义、生产计划、供应商、采购、合同、生产物流、库存、销售、配送、运输与财务核算等环节，不但使企业内部供应链保持流畅和优化，产生了最大效益，而且与客户及供应商之间通过互联网实现了供应链的衔接；通过对客户、供应商、产品、物料和企业资源的科学定义和控制，在客户订单的驱动下，可进行各种仓储、运输、审批及结算作业。

（4）客户关系管理系统（CRM）。客户关系管理是一套先进的管理模式，其实施要想取得成功，必须有强大的技术和工具支持，CRM 就是实施客户关系管理必不可少的一套技术和工具集成支持平台。CRM 基于网络、通信、计算机等信息技术，能实现企业前台、后台不同职能部门的无缝连接，能够协助管理者更好地完成客户关系管理的两项基本任务：识别和保持有价值客户。企业 CRM 系统由客户信息管理、销售过程自动化（SFA）、营销自动化（MA）、客户服务与支持管理（CSS）、客户分析（CA）系统五大主要功能模块组成。

（5）企业资源规划系统（ERP）。企业资源规划系统是指建立在信息技术基础上，以系统化的管理思想为企业提供决策运行手段的管理平台，是将企业所有资源进行整合集成管理的信息系统。ERP集信息技术与先进管理思想于一身，对改善企业的业务流程、提高核心竞争力具有显著的作用。ERP体现的管理思想是，最大化地发挥企业的资源效益，在少占用资源的情况下实现最大化的产出目标。ERP是一项系统管理工程，它通过数据共享，连接了企业的各个部门，有效提高了企业的整体运作效率。从采购、库存到应付款，从销售、库存到应收款，从物料清单、车间生产到成本，从销售预测、生产计划平衡到物料需求，这种流程管理取代了原来孤立的职能管理，消除了无效的管理环节，减少了不增值的活动，堵塞了管理漏洞，实现了业务流程标准化和规范化，提高了企业的运作效率和收益。

4. 企业营销信息化

企业营销信息化就是应用现代信息技术整合企业营销活动的各个环节，建立现代营销信息系统，开展网络营销，通过对企业内外营销信息资源的深入开发，实现企业内外部营销信息的共享和有效利用，不断提高企业营销管理水平，提升企业竞争能力。企业营销信息化的重要体现就是开展网络营销。网络营销不仅使传统的营销组合有了新的内容，其多样化的网络营销方式也给企业带来了可以根据自身情况灵活选择或组合使用的便利。

（二）农业信息化

1. 农业信息化的概念

有人认为，农业信息化是指用信息技术和信息基础设施装备现代农业，依靠信息网络和数字化技术进行农业经营管理，用现代信息技术监测管理农业资源和环境，收集与查询市场动态，支持农业经济和农村社会服务。也有人认为，农业信息化是指通过对信息和知识及时、准确、有效地获取、处理，将其准确地传递到农民手中，实现农业生产、管理、农产品营销信息化，大幅度提高农业生产效率、管理和经营决策水平的过程。还有人认为，农业信息化是指用信息技术装备现代农业，依靠信息网络化和数字化支持农业经营管理，监测管理农业资源和环境，支持农村经济和农村社会化。我们认为，农业信息化是指在农业领域全面地发展和应用现代信息技术，为农业产供销及相关的管理和服务提供有效的信息支持，提高农业的综合生产力和经营管理效率。

农业信息化与农村信息化是有区别的。农业信息化主要是从第一产业、第二产业和第三产业的角度划分，与工业信息化和服务业信息化相对。农业信息化主要是针对农业生产过程的信息化，当然也包括产前和产后，但主要是产中的信息技术应用和信息资源开发利用。农村信息化则是从城市、乡镇和农村这个地理区划进行划分，与数字城市、城市信息化相对应。农村信息化是现代信息技术，包括计算机、通信、电子、自动控制，甚至包括现代的一些传媒技术，在农业生产、农村管理和农民生活三个方面应用的程度和过程。农村信息化包括乡镇企业信息化、农民生活信息化、农业生产信息化、农村商业信息化、农村政治信息化等方面。

2. 农业信息化的主要内容

（1）农业信息网络。信息网络是以计算机为依托的信息交流、传输和应用的信息基础设施。这种信息基础设施促进了信息的多方向、全方位交流和传输，促进了资源共享和技术共享。发展现代化的宽带、高速的农业信息网络是农业信息化建设的重要内容之一。其基本内涵是采用先进的网络技术，建立集多个农业信息子网络于一身的宽带、高速的全国性农业信息广域网络，将农业信息数字化并通过农业信息网络进行传播，以提高农业生产及其管理的科学性和实用性。

（2）农业科技信息资源数据库。信息是现代经济社会最重要的资源之一，是支撑经济社会发展的基本支柱。农业信息资源数据库建设是大规模、高效率开发和利用农业信息资源的主要形式。信息网络建设只是信息资源开发和利用的硬件，若没有各种信息数据库的支持，将根本不可能发挥其应有的作用，因此信息数据库是构成网络建设的内在条件。中国农业信息资源数据库建设目前尚处于较低的发展阶段，以文献型、数值型、事实型为主，大多属于单媒体产品。因此，必须加强和促进各种农业信息数据库的开发和推广应用。农业信息资源数据库建设，既要实用，又要科学、完整、准确，立足于农业生产的需要，适合农业发展的实际和现状，为农业的科学生产和科学管理服务。

（3）农业信息监测与灾害预防系统。农业生产是经济再生产过程与自然再生产过程的辩证统一，它既服从经济规律，又受制于自然规律。这就要求对农业生产过程进行全面的监测，按自然规律发展农业生产，只有分析掌握这些自然条件，才能因地制宜地发展农业生产。

农业监测是进行这种分析的有效技术手段，是由星（卫星遥感技术）、机（航空遥感技术）、地（地面接收、分析网络技术）所构成的技术系统，是将网络技术和数据库技术运用于农业生产的实际过程，是大规模、高效率发展产业化农业的技术依据。在农业生产中，灾害是影响和制约产量、效益的重要因素之一，主要包括水土流失、环境污染、旱涝、病虫害等。灾害预防是高度复杂的技术化工作，既要求高度先进的技术手段，又要求高素质的技术人才。从技术上说，灾害预防包括三个重要方面：其一是建立地理信息系统，将3S技术——地理信息系统（GIS）、全球定位系统（GPS）、遥感技术（RS）应用于灾害研究和预防；其二是开发利用地理信息系统软件，分析并建立适合国情的灾害技术模型；其三是提出预防灾害的技术对策。

（4）农技110。一种以电话为媒介的农技服务方式，由于答难解疑快捷有效，既极大地方便了农民群众，又有效地提高了服务质量，因而被形象地称为农技110。其服务实质是推广实用新品种、新技术和新产品，为农业生产经营提供优质服务，持续提高农业经济效益，推进农业产业化。目前，很多地方开始运用互联网建设农技110网站，借此丰富服务手段，以更好地满足社会需求。

（5）精细农业，又叫数字农业或信息农业。美国于20世纪80年代初提出精细农业的概念。所谓"精细农业"，就是将遥感技术（RS）、地理信息系统（GIS）、全球定位系统（GPS）等现代化信息技术与作物栽培管理辅助决策支持技术、农学、农业工程装备技术集成应用于农业，获取农田高产、优质、高效的现代化农业精耕细作技术。

（6）农业专家决策支持系统。农业专家决策支持系统是农业信息化的重要组成部分。该系统包括不同的服务层次，如农业宏观决策、农业科学研究、农业生产管理等，具体内容包括政策模拟、调控决策方案模型、粮食安全预警等。同时，要建立以主要农作物、畜禽、水产为对象的生产全程管理系统和实用技术系统，以促进农业生产的科学管理和先进技术的推广利用。

（三）金融信息化

金融业是指经营金融商品的特殊行业，主要包括银行业、保险业、证券业，以及金融信托与管理、金融租赁、财务公司、邮政储蓄、典当等金融活动。金融信息化是指现代信息技术（如计算机技术、通信技术、人工智能技术）广泛应用于金融领域，以创新智能技术工具更新改造和装备金融业，从而引起金融活动发生根本性、革命性变革的过程。金融信息化主要包括银行信息化、保险信息化和证券信息化三个方面。

1. 银行信息化

银行信息化是指为适应信息社会的发展，最大限度地实现以客户为中心、以竞争和创新为特征的现代银行经营理念要求，利用计算机、通信、网络现代化等现代技术手段，实现银行传统业务处理的自动化、客户服务电子化、银行管理信息化和银行决策科学化，从而为客户提供多种快捷、方便的服务，为国民经济各部门提供及时、准确的金融信息。银行信息化主要包括以下几个方面。

（1）现代化支付清算体系。支付清算体系是中央银行向金融机构及社会经济活动提供资金清算服务的综合安排。其主要功能包括组织票据交换清算、办理异地跨行清算、为私营清算机构提供差额清算服务、提供证券和金融衍生工具交易清算服务、提供跨国支付服务。现代化支付清算体系是指利用现代计算机技术和通信网络自主开发建设的，能够高效、安全处理各银行办理的异地、同城各种支付业务及其资金清算和货币市场交易的资金清算应用系统。具体内容包括实时支付系统、小额批量支付系统、支票影像交换系统和境内外币支付系统、电子商业汇票系统及中央银行会计集中核算系统。除此之外，现代化支付清算体系还能为银行业金融机构提供灵活的接入方式、清算模式和全面的流动性风险管理手段，支撑新兴电子支付业务处理和人民币跨境支付结算，实现本外币交易的对等支付结算，具有健全的备份功能和强大的信息管理与数据存储功能，高效地运行维护机制化安全管理措施，并逐步实现支付报文标准国际化。

（2）银行核心业务系统。银行核心业务系统是面向数据的大且集中、以客户服务为基础、以产品经营为目标的业务处理系统。核心业务系统分三个层面，即核心层、业务层和服务层。核心层包括集中会计核算系统、客户信息管理系统、授信额度管理系统和公共管理系统。业务层在核心层的外围，反映各类业务具体操作的流程和业务层处理相关的业务逻辑，并通过核心层访问会计服务、客户信息服务和授信额度服务等。服务层包括营业机构的柜员界面、ATM界面、POS界面、IC卡界面、自助银行界面、电话银行界面、企业银行界面、网络银行界面等，它是核心业务系统的服务界面，是银行柜面业务的各种延伸。

（3）银行管理信息系统和决策支持系统。银行管理信息系统是指充分利用业务系统已实现的数据集中的优势和网络，进一步推进信息化系统的建设步伐，构建管理信息平台，加速管理信息化、数字化的进程，增强市场竞争能力，提升业务管理、风险防范和对外服务的水准。管理信息系统是商业银行发展的一个重要方面，涉及信贷管理、财务管理、人力资源管理、客户经理管理、资金管理、风险管理、绩效考核及办公自动化系统等。银行决策支持系统是充分利用业务管理信息系统的数据，通过对数据仓库技术、在线联机分析技术、数据挖掘技术的研究与应用，提供数据抽取、数据分析、数据挖掘等银行管理的现代化手段，实现基于各业务处理系统和管理系统之上，全方位地分析金融风险、辅助决策的银行管理，主要包括管理会计系统、客户关系管理、资产负债管理等。

（4）客户服务平台。为全面提升客户服务质量，客户服务平台将采取集中管理、集中监控、集中培训的管理模式，建立一套具有先进性、前瞻性的多渠道客户服务、营销、信息采集与管理、电子交易系统，建成国际水准、国内银行业一流的客户服务平台。通过网上银行、电话银行等虚拟银行的建设，扩大银行服务的物理范围，淡化本地和异地的概念，提高银行服务的多样性和时效性，全面提升客户管理和服务水准。

（5）网络电子银行。网络电子银行就是商业银行以网上银行、电话银行、手机银行、企业银行、ATM、家用银行软件、呼叫中心等业务品种，构建电子化的金融自助服务体系。网络电子银行与传统银行相比有如下优势。其一，网络电子银行成本低，易于成本控制。由于网络电子银行无分支机构、人员少、无纸化等特征，网上银行的交易成本比普通银行低90%。其二，网络电子银行提供了一站式24小时服务，使商业银行任何时间、任何地点、任何方式的服务承诺成为可能。其三，利用互联网资讯传播优势，推出新产品，为客户提供全方位的个性化服务。目前，网上电子银行已成为商业银行控制成本、增强竞争力和提高经营效益的重要手段，这也是现代商业银行业发展的重要方向。

2. 保险信息化

保险信息化是保险企业采用包括互联网技术在内的现代计算机技术、通信技术和网络技术等信息技术手段，改变保险业传统运作方式，实现保险业务处理自动化、保险服务电子化、保险企业管理信息化和保险决策科学化，提高传统保险保障服务业务的工作效率，降低经营成本，为客户提供多种快捷方便的服务，进而提升保险业整体竞争力的活动。

（1）保险业务管理系统。保险业务管理系统是集投保、续保、退保、理赔于一身，为保险企业提供全方位应用的保险信息系统。该系统不仅可以使保险业务实际操作便捷化，还可有效帮助保险企业为客户提供更多人性化服务，并挖掘其潜在价值，实现效益最大化。保险业务管理系统一般具有多个功能模块。一是客户信息管理功能模块。对客户信息进行体系化管理，将客户基本信息、保险信息、出险和理赔信息等进行关联化设计，使保险企业随时掌握客户的信息情况，做到繁而不乱，避免因信息遗漏而造成不必要的损失。二是保险到期提示功能模块。为了向客户提供优质后续服务和客户价值的提升，系统在客户保单到期前会自动进行信息提示，告知客户需要续保，并在客户确定续保后，自动将续保信息转到续保管理模块。三是续保管理功能模块，可对续保单及送保单等详细信息进行记录，同时配以便捷的查询功能，方便对某个确定续保单及送保单的查询和查找。四是自动信息服务功能模块。系统配有强大的呼叫中心做支持，可实现短信发送、语音提示等功能。五是业务分单管理功能模块。系统拥有保单在线分配功能，管理者可根据工作情况和安排，在线将保单指派给业务人员，业务人员直接在线接受并处理新分配任务。六是理赔记录功能模块。将理赔功能纳入进来，能使系统和实际业务的结合更加紧密，让使用单位在为客户办理续保时提供参考依据和标准。

（2）保险财务管理系统。保险财务管理系统的总体目标有三：一是通过财务系统和保险业务系统的整合实现业务流程信息的集成；二是统一整个公司（包括各分支机构）的财务系统，在保持灵活性的同时，保证财务制度在全公司的贯彻执行；三是强化公司在集团管控、财务核算、财务分析和决策支持方面的能力，为公司发展战略的实施提供支撑。保险财务管理系统可搭建整个公司（包括各分支机构）的财务管理系统体系架构，形成保险总公司、分公司、中心支公司、营业部等多级财务核算及管理体系，各层次除了能够完成基础会计核算及完成包括财务分析、计划、监控、考核等内容的财务管理以外，还负责及时向上一层次汇总财务信息并接受反馈，最终形成全公司完整准确的财务信息体系。通过保险财务管理系统，保险企业可实现细化员工借款、费用的管理，跟踪外部采购，按计划和预算进行资金支付跟踪固定资产、办公家具、低值易耗品的实物信息和财务信息；核算管理内部的资金预测和计划，简化外部银行对账，提高全公司资金监控的时效性和准确性；帮助公司找出盈利或亏损的产品、险种、渠道，以便公司决策层有针对性地调整营销策略，扩大盈利品种的营销，减少甚至停止没有收益或者收益很低的产品销售；帮助公司发现在赔款、费用控制、资金运用等方面的漏洞或薄弱环节，找出造成这些漏洞的原因，使公司决策者可以采取必要的措施，堵住漏洞，强化薄弱的环节，提高公司管理决策的效力和经营效率。

（3）保险代理人管理系统。保险代理人管理系统是保险公司的三大基础信息系统之一。保险代理人管理系统的总体目标是以先进成熟的计算机手段，通过与财务处理系统的信息交换，建成一个覆盖代理人入司、日常管理（考勤、长假、维护个人资料、组织架构/职级人工调整）、考核、督导、培训、薪资管理、孤儿保单分配、离司全过程的管理系统。对保险代理人管理系统的要求如下：一是实用性，即在保证满足代理人管理部门需求的前提下，系统功能、软件功能和业务功能适用；二是规范性，即遵守软件工程的规范；三是先进性，即采用当前先进的基于计算机网络的软件开发工具，从而保证系统在技术上领先；四是高效性，即具有高度的自动化特性，如考核的自动过程、系统提示功能、相关信息的相互调用、自动产生各类统计信息等；五是可维护性，即通过建立大量的数据字典，尽量使维护工作集中到数据库，而不需要对系统进行大的改动；六是操作易用性，即界面友好、容易理解、操作步骤简单、配备齐全的帮助信息系统。

（4）保险监管信息系统。对保险机构进行监管的方式包括非现场监管、现场检查和社会中介机构的外部审计三种，一般以非现场监管为主，以现场检查和社会中介机构审计为辅。非现场监管是指保险监管部门对保险机构报送的数据、报表和有关资料以及通过其他渠道（如媒体、监管谈话等）取得的信息，进行加工和综合分析，并通过一系列风险监测和评价指标，对保险机构的经营风险做出初步评价和早期预警。保险监管信息系统就是应用于非现场监管的信息系统，其目标是以动态监管保险公司的财务指标和业务指标为主线，以财务数据和业务数据为中心，建立包含数据采集、数据校验、报表自动生成、动态查询、动态预警等功能的综合立体化信息管理系统，以提高保险监管部门的监管水平和监管能力，提高保险监管部门的监管效率。

（5）保险电子商务。保险电子商务就是通过互联网开展投保、续保、退保、理赔等活动。保险公司利用电子商务的开放性和互联网的便捷性，建立起快速开发产品的渠道和适应市场变化的销售网络，不失为一种低成本、高效益的营销方式。运用现代信息网络技术，保险业可逐步建立网络营销、电话营销、短信营销等新型营销渠道，同时可利用信息技术实现与银行、航空等行业的业务合作。

3.证券信息化

证券信息化是指采用包括计算机技术、通信技术和网络技术等现代信息技术手段，高效处理和开发证券信息资源，实现证券综合业务处理自动化、证券投资决策智能化、证券企业管理信息化、证券交易网络化。

（1）集中型证券综合业务系统。集中型证券综合业务系统是建立在 Internet/Intranet 之上的处理各种证券交易业务的核心处理系统。它立足于证券公司总部，通过计算机通信网络进行实时交易、实时监督、实时备份和业务集中处理。集中型证券综合业务系统将分散在各个证券营业部的资金、证券、客户资料等数据和业务管理系统向公司总部集中，由公司总部将客户的交易指令集中处理后向交易所集中报盘，交易完成后，资金实行集中清算。集中型证券综合业务系统取消了证券营业部的资金管理、证券管理等功能，将证券营业部变成一个为客户提供便利交易的营销场所，实现了通存通兑、通买通卖。集中型证券综合业务系统包含以下五个模块：一是股份集中托管模块，将证券营业部的客户资料和资金、证券数据集中托管在总部，并统一管理；二是开户数据校验模块，将证券营业部开户数据实时上传，避免重复开户；三是集中报盘模块，完成委托申报和成交回报，把中心端数据库中各个证券营业部的委托数据申报到交易所接口库，同时把交易所的成交数据返回到中心端数据库；四是集中监控模块，对总部和证券营业部的集中报盘模块的运行进行监控，同时对证券营业部的申报和回报数据、席位报盘负载等数据进行实时监控；五是日终清算模块，根据交易所提供的清算和结算数据，统一进行所有证券营业部日终清算和结算。

（2）银证通系统。银证通系统以商业银行活期储蓄账户作为投资者证券买卖保证金账户和清算账户，银行为投资者提供资金的管理、冻结、划拨和解冻等专业的资金服务，证券公司以证券电子商务平台为投资者提供专业的证券服务。双方通过网络实时传输有关资金和证券的数据，在共同的利益基础上完成证券交易的全过程。该系统包含以下四个模块：一是账户管理模块，包括各类账户开销户、账户控制、客户信息修改、密码修改等；二是实时转账模块，包括银行转证券、证券转银行、查询银行余额、各类冲正等；三是交易模块，包括委托、撤单、指定交易、转托管等；四是日终对账模块，包括对总账、对明细账、生成日终清算文件等。银证通系统可以根据配置支持银行端的各种接口，同时支持各种接口的相互转换，使证券公司和各家银行的接入变得更加简单、方便。银证通系统将投资者在银行的活期储蓄账户和在证券公司的证券交易保证金账户合二为一，避免了相互调拨资金的不便。投资者可以到银行的指定网点申请办理银证通开户手续，利用通存通兑系统，到银行联网网点存取交易资金，然后利用电话银行系统或证券公司提供的电话委托、手机炒股和网上委托等多种交易手段，方便地进行证券投资。投资者存取款不受节假日限制，也不受交易时间限制。

（3）证券投资智能决策系统。证券投资智能决策系统是将人工智能技术、神经网络技术、专家系统及计算机辅助决策技术应用于证券领域，开发出来的为证券投资者投资决策服务的智能决策专家系统。证券投资智能决策系统一般由知识库、数据库、规则库、推理机制、解释机制、神经网络优化求解等几大模块组成。其主要功能有三：一是智能选股功能，根据投资者输入的数据和要求，对证券市场上的股票和其他金融品种进行分析、扫描，确定满足要求的品种；二是"黑马"实时检索功能，对日常交易出现的中、短线黑马及潜力品种及时检索，给出选择的原因和对决策策略的详细分析，并运用神经网络技术结合个股历史走势及价格波动预测未来股价变动趋势；三是培训和学习功能，充分利用计算机多媒体的优势，运用文字、图表、语言、声音等多种方式向用户介绍理性投资的有关知识，对投资者的实际操作进行培训，并允许投资者模拟操作。

（4）网上证券交易系统。网上证券交易系统是指投资者利用互联网了解证券行情，进行市场分析，并通过互联网委托下单，获取成交回报、进行清算交割的证券交易系统，其包含以下六个模块。一是行情分析系统，为投资者提供行情数据服务。二是交易处理系统，为投资者提供买入证券、卖出证券、查询资金、查询证券价格、查询最新成交情况、撤销委托和修改密码等基本功能。另外，还可以为投资者提供多用户多账号的批量买卖、交割打印、佣金结算和其他一些特殊功能。三是投资咨询系统，包括多个专家和机构对大盘走势的评估，证券公司和咨询机构提供的盘中和盘后的市场行情分析，全天候的财经新闻，国际国内的宏观评论等。四是智能选股系统，自动向投资者提供各种财务指标，自动在不同组合的条件下为投资者选择最佳证券，使投资者获得最大的投资收益。五是投资理财系统，为投资者提供证券买入后的保本卖出价计算，还可以为投资者提供所持证券的总市值和总资产，卖出证券后的盈亏计算和收益率的计算以及每次证券买卖的历史数据查询等。六是认证中心，其核心功能就是发放和管理数字证书。

（四）商务信息化

简单说来，商务信息化就是利用以互联网和移动通信为主的信息技术，实现商务的信息化。商务信息化与电子商务既有相同点也有不同之处。两者的相同点：都是基于信息技术、通过互联网和移动技术来实现。两者的不同点：电子商务是模式，商务信息化是手段；电子商务侧重于网上交易，商务信息化着眼于商务手段的信息化；电子商务与传统商务泾渭分明，信息化商务可同时服务于传统商务和电子商务，传统商务可通过信息化过渡到电子商务；电子商务是模式上的革命，商务信息化是手段上的升级。下面主要阐述电子商务的概念、内容与模式。

1.电子商务的概念与内容

电子商务也有广义、中义与狭义之分。广义的电子商务是指采用电子方式进行的各种商务活动，甚至可以说是以电子方式为手段的经济活动，包括企业和有关经济单位内部的信息交流活动、电子广告与信息发布、利用网络进行的新产品开发、供应链上商业伙伴之间的交易活动、电子金融服务、电子税收等。中义的电子商务是指通过电子方式进行的商品交易活动，包括通过电子方式进行的商品信息交换、市场营销、货币支付、物流配送等。狭义的电子商务专指通过因特网进行的商品交易活动，包括网络营销、在线销售、网上支付、物流配送等。下面主要介绍狭义的电子商务。

（1）网络营销。网络营销是以互联网为传播手段，通过对市场的循环营销传播，达到满足消费者和商家诉求的过程。简单地讲，网络营销就是指通过互联网，利用电子信息手段进行的营销活动。网络营销具有传统营销不具备的、独特的、鲜明的特点和功能。首先，网络营销市场覆盖面广、信息传递及时。互联网在全球范围内的连通及其开放性特征，决定了网络营销具有覆盖面广的特点，为营销市场的全球化提供了基础。利用互联网可以进行产品信息的发布、对市场进行问卷调查、接收顾客的订单、接收用户信息反馈等，且这些工作均可以在很短的时间内完成。此外，网络营销能够向顾客提供全年全天候的服务。其次，网络营销的运营成本低。网上展示产品、网上订购、网上交易可减少大量的人力和物力成本，一方面提高了工作效率，另一方面降低了运营成本，增加了企业利润。再次，网络营销是个性化、一对一、互动式的营销。网络的互动式特征使顾客能真正地参与到整个营销过程中，选择的主动性也得以强化。产品生产者可利用网络传播自己的产品，顾客也可借助网络的帮助与销售商、技术人员进行对话，了解感兴趣的产品和服务，并提出问题。

（2）在线销售。在线销售就是商家与用户通过网络达成交易协议的过程，其主要是通过网上订购系统来实现的。网上订购系统主要分为用户服务和商家管理两大部分。用户服务包括用户登录单元和用户订货单元。用户进入订购系统首页后，先注册自己的登录名，登录成功后，即可将自己所需产品添加到购物车中，确认订购填写订单就完成了本次订购。系统可以对用户的订单、注册登录名以及产品介绍等进行管理。在订单管理子系统中可以通过不同的查询方式查询订单状况；在顾客管理子系统中可以对顾客的详细资料进行统计和查询；在产品管理子系统中可以对产品信息进行管理和更新。一个典型的网上订购系统的主要功能如下：为客户提供 24 小时方便快捷的在线订购服务；商品信息的管理与更新，包括价格的调整、现有商品信息的修改、新商品信息的加入、过时商品信息的删除等；强大、方便、快捷的查询功能，能提供关键字查询、模糊查询、智能查询，提供商品询价平台，为客户在线询价（商价）提供服务，将用户商业逻辑规则融入系统，即根据不同用户属性提供不同的商品信息；将价格商业逻辑规则融入系统，即根据订购批量、客户等因素制定价格；订单管理，能为分销商的 ERP 系统提供数据接口，为客户提供基本的订单管理服务；根据客户需求，提供丰富的订单形式。

（3）网上支付。网上支付是一种在互联网环境下通过网上银行、第三方支付平台、手机移动支付、固定电话网络和固定电话支付业务完成支付的行为和过程。网上银行又称网络银行、在线银行，是银行通过信息网络提供的金融服务。网上银行利用先进的 Internet/Intranet 技术和覆盖全国的分支机构网络，将传统银行业务与网上银行业务有机地整合起来，为客户提供全面、安全、实时、高效的电子金融服务。第三方网上支付平台是指一些由本身不从事电子商务，但和各大银行签约、具备一定实力和信誉保障的第三方独立机构提供的交易平台。在该平台上，可以安全地实现从消费者、金融机构到商家的在线货币支付、现金流转、资金清算、查询统计等流程，并对电子商务的服务商提供众多的增值服务。手机移动支付是通过把客户的手机号码与银行卡等支付账户进行绑定，使用手机短信、语音、WAP、K-Java、USSD 等操作方式，随时随地为拥有中国移动手机的客户提供移动支付通道服务。电话支付业务是用户通过电话、网络、现场等方式在商户处订购商品或服务，再利用电话语音进行支付的一种交易模式，是在 POS 支付、网上支付之外开辟的又一支付渠道。

（4）物流配送。物流配送就是将用户网上订购的商品送到用户手中。电子商务的发展离不开物流配送的支持，能否将网上交易的商品安全及时地送到用户手中，是电子商务能否正常进行的关键因素之一。电子商务物流配送是信息化、现代化、社会化的物流配送，是指采用网络化的计算机技术和现代的硬件设备、软件系统及先进的管理手段，针对社会需求，严格地、守信用地按用户的订货要求，进行一系列分类、编配、整理、分工、配货等理货工作，定时、定量地交给用户，满足其对商品的需要。

2. 电子商务的模式

（1）B2B 模式。B2B 电子商务是指企业与企业之间的电子商务，即企业与企业之间通过互联网进行产品、服务及信息的交换活动。其交易过程可以分为以下四个阶段：一是交易前的准备，这一阶段主要是指买卖双方和参加交易各方在签约前的准备活动；二是交易谈判和签订合同，这一阶段主要是指买卖双方对所有交易细节进行谈判，将双方磋商的结果以文件的形式确定下来，即以书面文件形式和电子文件形式签订贸易合同；三是办理交易进行前的手续，这一阶段主要是指买卖双方签订合同后到合同开始履行之前办理各种手续的过程；四是交易合同的履行和索赔。就目前来看，企业与企业之间的电子商务是电子商务业务的主体。

（2）B2C 模式。B2C 电子商务是指企业与消费者之间的电子商务，即企业通过互联网直接向消费者销售产品和提供服务的经营活动。这种商品交易过程彻底改变了传统的面对面交易，是一种新颖且有效的电子购物方式。随着国际互联网的发展，这类电子商务异军突起，但是由于各种因素的制约，目前及比较长的一段时间内，这个层次的业务还只能占比较小的比重。从长远来看，企业对消费者的电子商务将在电子商务领域占据重要地位。

（3）B2G 模式。B2G 电子商务是指企业与政府之间的电子商务。B2G 比较典型的例子是网上采购，即政府机构在网上进行产品、服务的招标和采购。政府的采购清单通过互联网发布，供货商可以直接从网上下载招标书，并以电子数据的形式发回投标书。网上采购可以提高政府采购中心的效率，节省政府采购成本，为政府节约巨额开支，同时供货商可以得到更多的甚至是世界范围内的投标机会，即使是规模较小的公司也能获得投标的机会。

（4）C2C 模式。C2C 电子商务是消费者与消费者之间的电子商务，即消费者与消费者之间通过互联网进行商品交换。该模式类似于现实商务世界中的跳蚤市场，其构成要素除了买卖双方外，还包括电子交易平台供应商，即类似于现实中的跳蚤市场场地提供者和管理员。在 C2C 模式中，电子交易平台供应商具有举足轻重的地位，其提供了一个知名的、受买卖双方信任的交易平台，将买卖双方聚集在一起，同时负担着监督和管理的职责，负责对买卖双方的诚信进行监督和管理，对交易行为进行监控，并为买卖双方提供技术支持服务，如帮助卖方建立个人店铺、发布产品信息、制定定价策略等，帮助买方比较和选择产品以及电子支付等。平台供应商主要的利润均来自买家和卖家，即购买平台供应商服务的消费者。

（5）B2B2C 模式。B2B2C 模式是以 B2C 为基础，以 B2B 为重点，将两个商务流程衔接起来形成一种新的复合电子商务模式。产生这种模式的原因是由于在 B2C 模式中，零售的特点决定了商家的配送工作十分繁重，同时个体消费者不肯为了原本低额的商品付出相对高额的配送费用。这种特性使 B2C 模式面临着巨大的挑战。面对这种情况，在 B2C 这种模式中引入 B2B 模式，即把经销商作为销售渠道的下游引进，从而形成了 B2B2C 电子商务模式。这种模式一方面可以减轻配送的负担，另一方面能减轻库存问题所带来的压力，从而降低成本，增强网上购物快速、低价格的优势。

二、管理信息化

管理信息化是指在管理活动，即在计划、决策、组织、指挥、控制等活动中广泛利用信息技术，有效利用信息资源，从而提高管理效率。管理离不开信息，管理过程中的计划、决策、组织、指挥、控制等活动都需要以大量的信息为基础。从某种意义上说，管理活动就是一种特殊的信息活动。要在管理中有效地利用信息，必须利用现代信息技术建立办公自动化系统、管理信息系统、决策支持系统和专家系统，建设内部信息网络，实现各级各类管理工作的电子化、网络化。管理信息化涉及面广，前面所述的工业企业信息化、农业信息化和金融信息化以及后面将论述的教育信息化和社区信息化，都涉及管理信息化问题。这里仅阐述管理信息化的主要方面——政府信息化与电子政务。

（一）政府信息化

政府信息化是指在政府部门广泛应用现代信息技术、充分开发利用信息资源，从而更加经济有效地履行自身职责的活动和过程。政府信息化的最终结果是建立高效可靠的电子政府。政府信息化强调政府利用现代信息技术建立政府信息系统和信息网络的过程，强调政府信息资源的开发与利用。广义地说，政府信息化也包括电子政府建成以后的运行过程。

政府信息化是一个动态的过程。20 世纪 80 年代提出的办公自动化是政府信息化的早期表述，其核心是要用计算机技术处理办公室的内部业务，如文件资料的制作、传送和储存等；20 世纪 80 年代以后，管理信息系统和决策信息系统的出现，使当时的政府信息化，实际上就是运用信息加工和信息处理技术使政府的决策更科学合理，并满足了管理者的需求；20 世纪 90 年代后，国际互联网技术迅速发展，此时政府信息化的含义是指在政府内部办公自动化的基础上，利用计算机技术、通信技术和网络技术，建立起网络化的政府信息系统，并通过不同的信息服务设施为企业、社会和公民提供政府信息和其他公共服务，打破了传统政府管理受时间、空间的限制，改变了政府的管理方式。

（二）电子政务

1. 电子政务的概念与内容

电子政务强调用电子方式处理政府事务，有广义、中义与狭义之分。广义的电子政务是指一个国家的各级政府机关或有关机构以电子化的手段处理各类政府事务，这与电子政府的活动范围大致相同。但电子政府强调的是一种组织机构，而电子政务强调的是一种管理活动。中义的电子政务是指采用电子方式进行的政府管理工作，主要包括政府机关内部办公自动化和政务的网上交互式处理。但由于现代政府的管理越来越依赖信息资源的开发与利用，政府信息发布也是政务管理中必不可少的工作，因此中义的电子政务还包括政府部门以电子方式获取、管理和发布信息，但不包括政府网上采购之类的商务活动。狭义的电子政务仅指在计算机互联网上进行的政府管理活动，即在计算机网络上进行的政务交互式处理。可以认为，电子政务是电子政府的核心和主要方面，因为电子政务主要是"政务"，而"电子"只是手段，所以电子政务的广义与狭义应从"政务"方面加以区分。广义的电子政务 = "电子" + 广义"政务"，指电子化的政治与行政事务，包括电子政党事务（电子党务）、电子政权事务（电子人大）、电子政府事务（狭义电子政务）、电子政协事务（电子政协）和电子行政事务（企事业单位的电子行政管理事务）。狭义的电子政务＝"电子"＋狭义"政务"，指电子化的政府管理事务。

电子政务涉及利用电子方式开展政府管理、服务活动，具体包括三个方面：一是政务机关电子化的信息活动，包括政务机构及其工作人员通过电子方式或从网上获取信息、政务信息资源形式的数字化、管理的自动化和发布的网络化等；二是政务机关内部办公自动化，包括电子公文管理、会议与领导活动管理自动化、机关事务管理自动化、政府决策支持系统等；三是政务的网上交互式处理，包括网上公文传递、网上项目申请与审批、网络会议、电子福利支付、电子税务、公民参与公共决策、网上选举、网上民意调查、公务员网上招聘、网上公共事业服务等。

2. 电子政务的基本构架

在我国，电子政务的基本构架是指"三网一库"的结构，即内网（内部办公业务网）、专网（办公业务资源网）、外网（政府公众信息网）和资源数据库。

（1）内部办公业务网。内部办公业务网简称"内网"，是政府的内部网络系统，通过内部网络互联，实现信息共享和信息传递。主要用于政府机关内部公文、信息处理和政府系统内部信息传输与共享，提高政府与部门之间的信息快速反应能力，逐步实现政府各类文件、信息处理的无纸化。内网主要包括文件收发、公文管理、签批管理、会议会务管理、政务信息管理、档案管理、领导日程安排、车辆管理、公共信息服务等系统，将政府文件、公文管理、督查督办及上级政府的有关文件批示和下级政府的请示报告都通过网络处理，实现办公自动化、网络化。同时，逐步开发多媒体应用系统，为领导提供桌面式电视会议、可视电视及其他语音图像信息服务等。根据国家有关规定统一建设与因特网物理隔离的党政机关办公专用信息网络及交换平台，各机关单位用电子文档传送资料、文件、通知等信息，使用统一的办公自动化系统，全面实现各机关内部与上下级机关之间办公网络互联互通。运用电子身份认证技术和网络数据库技术，建立严格的安全保密管理机制和政府信息交换系统，实现政府信息在政府机构内的分级共享。内网是整个网络建设中最关键的部分，必须具有如下特点：高起点、高性能，具备可管理性、安全性、稳定性的功能；支持集成的多服务器系统与数据均衡负载，提高网络的性能和稳定性；通过先进的备份、防病毒和安全保护等手段保障数据和网络的安全。在整个内网的建设过程中，最重要也是最关键的问题是办公软件的选用、办公流程的二次开发和应用推进，以便实现办公自动化。

（2）办公业务资源网。办公业务资源网简称"专网"。专网是以政府为中心，连接下级政府、各局委办和政府下属机关部门的办公业务网络。专网必须具备的功能：通过专网进行邮件传输与信息传送，实现远程办公；实现公文管理、档案查询、项目审批、新闻发布等功能；连接各级政府与部门，实现网上各模块之间的逻辑关系。

（3）政府公众信息网。政府公众信息网简称"外网"，是政府面向社会公众开放和服务的综合类门户网站，对扩大政府对外宣传渠道，提高政府工作透明度具有十分重要的意义。政府公众信息网的功能在于：将政府部门需公开的信息在互联网上发布，促进机关政务公开；形式多样、图文并茂地实时播发政治、经济、文化等各类综合新闻和信息；构建一个电子化虚拟政府，使人们可以从不同渠道获取政府的信息及服务；把政府对外办事业务搬上网，推进"一站式"电子政府的建设。

（4）资源数据库。资源数据库也称"信息资源库"，是电子化、数字化的政府信息资源的集合。建立政府资源数据库应采用先进的数据库技术和数据仓库技术，要求政府部门之间分工协作，建立富有特色的资源数据库。

3. 电子政务的模式

电子政务的主要模式有 G2G 模式、G2E 模式、G2B 模式和 G2C 模式四种。

（1）G2G 模式。G2G 电子政务即政府与政府之间的电子政务，它是指政府内部、政府上下级之间、不同地区和不同职能部门之间的电子政务活动。该模式是电子政务的基本模式，主要的实现方式可分为以下几种：一是政府内部网络办公系统，指政府部门内部利用办公自动化系统和互联网技术完成机关工作人员的许多事务性工作，实现政府内部办公的自动化和网络化；二是电子法规、政策系统，指通过电子化方式传递不同政府部门的各项法律、法规、规章、行政命令和政策规范，使所有政府机关和工作人员共享完整、动态的法规和政策信息；三是电子公文系统，指政府机构借助网络技术，使传统政府间的报告、请示、批复、公告、通知、通报等在保证信息安全的前提下通过数字化的方式在不同的政府部门间快速传递；四是电子司法档案系统，指通过电子化的手段，在政府司法机关之间共享司法信息，如公安机关的刑事犯罪记录、审判机关的审判案例、检察机关的检察案例等；五是电子财政管理系统。建立在网络基础上的电子财务管理系统可以向政府主管部门、审计部门和相关机构提供分级、分部门、分时段的政府财政预算及其执行情况报告。

（2）G2E 模式。G2E 电子政务是指政府与政府公务员（即政府雇员）之间的电子政务，主要是利用互联网建立起有效的行政办公和员工管理体系，为提高政府工作效率和公务员管理水平服务。主要形式有两种：一是公务员日常管理，即利用电子化手段实现政府公务员的日常管理，如利用网络进行日常考勤、出差审批、差旅费异地报销等；二是电子人事管理，电子化人事管理包括电子化招聘、电子化培训、电子化学习、电子化沟通、电子化考评等内容。

（3）G2B 模式。G2B 电子政务是指政府与企业之间的电子政务。主要形式包括以下几种：一是电子税务系统，即企业直接通过网络完成税务登记、税务申报、税款划拨等业务，并可查询税收公报、税收政策法规等事宜；二是电子工商行政管理系统，即把作为工商行政管理工作主要内容的证照管理等通过网络来实现，使企业营业执照的申请、受理、审核、发放、年检、登记项目变更、核销以及其他相关证件的办理直接通过网络进行；三是电子对外经贸管理，即把与企业进出口业务相关的政府职能直接通过网络来办理，如进出口配额许可证的网上发放、网上结汇等；四是企业综合信息电子化服务，即把与企业经营管理活动有关的政府信息资源通过网络来传递，如科技成果主管部门可以把有待转让的科技成果在网上公开发布，质量监督检查部门可以把假冒伪劣的产品和企业名录在网上公布等。

（4）G2C 模式。G2C 电子政务是指政府与公民之间的电子政务，是政府通过电子网络系统为公民提供各种服务。主要的应用包括以下几个方面：一是电子身份认证，电子身份认证可以记录个人的基本信息，也可记录个人的信用、工作经历、收入及纳税状况、养老保险等信息，还可通过网络申报个人所得税，办理结婚证、离婚证、出生证、学历和财产公证等；二是电子社会保障服务，即通过网络建立起覆盖本地区乃至全国的社会保障网络，使公民能通过网络及时、全面地了解自己的养老、失业、工伤、医疗等社会保险账户的明细情况；三是电子就业服务，即政府机构利用网络这一手段为求职者和用人单位架起一座服务的桥梁，使传统的、在特定时间和特定地点举行的人才、劳动力的交流突破时间及空间的限制，使用人单位随时随地都可发布用人信息、调用相关资料，应聘者可以通过网络发送个人资料，接收用人单位的相关信息，并可直接通过网络办理相关手续；四是电子医疗服务，即政府医疗主管部门通过网络向当地居民提供医疗资源的分布情况，提供医疗保险政策信息、医药信息、执业医生信息，为公民提供全面的医疗服务。

三、教育信息化

教育信息化是指在教育与教学领域的各个方面，在先进的教育思想指导下，积极应用信息技术，深入开发、广泛利用信息资源，从而促进教育改革与发展的过程。其技术特点是数字化、网络化、智能化和多媒体化，基本特征是开放、共享、交互、协作。教育信息化的发展带来了教育形式和学习方式的重大变革，促进了教育改革，对传统的教育思想、观念、模式、内容和方法产生了巨大冲击。

（一）教学信息化

1. 多媒体教学

多媒体教学是一种新型教学手段，是在教学过程中，根据教学目标和教学对象的特点，通过教学设计，合理选择和运用现代教学媒体，并与传统教学手段有机结合，共同参与教学全过程，以多种媒体信息作用于学生，达到最优化的教学效果。

多媒体教学在 20 世纪 80 年代已经开始出现，但当时是采用多种电子媒体，如幻灯、投影、录音、录像等综合运用于课堂教学，这种教学技术又称多媒体组合教学或电化教学。20 世纪 90 年代起，随着计算机技术的迅速发展和普及，多媒体计算机已经逐步取代了以往的多种教学媒体的综合使用，因此现在我们所说的多媒体教学是特指运用多媒体计算机并借助于预先制作的多媒体教学软件来开展的教学活动过程，它又可以称为计算机辅助教学，具体是指利用多媒体计算机，综合处理和控制符号、语言、文字、声音、图形、图像、影像等多种媒体信息，把多媒体的各个要素按教学要求，进行有机组合并通过屏幕或投影机投影显示出来，同时按需要加上声音，通过使用者与计算机之间的人机交互操作，完成教学或训练过程。

2. 网络教学平台

网络教学平台以课程为中心集成网络教与学的环境。教师可以在平台上开设网络课程，学习者可以自主选择要学习的课程并进行学习。学习者之间以及教师和学习者之间可以根据教学需要，围绕所教所学的课程进行讨论、交流。网络教学平台是支撑网络远程教育的最重要的应用系统，为教师、学生提供了强大的施教和学习的网上虚拟环境。

通过网络教学平台，教师可以管理教学、编辑课件、在线考试、审批作业、组织在线答疑、统计学生学习情况等；学生可以选修课程、安排学习计划、查看课程内容、提交作业、协作学习和交流、查看学习成绩等。

3. 远程教育

现代远程教育是指通过音频、视频（直播或录像）以及包括实时和非实时在内的计算机技术把课程传送到校园外的教育，是随着现代信息技术的发展而产生的一种新型教育方式。现代远程教育是以现代远程教育手段为主，兼容面授、函授和自学等传统教学形式，多种媒体优化组合的教育方式。

现代远程教育是一种师生分离、非面对面组织的教学活动，是一种跨学校、跨地区的教学模式，其特点如下：学生与教师分离；采用特定的传输系统和传播媒体进行教学；信息的传输方式多种多样；学习的场所和形式灵活多变。与面授教育相比，远距离教育的优势在于它可以突破时空的限制，提供更多的学习机会，扩大教学规模，提高教学质量，降低教学成本。

（二）学校管理信息化

1. 教务管理信息系统

教务管理信息系统涵盖了教务业务中的各个功能部件，从学籍、注册、排课、选课、考试、成绩、教学评价、教材等诸多方面形成了一体化管理模式，对教务工作中的教学基本信息、教学计划和课程表等事务进行了细致全面的管理；对学生成绩、毕业生管理、教学进度、教案、教研组、教务活动和教务工作的工作计划进行管理，全面支持广域网络办公模式，大大减少了教务管理的手工劳动。系统高效的事务处理和信息管理功能，为学校的教务工作提供了直观的评价数据，为提高教务工作效率和推进高校教学改革提供了重要的参考依据。

2. 教师管理信息系统

教师管理信息系统主要用于教师基本信息的管理和查询，教师教学质量统计的管理和查询。教师管理信息系统对教师在工作、生活等各方面的情况做了详细的记录，为公正地评估教师的素质水平提供了科学详尽的资料。一个功能齐全、简单易用的教师管理信息系统能有效地减轻学校各类工作人员的工作负担，它的内容对学校的决策者和管理者来说也至关重要。

3. 学生管理信息系统

学生管理信息系统实现对学生基本信息的录入、维护和查询，对学生在校期间注册、流动及毕业后的去向做了详细的记录。学生管理信息系统使烦琐的学生管理变得简单有序，使学校能准确、详尽地掌握学生的个人情况和动态。

4.后勤管理信息系统

后勤管理信息系统提供校园财产分类代码维护、财产明细信息维护、财产信息查询、校园实物照片上传和浏览及校产统计，使学校的固定资产管理明晰，不至于浪费流失。

5.学校自动化办公系统

学校自动化办公系统具有完成学校的收文、发文、归档、管理、查询、借阅、审批等功能，不但能实现办公无纸化，而且能实现网络化办公，提高办公效率。

6.校园"一卡通"系统

校园"一卡通"系统是指在学校内，进行身份识别、日常事务管理、支付转账等均采用一张非接触1C卡来完成，使学校摆脱烦琐、低效的管理方式。校园"一卡通"系统是数字化校园建设的重要组成部分，是数字化校园的基础工程。校园"一卡通"系统完成后，将会形成一个跨平台、跨数据库的可自我发展的数字化校园信息平台，并与其应用系统构成整个校园的神经系统，完成校园的信息传递和服务。

四、生活信息化

生活信息化是在家庭生活和社区活动中引进现代信息技术，提高人们的生活质量和社区的服务水平。生活信息化主要包括家庭信息化和社区信息化（数字社区）两个方面。

（一）家庭信息化

家庭信息化是通过有线或无线的方式，在家庭内部建立起集家庭控制网络和多媒体信息网络于一体的家庭信息化平台，通过一定的传输介质实现信息设备、通信设备、娱乐设备、家用电器、自动化设备、照明设备、保安（监控）装置以及水电气热表、家庭求助报警等家居设备的互联，对内实现资源共享和统一控制，对外能通过网关与外部网互联进行信息交换。

随着信息化技术的发展，网络已经走进了很多家庭，而且应用也越来越广泛。未来数字家庭的发展方向主要包括三大领域。一是家庭数字娱乐领域。例如，用户可以利用连接到网络中的电视机选择收看来自网络的节目，并通过电视实现网络上的互动，还可以用电视来查看存储在计算机上的图片或照片等，甚至可以通过远程访问软件来控制家中电脑的音响系统上播放的音乐，并在音响系统上显示音乐相关的资料。二是家居智能控制领域。家居智能控制系统使人们可以通过手机或互联网在任何时候、任意地点对家中的任一电器（空调、热水器、电饭煲、灯光、音响、DVD录像机）进行远程控制。例如，可以在下班途中预先将家中的空调打开、让热水器提前烧好热水、电饭煲煮好米饭。此外，家居智能控制系统还可使家庭具有多途径报警、远程监听、数字留言等多种功能。三是家庭通信领域。随着家庭网络的普及，家庭用户可以通过家庭网络实现质量更高的通信服务。例如，通过网络可视电话，用户可以实现网上面对面聊天，并且收费非常便宜。局域网或互联网上的用户可以在全球任何一个角落通过IP地址访问家庭网络摄像机，看到家中的情况。通过家庭网络，用户可以方便地与小区物业中心和安保中心实时交流，在发生意外情况的时候自动即时通知安保中心。

（二）社区信息化

社区信息化是指城市社区（小区）利用现代信息技术，为社区用户提供服务。社区信息化的主要目标是建设数字社区。

数字社区是指充分利用互联网、计算机、通信、人工智能等现代技术，在小区的虚拟地理信息系统的支持下，实现小区基础设施与功能设施的网络化和智能化，进而实现社区管理和服务的最优化，为社区居民提供一个信息畅通、管理高效、生活便捷、舒适安全的居住环境。

数字社区除了具有一般社区的功能外，还有许多新的功能。一是数字化物业管理功能。数字化社区充分利用相关技术，为社区业主提供高水平的数字化物业管理服务。社区业主可通过社区服务网站全面了解物业公司以及管理机构和管理人员的背景信息，充分掌握本小区的详细规划、配套设施、周边环境、联络方式等；社区业主可通过互联网向物业管理部门提出网上报修、网上投诉、网上咨询，并可从网上直接获取物业管理的回复，得到报价和时间预约等信息；物业管理部门可通过互联网发布社区公告，组织业主在网上发表对社区建设、社区管理和社区活动的各种意见和建议，并可直接在网上组织投票，既可发扬社区民主，又可节省大量的时间和费用；物业管理部门可通过互联网实现对水、电、气的远程抄表，业主可通过社区一卡通等支付手段直接在网上缴纳相关费用；实现社区建筑、设备、车辆、治安、消防、维修、环卫、服务、业主委员会、设施图、资金费用等各种信息的全面整合，为业主和物业管理部门提供全方位的信息服务；在小区的围墙（护栏）、业主的门窗安装红外线防盗报警装置，在小区或业主的大门上安装门磁系统，一旦有不法分子入侵，系统立即会发出报警信号，小区管理中心便可在电子地图中发现出事地点，并进行快速处理；在小区的车辆出入口、楼宇出入口，为小区住户、物业管理人员及保安人员配备不同级别的智能卡，可对不同的身份进行自动识别，并可对出入小区的人员进行自动登记，便于查询与管理；小区的煤气泄漏报警及自动关闭阀门系统在有煤气泄漏时，可自动触发报警并关闭管道阀门，同时通知小区控制中心，以便立即采取行动；小区的消防报警系统有一个温感式烟感探头，当发生火灾时，探头触发报警并可自动通知小区控制中心，以便工作人员迅速联系消防部门等进行扑救处理；住户在小区外面可通过打电话、上网，在家中可用遥控器控制家中的电器，如控制空调器的开关，控制电饭煲、灯具、洗衣机等的开关等。二是社区电子商务功能。社区电子商务作为数字化社区的重要内容，也正成长为电子商务发展的一个新的领域。数字化社区主要围绕社区业主的实际需求，开展多种形式的商品与服务交易。社区电子商务的具体应用如下：社区物业管理部门联合不同的商家通过社区网站提供丰富多彩、质优价廉的商品与服务，社区住户通过社区网站浏览各种商品信息，并实现在线订购；社区住户通过互联网预订社区内部的餐厅、酒吧、卡拉 OK 厅、茶厅及会所等各项服务；社区住户通过社区一卡通等支付工具实现网上支付；社区管理服务机构可通过电子商务系统实现对客户信息及交易情况的各项管理，包括客户的身份识别、客户的喜好、客户的购买记录、订单处理情况、货款回收等；社区住户可通过社区电子商务网站查询订购商品的配送等情况。三是网上社区信息服务功能。社区网上信息服务的主要内容如下：提供多种重要报刊的当天要闻及社区重大活动的新闻；提供网上少儿培训、多媒体英语教学、计算机应用辅导及其他各种符合社区住户需求的网上教育资源；提供各种最新保健方法介绍、网上互动疾病诊疗咨询以及社区保健活动安排等；提供最新娱乐资讯、MP3 音乐下载、视听节目网上评论等；提供各类股市、期货、外汇汇率等消息，为个人或家庭充当投资理财顾问，并提供互动理财咨询；提供最新旅游信息，为住户设计游程、线路，并为住户结伴旅游进行牵线搭桥；提供城市生活地图与吃、喝、玩、乐消费指南以及法律、社会公共事务等各方面的信息服务。

第三节　信息化的推进规律和发展模式

一、社会信息化的推进规律

社会信息化包括企业信息化、政府信息化和社会全面信息化。社会信息化的推进规律是在社会信息化发展过程中表现出来的企业信息化、政府信息化和社会全面信息化之间的内在联系和演进规律。下面通过分析企业、政府部门对信息和信息技术的需求及其在社会信息化过程中的地位与作用，寻求社会信息化的推进规律。

（一）企业信息化是社会信息化的第一步

企业是社会经济活动中最基本的单元，其发展和竞争力直接影响到国家的整体经济水平。在经济全球化步伐加快、国际竞争加剧、贸易环境快速变化的形势下，信息资源成为现代社会的战略资源，企业需借助信息技术实现信息化，以提高自身竞争力和国家的综合国力，同时迈出社会信息化的第一步。

1. 企业在激烈的市场竞争中，对信息的需求高于其他社会组织

人们的日常生活和工作需要信息，政府作为一个为社会提供公共服务的管理机构也需要信息。相比之下，企业作为社会经济活动中最基本的单元，对信息的需求更为迫切。有价值的信息关系到企业自身竞争力的提高，是企业生存和发展的重要资源，因此信息化是影响企业生存的关键。在激烈的市场竞争中，及时、准确的信息可以确保企业正确的投资方向；产品的价格信息可以帮助企业决定生产规模和竞争策略；先进的生产技术和管理信息可以辅助产品的设计与制造，优化生产流程，降低成本，提高生产率和产品质量；竞争对手或相关行业的信息可以使企业的决策者了解本行业的总体情况和发展趋势，确定正确的战略决策。

2. 信息技术能提高企业信息处理能力，增强企业竞争力

各国实践表明，信息技术正在成为经济和社会发展的重要推动力。信息技术作为一种推动力，是企业更好地处理信息、提高竞争力的工具。第一，信息技术有助于企业高效地处理和利用信息。企业通过计算机及相关的信息管理系统自动对信息资料及数据进行分类、整理、统计和加工，形成有序记录，建立信息数

据库，方便查找和管理。通过企业内部网，把企业内各个部门、上下级连接起来，使信息可以跨越时空限制，实现企业资源的共享，提高企业内部的沟通协调能力和企业工作效率，从而提高企业的效益。第二，信息技术能辅助产品的设计和制造，优化生产流程。企业竞争优势源于产品性能好、质量高、成本低及产品生产流程各个相关环节间的联系与协调。例如，制造业大量使用计算机辅助设计（CAD）和计算机集成制造系统（CIMS）等信息系统，能使产品的管理决策过程、设计开发过程、加工制造与质量控制过程等通过计算机网络联结为一个整体，大大提高企业产品和工程设计质量，缩短产品的开发周期，降低生产成本，实现企业生产、管理、决策的智能化。第三，信息技术可以为企业提供更广阔的市场空间。网络技术的应用可以改变企业的商务模式——开展电子商务，使企业可以进行网上交易，包括网上广告、订货、付款、客户服务等，实现商务活动中各环节之间的无缝衔接、信息传递和共享，以更低的价格购买原材料，减少产品库存、交易费用和企业周转资金。

（二）政府信息化是社会信息化的中间环节

政府作为一个国家的管理机构，其主要职能包括经济调节、市场监督、社会管理和公共服务。信息化与否不会影响政府部门的生存，但会影响政府管理与服务的质量。在信息社会中，政府必须不断改进管理手段，提高搜集、处理信息和做出科学决策的能力，为企业和社会提供更优质的服务。

1.政府信息化是企业信息化发展的必然要求

政府部门作为为企业和公众服务的组织，与企事业单位和公众有着密切的互动性，尤其在市场经济体制下，与企事业单位的互动更为突出。企业信息化实现了企业产品设计、生产过程、营销及管理的高度集成化，使企业生产经营趋于并行、敏捷、智能和虚拟化，加快了运作过程，增强了企业的竞争力。因此，政府必须信息化，以满足企业的发展需要。第一，政府需要为企业提供信息化平台。企业需要通过网络、信息系统来获得对自己有价值的信息。由于资金和技术水平的限制，企业不可能也没必要独自开发所有的信息系统，这就要求政府必须充分利用所拥有的资源来实现信息化，并提供良好的服务以满足企业发展的需求。第二，政府需要为企业提供良好的市场监督。在电子商务环境下，企业之间或企业与个人之间进行网上订货、支付等活动时，双方之间的诚信没有保障，交易风险大。手工管理或单机管理下的政府不能为企业或个人提供良好的市场监督服务，这就要求政府必须信息化，建立一个反映各企业经营、纳税、产品、质量、财务、借贷等方面完整、准确情况的信息网以供查询，提高交易的安全性。第三，政府需要为企业提供良好的贸易环境。加入 WTO 后，我国的产品、服务市场、资源配置等都在逐渐实现国际化。了解国外竞争对手的实力如何、产品质量的好坏及发展动态等信息有助于企业及时调整战略决策；同时，按照国际惯例，国内经济政策应该透明化，与世贸组织成员国经济政策协调一致，这就要求政府必须信息化，及时将政策的变动及最新出台的政策法规发布出来，保证企业获取最新数据，做出切实可行的决策。

2. 政府信息化是提高政府自身工作效率、改进公共服务的客观需要

（1）政府信息化能提高自身的管理效率。网络技术的应用把一定区域，甚至全国的政府机关连在一起，使它们拥有的信息、知识、人力等各种资源实现真正共享；可以通过系统模拟现实中的会议情景，开设网上虚拟会议室，进行实时通信；办公自动化技术的应用改变了政府文件处理模式，使以往必须手工完成的工作可以用一种全新的方式进行，从而简化工作流程，提高政府的办事效率，降低行政管理成本。

（2）政府信息化可以为社会提供更好的公共服务。政府信息化除了可以提高政府自身的工作效率外，对加强与公民之间的互动也有很大作用：一是可以方便公民获取信息，政府可以通过网络系统及时为公民传递信息，公民可以通过政府网站方便快捷地查询到与生活相关的国家政策、法律、法规等文件；二是可以提高政府工作透明度，使公民可以通过政府网站了解有关政务情况的信息，表达自己的愿望与要求，参与监督各种政务活动，使政府不断改进工作，克服官僚主义等弊端；三是可以保证公共服务的公正性和公平性，政府可以通过网络把所承担的各类公共服务的内容、程序、办事方法等向社会公布，使公众足不出户就可以获得满意的服务。

（三）社会全面信息化是社会信息化的最高阶段

社会全面信息化是比企业信息化和政府信息化更大范围的信息化，是社会信息化发展的最高阶段。企业信息化和政府信息化对社会全面信息化有不同的推动作用。

1. 企业信息化对社会全面信息化有一定的推动作用

企业一方面借助信息化进行内部的业务流程重组来提高自身的竞争力，另一方面借助信息化促进电子商务的发展。企业开展电子商务对社会信息化有一定的推动作用，但作用较小。B2B 电子商务模式能使企业之间的信息化相互促进，能

在一定程度上带动其他社会组织的信息化建设与应用。B2C电子商务模式涉及面广，市场前景可观，但由于多方面的原因，其不可能取代传统的商场购物。例如，客户需求的个性化很强，而个性化太强的商品很难通过电子商务进行交易；人们学习工作之余，可能会把逛街购物当成一种休闲的方式，并不希望等货上门；企业对单个客户提供服务，成交量小，物流费用较高。因此，大部分社会组织和家庭不会因为要在网上购买商品而进行信息化建设。

2. 政府信息化对社会全面信息化有很强的促进作用

政府信息化对社会全面信息化的强大促进作用主要表现如下。第一，促使企业信息化的发展。政府信息化实行了交互式的电子政务，对企业而言，政府在给企业提供可获取信息的均等机会时，会扩大市场中企业个体的信息差距。那些拥有较强信息搜寻能力、对市场反应灵敏的企业能更好地把握政府提供的信息，在竞争中处于优势。为了避免在竞争中落后，其他信息能力较弱的企业必须提高信息能力，加强信息化建设与应用。政府网上采购是政府与企业间的电子商务活动，也为企业发展网上业务开辟了新的市场。政府采购部门通过网络向社会公布政府采购、招标信息，如果企业要进入政府网上采购系统，就必须通过网络平台进行交易，这种模式更直接有效地推动了企业信息化建设的速度并促使那些没有信息化的企业尽快加入信息化的行列中来；同时，政府的信誉度高，政府采购多为财政性资金，资金上有保障，也促使了B2B和B2C的发展，从而推动企业的信息化建设。第二，促进社会公共领域、家庭和个人的信息化。政府的管理与人们的生活密切相关，且具有一定的强制性。开展电子政务后，公众要得到政府的管理与服务，就必须进行家庭信息化建设。上网对用户技术要求不高，信息化成本也比较低；政府的信誉度高，公众愿意上网接受政府的电子化管理与服务，并逐渐形成网上行为的自觉性。在政府相关部门的组织管理下，实现社区建设、管理和服务的信息化，公民足不出户就能获取所需的信息。当电子政务发展到一定程度、家庭上网较为普及、公众有上网的习惯时，人们就会产生网上购物行为，从而促进电子商务的发展。所以，政府信息化对整个社会信息化的带动面广，带动力度大。

由上述分析可知，社会信息化表现出由企业信息化到政府信息化，再到社会全面信息化的推进规律。

二、组织信息化的发展模式

（一）有关企业信息化发展模式的观点

1974年，哈佛商学院的理查德·诺兰教授分析了大量企业信息系统的发展过程，从企业应用系统、技术、规划控制和用户状况等的增长过程出发，把信息化发展过程分为初始、普及、控制和成熟四个阶段。1979年，诺兰教授在四阶段模型基础上又加了集成阶段与数据管理阶段，称为六阶段模型。诺兰教授认为，任何组织由手工信息系统向以计算机为基础的信息系统发展时，都存在着一条客观的发展道路和规律，任何组织在实现以计算机为基础的信息系统时都必须从一个阶段发展到下一个阶段，不能实现跳跃式发展。诺兰教授划分的六个阶段如下：①初始阶段，企业开始购买计算机，在会计、统计部门使用，此阶段信息系统增长缓慢；②普及阶段，当在个别部门使用计算机见到成效后，其他部门大量购买计算机，进行数据处理；③控制阶段，企业从整体上开始控制信息系统的发展，加强组织协调、统筹规划，解决数据共享问题；④集成阶段，在控制的基础上，企业开始重新进行规划设计，建立、使用数据库，逐步建成得到充分利用和统一的管理信息系统；⑤数据管理阶段，在此阶段，信息真正成为企业的资源，真正进入对数据的处理阶段；⑥成熟阶段，管理信息系统可满足各个管理层次的需求，从简单的事务处理到高层管理，真正实现了信息资源的管理。

我国学者在总结企业信息化发展历程以及研究信息系统集成轨迹的基础上，提出我国企业信息化四阶段发展理论，即单点数字化阶段、单点自动化阶段、联合自动化阶段和虚拟化企业阶段。①单点数字化阶段。企业个别部门的基本数据和文件开始进行数字化处理。其特征如下：在少数部门应用了信息系统处理文件和数据；系统的应用仅限于数据和信息的数字化，以便数据和信息的存储、查询及使用；没有使用数据库，或使用了数据库，但仅限于编辑、查询、输出，没有进一步的功能开发。②单点自动化阶段。企业某些部门业务流程的自动化。其表现如下：在企业内应用 OA、CAD、CAM 等系统以支持其业务流程的自动化，部门工作的效率得到了较大的提高；为适应企业信息化，部门内部进行业务流程重组；开始建立基于部门业务需要的数据库，数据库处于分散组织状态，部门内部的信息资源开始逐渐走向有序化；部门之间不能进行电子化的业务流程处理。③联合自动化阶段。在联合自动化阶段，企业部门之间可以进行电子化的业务流程处理。其表现如下：企业有了集成框架，部门之间能够实现数据、资源的整合和优化；数据管理成为企业关注的重点，建立了数据库，企业可以在一个平台上利用来自各个部门的信息进行计划、组织和控制工作；企业的组织结构实现扁平化，以团队或项目组形式进行业务运行，企业水平界限开始被打破。④虚拟化的企业阶段。处在这个阶段的企业已成为一个智能主体，能快速反映市场，并能利用与其他企业的协作，快速组织生产，满足市场需求。这个阶段企业信息化的特征如下：通过网络及对企业采购、营销、维护数据的分析，及时了解市场和顾客需求信息；企业实现了与合作伙伴之间的数据、资源的共享及整合；企业打破了外部界限，实现了组织之间的业务流程重组；在信息技术的支持下，业务网络重新设计，业务范围重新定义。

我国也有学者认为，企业信息化发展可分为初级信息化阶段、中级信息化阶段和高级信息化阶段三个阶段。①初级信息化阶段是以企业级信息共享为核心的内部资源整合阶段。这个阶段经历的时间较长，可以进一步将这一阶段划分为部门级信息化及企业级信息化两个阶段。部门级信息化是局部的、部门内的信息化，是面向事务的信息化，主要是用计算机替代人工操作的过程，如会计电算化、计算机辅助设计、物料需求计划、财务管理信息化、分销管理信息化、办公自动化等。企业级信息化意味着可以通过信息系统实现内部各部门之间的信息处理，通过内部同构、异构的软硬件平台实现各部门之间的信息共享、协同操作。在企业外部的供应链方面，实现了EDI、电子转账、信息交流系统，提高了沟通效率，缩短了生产周期，降低了采购成本；在电子商务方面，则可以通过网站进行初步电子商务活动，主要应用在工作群组的沟通、电子出版、团队管理等方面。②中级信息化阶段是以供应链为核心的企业间资源整合阶段。在这个阶段，企业进一步实现内部管理信息化与生产过程控制自动化的有机结合，达到经营运作一体化从"基于部门"的业务方式转变为"基于过程"的业务方式，通过对物流、信息流和资金流的设计和控制，把企业内部各部门之间的关系转变为内部供应链的上下游关系，旨在提高供应链各环节的效率和效益。③高级信息化阶段是以无障碍电子商务活动为核心的全社会资源整合阶段。这个阶段的企业在网络平台、商务流程、商务模式和商务环境四个方面都已具有了相当的成熟度。由内部网、外部网及互联网三部分组成的网络平台为系统提供了强有力的技术基础；电子商务流程中，信息流已居于主导地位，资金流与信息流基本合为一体；交易流程中所涉及的有关各方，如交易中介方、银行金融机构、信用卡公司、海关系统、商检系统、保险公司、税务系统、运输公司等也已全面进入信息化的高级阶段，实现了各系统的无缝对接及"三流"的通畅流动。

（二）社会组织信息化发展的四阶段模式

社会组织信息化的发展有两个基本规律：一是由单点信息化向集成信息化发展；二是由内部信息化向外部信息化发展。据此，归纳出了社会组织信息化由社会组织内部单点信息化、社会组织内部集成信息化、社会组织间关系链信息化、社会组织社会服务信息化的四阶段发展模式。

1. 社会组织内部单点信息化

随着现代信息技术的发展和社会组织信息处理工作量的加大，社会组织意识到将现代信息技术用于信息处理的必要性和优越性，进而开始信息化的建设与应用。由于对信息化的认识不到位，缺乏信息化建设与应用经验，加上资金投入、技术力量和员工信息素质等方面的限制，社会组织信息化只能从内部单点信息化起步。

社会组织内部单点信息化是指信息技术应用于社会组织的若干个部门，用计算机替代或辅助人工进行信息处理。社会组织内部单点信息化具有以下几个特点。一是内部性。信息化建设与应用发生在组织内部，目的是提高组织自身效率。二是扩展性。从应用范围来看，社会组织内部单点信息化一般是先从社会组织内的某个或少数部门开始，再逐步向其他部门扩展，使现代信息技术在社会组织内部多个部门得到应用；从应用深度来看，社会组织内部单点信息化先是将计算机技术用于事务性工作，如社会组织使用财务信息系统进行财务管理、企业利用计算机辅助产品的设计和制造、政府部门利用计算机进行文件处理，再逐步向管理决策方面的应用扩展。三是独立性。部门之间使用独立的信息化建设与应用方式，彼此之间没有建立统一的信息处理标准。例如，采购部门与财务部门之间都建立了信息管理系统，但系统之间无法进行信息共享或交流。

2. 社会组织内部集成信息化

一方面，社会组织内部单点信息化这种分散的、孤立的信息化模式会增加社会组织信息化建设成本，限制社会组织内信息技术设备和信息资源的共享，影响信息化作用的充分发挥。另一方面，社会组织内部单点信息化的实践为社会组织信息化积累了经验，锻炼了人才，为社会组织信息化进一步发展打下了一定的基础。因此，随着社会组织内部单点信息化建设的发展和应用的深入，社会组织要求信息化建设和应用向全面、整合的方向发展，就这样，社会组织内部集成信息化应运而生。

社会组织内部集成信息化可以从广义和狭义两个方面来理解。从广义上看，集成信息化不是一套系统，不是一套设备，更不是一套软件，而是一种思想，一种哲理，一种指导信息化建设的总体规划、分步实施的方法和策略。从狭义上讲，集成信息化指计算机信息系统的集成，包括硬件平台、软件平台、开发工具和应用系统的集成以及相应的咨询、服务和技术支持。从管理学的角度上讲，集成信息化是一种或针对某个既定目标，或面向某项特定的任务，进行信息化管理的理念，也是一种使相关的多元信息化要素有机融合并优化使用的理念。从技术方面来讲，集成信息化是将数据管理系统、内容管理系统、数据仓库和其他企业应用程序中的核心功能集成到一个通用平台中的一项技术。社会组织内部集成信息化有以下三个方面的特征。一是内部整合性，社会组织内部集成信息化与单点信息化一样，也是社会组织内部信息化，不涉及与社会组织外部的信息化联系，是在组织内部信息化应用程度达到了一定水平、积累了一定经验之后进行的信息系统整合。二是整体性，社会组织内部集成信息化不是单点信息化要素之间的简单叠加，而是要素之间按照某一集成规则进行科学组合而形成的有机整体，其目的在于提高系统的整体功能。三是全面性，社会组织内部集成信息化并不只是信息技术方面的集成，还包括信息资源集成、信息服务集成以及相应的配套管理创新和流程重组等。

3. 社会组织间关系链信息化

社会组织完成了内部的集成信息化之后，可以大大降低内部系统交流的成本，提高事务处理和管理决策的效率。此时，社会组织会考虑将信息化建设与应用继续推广到与外部组织的联系中去。社会组织与外界的联系十分广泛，与外界实现信息化联系不可能一步到位，只能先从与本社会组织有直接联系的外部组织开始进行信息化建设与应用，从而实现社会组织间关系链信息化。

社会组织间关系链信息化是指在社会组织和与其有直接联系的其他社会组织所形成的关系链中进行集成信息化。社会组织间关系链信息化应强调以下两个方面：第一，社会组织间关系链信息化中的社会组织必须有直接的合作关系，不包括其他联系方式的社会组织；第二，社会组织间关系链信息化是集成信息化，而不是单点信息化。供应链信息化是社会组织关系链信息化的典型代表，它为上下游企业提供采购管理、销售管理、仓库管理、质量管理、存货核算、进口管理、出口管理等业务管理功能，帮助企业全面管理供应链业务。该系统既可独立运行，又可与生产、财务系统结合使用，构成更完整、更全面的一体化企业应用解决方案。垂直 G2G 电子政务也是社会组织间关系链信息化的典型例子。具有上下级关系的政府部门之间建立了办公业务专网，通过办公业务专网进行信息共享、公文传递、协同办公等。

4.社会组织社会服务信息化

社会组织间关系链信息化虽然扩大了社会组织信息化的范围，改变了社会组织之间的联系方式和合作手段，但社会组织通过信息网络与外部沟通、交流和贸易的范围毕竟有限。在现代社会，每个社会组织不仅需要与关系链上的社会组织打交道，还要与关系链以外的其他社会组织和个人（用户或公众）打交道，因此社会组织社会服务信息化十分必要。同时，网络技术和信息基础设施的发展及社会组织关系链信息化的经验积累使社会组织社会服务信息化成为可能。

社会组织社会服务信息化是指在各类社会组织之间及社会组织与个人之间广泛开展信息化建设与应用。与社会组织间关系链信息化相比，社会组织社会服务信息化的涉及面更广，社会组织间的关系类型更为多样。在这种情况下，除了同一组织内部的集成信息化和组织间关系链信息化之外，还与外部其他相关组织之间进行信息化集成，形成统一的信息化架构。B2B 和 B2C 电子商务、G2B 和 G2C 电子政务都是社会组织社会服务信息化的重要方面。政府部门的"一站式"服务是社会组织社会服务信息化的高级阶段。"一站式"服务是政府及其职能部门为方便企业和群众办事，提高行政效率，集中办公的一种形式。"一站式"办公大厅主要功能是受理企业和群众的申请、解答咨询、办理简单事项、转达批复结果等。各职能部门授予本部门入驻大厅的办事窗口一定的行政决定权和审批权，由各办事窗口依权限办理相关事项。大厅的所有受理事项中，可以由办事窗口处理的，就即时处理；需要由职能部门审批的，由本部门按程序审批，审批结果由窗口转达行政相对人；需要两个以上部门共同办理的，由办公大厅的管理机构统一协调相关部门的办事窗口，形成互联审批。

第四节　信息化管理概述

一、信息化管理的概念

（一）有关信息化管理的观点

目前，关于企业信息化管理概念的阐述较多，也有阐述其他领域信息化管理概念的，如档案信息化管理、医院信息化管理、高校信息化管理、政府信息化管理等。一般来讲，对信息化管理的概念有三种理解。

1. 将信息化管理等同于管理信息化

将信息化管理等同于管理信息化的大有人在。有学者认为，企业信息化管理是指企业利用计算机技术、通信技术等一系列现代技术，通过科学的方法利用、配备和优化企业内外部资源，使企业的运作和管理规范化、系统化和科学化的过程，以实现信息资源共享，增进沟通交流的效率，进而改变工作方式、管理方式和组织架构，提高企业的竞争能力。也有学者认为，企业信息化管理是指在企业管理的各个环节中，充分利用现代信息技术建立信息网络系统，使企业的信息流、资金流、物流、工作流集成和整合，不断提高企业管理的效率和水平，实现资源的优化配置，进而提高企业经济效益和竞争能力的过程。还有学者认为，信息化管理是以信息化带动工业化，实现企业管理现代化的过程，是将现代信息技术与先进的管理理念相融合，转变企业生产方式、经营方式、业务流程、传统管理方式和组织方式，重新整合企业内外部资源，提高企业效率和效益，增强企业竞争力的过程。

2. 将信息化管理等同于信息化

将信息化管理等同于信息化的人也为数不少。在有关档案信息化管理和图书馆信息化管理的论文中，大部分都将档案信息化管理理解为用信息技术对档案信息进行管理，将图书馆信息化管理理解为用信息技术对图书馆的文献信息资源进行管理。有学者认为，信息化管理是使用计算机等智能化工具获取、分析、加工、存储、传播与使用信息，并通过对信息的分析和掌握进行有效的管理。

3. 将信息化管理理解为对信息化过程的管理

将信息化管理理解为对信息化过程的管理的人为数不多。有学者认为，企业信息化管理是对信息化这一过程进行全面的管理和控制。也有学者认为，一个组织的信息化管理与运作通常包括信息化规划、信息化组织、信息化实施和信息化评价等环节和相应的管理任务。还有学者认为，政府信息化管理是一个广义的概念，它不仅包括政府自身在信息技术需求和应用过程中产生的项目规划、设计、建设和资源整合等管理行为，还包括国民经济和社会发展过程中对信息产业、电子政务、信息化普及、基础设施建设、信息安全、信息化发展环境的管理和调控。

（二）信息化管理的内涵

我们认为，信息化管理是指对信息化的战略规划、组织实施、工程监理、应用调控及基于信息化的管理创新和绩效评价的过程。信息化管理包括信息化建设管理和信息化应用管理两大领域。

信息化建设管理就是对信息化建设的全过程进行管理，即对是否进行信息化建设，信息化建设达到什么目标，如何高效地进行信息化建设等实施规划、组织、监督和调控。

信息化应用管理包括对信息化应用过程的管理和对应用信息化建设成果的管理，即在信息化项目建设完成投入使用后，对信息化项目或系统应用全过程进行管理，以保证信息化建设成果得到广泛、有效和安全的应用。

信息化建设管理与信息化应用管理相辅相成，缺一不可。信息化建设管理是信息化应用管理的基础和前提，信息化应用管理是信息化建设管理的延续和深化。

二、信息化管理的内容

信息化管理内容广泛。从信息化管理的对象来看，信息化管理有信息基础设施建设与应用管理、信息系统与应用建设管理、信息资源建设与应用管理、信息化保障体系建设与运行管理；从信息化管理的范围来看，有国家信息化管理、地区信息化管理、行业信息化管理、社会组织信息化管理；从信息化管理的职能来看，有信息化战略规划、信息化组织实施、信息化工程监理、信息化应用调控、信息化管理创新、信息化绩效评价等；从信息化管理的手段来看，有行政手段（如信息化管理体制、信息化政策与制度）、法律手段（如信息化法规）、经济手段（如信息化建设财政拨款、资金融通、税收调节）、技术手段（如信息系统开发与应用）。下面仅从信息化管理的职能角度阐述信息化管理的内容体系。

（一）信息化战略规划

信息化战略规划是在分析一定范围内的发展战略或一个组织的经营管理战略的基础上，采用科学的信息化战略规划方法，对区域信息化、行业信息化或组织信息化建设与应用的愿景、使命、目标、战略、原则、架构和进程等进行的筹划与设计。信息化战略规划方案是信息化建设的基本纲领和总体指向，是信息系统设计和实施的前提与依据。信息化建设与应用是一项相当艰巨且复杂的系统工程，能否制定好的信息化战略规划方案，往往决定着信息化的成败。因此，信息化战略规划是信息化管理的首要环节。制定好的信息化战略规划方案，需要有既懂信息技术又熟悉业务的复合型信息化管理人才，也需要有科学的规划方法，更需要组织决策层的领导和支持。

（二）信息化组织实施

简单地说，信息化组织实施就是组织信息化项目或信息系统的实施。具体地说，信息化组织实施就是在信息化战略规划的指导下，组织人力、物力和财力，对信息化项目的启动、实施、收尾等各个环节进行指导和监控，具体完成各类信息化建设任务。信息化组织实施不是从技术角度进行信息系统的设计和实现，而是从管理角度对信息系统的设计和实现进行管理。其具体内容包括信息化项目的需求分析、可行性分析及立项管理，选择信息系统开发方式并实施信息系统开发外包管理，选择合适的信息系统开发方法并对信息系统设计进行管理，对信息技术设备采购、招标和验收进行管理，对信息系统进行测试、评价和验收。信息化组织实施涉及面广，时间跨度较大，是信息化管理的中心环节。

（三）信息化工程监理

信息化工程监理是在信息化项目实施（或称信息化工程）过程中，聘请具备相应资质的第三方监理机构，对信息化项目进行监督与管理，从而保障信息化项目顺利进行。信息化工程监理活动的主要内容：信息化工程质量监理，信息化工程进度监理，信息化工程投资监理，信息化工程合同监理，协调信息化项目实施过程中有关单位和人员之间的工作关系。信息化工程监理是信息化项目实施管理的另一种形式。信息化建设单位利用外部力量协助自己进行信息化项目实施管理，可以弥补自己在专业管理水平、经验、方法、技术上的不足，降低信息化项目管理上的难度，减少信息化项目管理的工作量，协调处理相关争议，分担部分项目实施和管理的风险。

（四）信息化应用调控

信息化应用调控是指信息系统建成投入使用后，为保证信息系统和信息资源的充分、有效和安全利用，对信息系统的使用进行的调节和控制。信息化应用调控包括信息系统的启用与推广管理、信息系统与信息资源使用制度建设与人员培训、信息系统的运行与维护管理、信息系统安全管理等具体内容。信息化的最终目的不是信息系统和信息资源的建设，而是信息系统和信息资源的应用，因此信息化应用调控是信息化管理的重要环节，是信息化应用管理的核心内容。信息系统的应用是一个长期的过程，所以信息化应用调控也是一项长期的管理工作。

（五）信息化管理创新

信息化管理创新是借助信息化实现管理创新，即通过信息技术和信息系统的应用实现管理理念创新、管理手段创新、组织结构创新和业务流程创新。管理创新是信息化应用的结果，即信息技术、信息系统的应用使管理理念、管理方法、管理体制、组织结构、业务流程等发生了改变；管理创新也是信息化有效应用的要求，即要使信息化应用充分发挥作用并产生最佳效果，就要求管理理念、管理方法、管理体制、组织结构、业务流程等发生变化。在某些情况下，管理创新是由信息化应用直接引起的，即信息化应用既是管理创新的动力，也是管理创新的条件。

（六）信息化绩效评价

信息化绩效评价是指采用一定的方法对信息化建设与应用的成绩和所产生的效果进行评价。信息化绩效评价是信息化管理必不可少的一项重要职能，不仅要对信息化建设水平和信息化应用状况进行评价，也要对信息化应用产生的效果和效益进行评价。信息化绩效评价具有层次性，既包括宏观层次的信息化绩效评价，如国家、区域、行业信息化绩效评价，也包括微观层次的信息化绩效评价，如企业信息化绩效评价、政府部门信息化绩效评价等。信息化绩效评价是一种多准则的系统评价，需要建立客观可行的评价指标体系，运用科学的评价方法，并有完善的评价制度。

三、信息化管理的作用

（一）优化投入结构，减少投资浪费

目前，我国信息化投入结构不合理，造成了较大的浪费。信息化建设中"重硬件轻软件""重网络轻数据"的倾向比比皆是。有些地区和单位往往把信息化简单地理解为计算机化加网络化，把硬件设备投入的多少作为信息化建设程度的衡量标准，对硬件设备的配置出手大方，片面追求国内一流甚至国外一流水平，却舍不得拿出几万元购置正版软件和投资软件开发，致使耗费巨资建设的计算机系统和网络因为没有多少实际内容而没有起到应有的作用。少数领导把信息化建设当作形象工程来看，当作政绩工程来办，赶时髦、摆架子、造亮点，只顾投入大笔资金买回设备，不管设备是否能够得到充分、有效的利用。

加强信息化管理，通过合理的信息化战略规划、科学的信息化组织实施及有力

的信息化工程监理，在提高领导和大众对信息化认识的基础上，根据国家、区域、行业或社会组织的信息化需求，合理安排信息化投资，正确使用信息化建设资金，减少信息化建设与应用过程中的资金浪费，保证信息化建设与应用的经济性。

（二）加强协调共享，消除"信息孤岛"

在很多地区，部门之间的信息系统是在缺少总体规划的情况下分散开发、孤立设计的，大多数行业缺乏统一的信息化技术标准和服务规范，形成了区域之间、行业之间的宏观"信息孤岛"，数据难以统一协调，地区之间、行业之间难以实现信息资源共享。一些社会组织的信息系统大多是在现有的管理模式上建立起来的，是一些分散的业务处理系统，这些系统都是面向具体业务和部门的，数据库是面向人工报表建立的，数据流程模仿手工业务流程，信息编码也没有按照统一标准，形成了内部的"信息孤岛"，无法实现内部信息资源共享。

加强信息化管理，通过建立和健全信息化管理体制，制定和执行宏观、中观和微观各个层次协调的信息化战略规划，制定和执行统一的信息建设标准和信息资源共享政策法规，减少或避免信息化建设过程中的"信息孤岛"。即使信息化建设之初出现了"信息孤岛"，也可以通过信息系统和信息资源整合消除，实现社会组织内部各地区之间、各行业之间及各部门之间的信息资源共享。

（三）缩短建设周期，提高建设质量

大多数信息化建设项目投资较大、建设周期较长，有些信息化建设工程目标不精确、任务边界模糊，在建设过程中又经常更改，影响了工程进度，延长了建设周期。信息化建设项目是智力密集型的项目，其质量问题历来让人大伤脑筋，因为它不像传统制造业一样随时可对产品实体进行质量检查。

加强信息化管理，通过信息化组织实施中的人员组织、时间管理及信息化工程监理中的进度控制，合理选择外包内容和方式，科学安排人员和时间，可以提高建设工作效率，避免消极怠工和时间浪费，保证按期完成建设任务，甚至缩短建设周期；通过信息化组织实施中的质量管理和信息化工程监理中的质量监理，可以全面掌握建设单位的建设要求和承建单位的设计意图，明确信息化项目的质量要求，随时纠正项目建设中的质量偏差，保证信息化建设项目的质量。

（四）充分有效应用，保证正常运行

"重开发轻维护""重建设轻应用"是前一阶段我国信息化发展中的主要问题，目前虽然这一状况有所改善，但信息基础设施和信息系统运行管理并没有得到应有的重视，信息化系统和信息资源利用程度及使用效益还不高，很多部门的计算机应用水平仅停留在办公自动化、收集信息、检索资料等阶段，造成了资源的浪费。

信息系统不是"一劳永逸"的最终产品，在交付使用过程中，还有大量运行管理工作要做。信息系统和信息资源只有充分应用，才能发挥其应有的作用。加强信息化管理，通过信息化应用调控中的人员培训、示范推广和信息化使用激励机制的建立，人们对信息化应用的认识，使人们掌握信息化应用的方法和技能，激发人们应用信息系统的热情，使信息系统得到充分且有效的应用。通过信息系统使用制度建设与实施、信息系统维护与安全管理，可保证信息系统正常且安全地运行。

（五）促进流程重组，推动管理创新

信息化建设和发展不只是信息和网络技术的应用问题，更重要的是管理理念的转变、管理方式的创新和业务流程的重组问题。我国现行的管理理念、组织结构和业务流程难以充分发挥信息化的作用。例如，"金字塔"形的组织体系存在着机构臃肿、横向沟通困难、信息传递失真、对外界变化反应迟钝等弊端；很多地方片面强调提高工作效率，只是简单地把手工流程复制到计算机上，忽视了根本的业务流程再造，其结果是高技术与低效率并存。

信息化应用与管理创新相辅相成。要真正发挥信息化的作用，必须把信息系统和信息技术作为改进管理方式方法的前提和基础，必须改革阻碍信息化作用发挥的管理理念、管理体制和业务流程。加强信息化管理，可引发和促进信息资源理念、开放共享理念等现代管理理念的形成，推进组织结构的扁平化、虚拟化及组织规模的小型化、精悍化，真正实现业务流程和管理流程的重组。

第五节　信息化组织实施

信息化组织实施是信息化管理的重要职能，是在信息化战略规划的指导下，组织人力、物力和财力，对信息化项目建设的各个环节进行组织和管理，具体完成各类信息化项目建设任务的活动。信息化项目建设也可以理解为信息系统建设，因此信息化组织实施也可以看作对信息系统的设计和开发进行管理。本节主要阐述信息系统分析与立项管理、信息系统开发方式选择和外包管理、信息系统开发方法选择和设计管理、信息设备采购与招标管理、信息系统实现和验收管理。

一、信息系统分析与立项管理

制定信息化战略规划后，就要根据开发先后顺序的安排，确定近期要开发的信息系统。这时，就要对信息系统进行需求分析和可行性分析，对信息系统进行立项建设。

（一）信息系统需求分析

信息系统需求分析就是通过调查研究，确定国家、地区、行业或社会组织需要开发什么样的信息系统，列出信息系统应该具备的各种功能，并提出系统开发的实现条件。

1. 信息系统需求分析的内容

（1）功能需求。列举出要开发的信息系统应具备哪些功能。

（2）性能需求。给出要开发的信息系统的技术性能指标，如存储容量限制、运行时间限制、传递速度要求等。

（3）资源和环境需求。这是对信息系统运行时所处环境和资源的要求。例如，在硬件方面，采用什么机型，需要哪些外部设备和数据通信接口等；在软件方面，采用什么支持系统运行的软件，如采用什么操作系统、什么网络软件和什么数据库管理系统等；在使用方面，要求使用部门在制度上或操作人员在技术水平上应具备什么样的条件。

（4）可靠性需求。在做需求分析时，应对所开发软件在投入运行后不发生故障的概率按实际的运行环境提出要求。对那些重要的子系统或运行失效会造成严重后果的模块，应提出较高的可靠性要求，以期在开发过程中采取必要的措施，使信息系统能够可靠地稳定运行，避免因运行事故带来的损失。

（5）安全、保密需求。工作在不同环境的信息系统对其安全、保密的要求是不同的。应对这方面的需求做出规定，以便对所开发的信息系统给予特殊的设计，使其在运行中安全、保密方面的性能得到必要的保证。

（6）用户界面需求。信息系统与用户界面之间的友好性是用户能够方便、有效地使用系统的关键之一。因此，必须在做需求分析时，为用户界面细致地规定应该达到的要求。

（7）可扩展性需求。预先估计信息系统的可扩展性需求，为系统将来可能的扩充与修改留出空间。一旦需要时，就比较容易进行补充和修改。

2. 信息系统需求调查方法

信息系统的需求调查过程实际上是各类原始素材的收集过程，相应的信息收集方法有以下几种：

（1）查阅书面资料。在可能的情况下，对各类表格、记录、报告、岗位责任制、职责范围、规程手册、业务书籍等进行收集，弄清它们的来龙去脉与作用范围。

（2）实地观察。实地观察的目的是尽可能接近事件发生地去研究真实系统。观察者要遵守一定的规则，在观察时尽可能多听、少说或不说，尤其要注意那些一闪即逝的有用信息。观察内容包括现行系统的实际布局、人员安排、各项活动及工作情况。通过实地观察，可以增加系统开发人员的感性认识，有助于加快对业务流程和业务活动的理解。

（3）面谈。面谈可以发现人们的感受和动机。这种方法依赖面谈者对工作、对现有系统及工作经验等方面的信息汇报。面谈应从上而下，从概括到细微，先由领导开始，然后经中层至下层管理人员，甚至可以扩展到全体职工。这样不仅能了解战略信息需求，还能了解具体任务的信息需求。

（4）发放调查表。问卷调查方式的优点是比面谈节省时间，执行起来需要的技巧较少，填表者有时间思考、计算、查阅资料，提供的信息更准确。

（5）业务专题报告。对某些需要信息系统重点支持的业务或比较复杂的业务，最好能请有关人员为信息系统调研人员做专题报告。专题报告经过报告人的认真准备，系统性、逻辑性、完整性、准确性都较强，是提高调研效率的一个好办法。

3. 信息系统需求分析要领

（1）从含糊的需求中抽象出对信息和信息处理的需求。在初始需求中，常常把对人员、制度、物资设备的需求和对信息的需求混在一起提出来。在考虑信息系统的时候，应先把其他物质形态的内容舍弃，只留下对信息的需求。如果有的需求中既有对信息的需求，又有对其他方面的需求，就应该用抽象的语言把信息需求表达出来。

（2）对各种需求确定定量的标准。关于速度、时间等数量指标，必须经过调查研究确定具体的定量标准；关于质量等定性指标，也应该制定能够检查的比较具体的标准。

（3）对罗列出来的各种问题及需求，应认真分析它们之间的相互关系，根据实际情况抓住其中的实质需求。一般来说，这些罗列出来的问题之间有三种关系。一是因果关系。某一问题是另一问题的原因，只要解决了前者，后者就迎刃而解。

对这类问题，说明目标时，只要抓住原因即可，结果不必再提。二是主次关系。在实际工作中，绝对平行的事情是没有的，在一定的条件下，总有一方面在当时是主要的，必须根据实际情况，切实抓住使用者目前急需解决的问题，作为主要目标。三是矛盾关系。某两项需求在实际工作中是矛盾的，此长彼消，此消彼长。这时使用者心目中往往有一方面是主要关心的，而另一方面则成为一种制约条件，要求保持在一定的可接受范围之内。哪一方面是主要的，在权衡时，双方可以接受的最低标准是什么，这些都需要明确。当然，要从以上三方面明确问题，就必须进行调查研究。

（二）信息系统可行性分析

信息系统可行性分析就是以现实为基础，从技术、经济和社会因素等方面研究并且论证信息系统建设项目的可行性。可行性研究的目的是用最小的代价，在最短的时间内确定问题能否解决，即能否为信息化建设项目找到一个切实可行的解决方案。

1. 信息系统可行性分析的内容

（1）现状分析。分析现状是为了进一步明确新信息系统建设或对现有信息系统进行改造的必要性。主要内容如下：清理现有信息系统资源，如硬件设备、软件、应用系统等；分析现有系统的使用情况和所引起的费用开支；评估现有的信息系统，包括各业务子系统、系统软件、数据库系统、应用软件等；了解系统的基本处理流程和数据流程；分析人力资源状况，了解人员分类（如系统管理员、系统分析员、操作员等）及各部门对人员的配置状况。

（2）技术可行性分析。技术可行性主要指在当前的技术条件下，能否实现系统的功能，满足所提出的要求，开发人员的数量和质量能否满足要求，物质资源需求能否满足，在规定期限内能否完成。

（3）经济可行性分析。经济可行性分析包括两个方面：资金可行性和经济合理性。这需要分析收入与支出。收入包括三个方面：一是一次性收入，可以根据数据处理、管理和维护等项目分类统计，如改进业务流程后带来的费用缩减、减少设备带来的费用节省等；二是经常性收入，如由于使用新信息系统带来的经常性收入；三是无法直接用数字衡量的收入，如服务质量的提高、操作的简便、获取信息的便利等。这些收入往往只能大致估计。支出包括三个方面：一是建设费用，包括计算机设备、数据通信设备、环境保护设备、安全保密设备、操作系统、数据库管理系统、应用系统的购买或开发费用；二是一次性支出，包括培训费用、差旅费、人员调动和裁撤费用等；三是经常性支出，包括系统运行和维护费用、场地租金、设备租金、通信费用、人员费用等。分析了系统的收入和支出后，就可以求出整个信息系统生命周期中的收入与支出比，显然这个数值越大越好。

（4）社会可行性分析。社会可行性是指所建立的信息系统能否在组织中实现，在当前操作环境下能否很好地运行，组织内外是否具备接受和使用新系统的条件。

2. 信息系统可行性分析的工作组织

信息系统可行性分析的工作组织一般有如下几种形式：一是由信息系统建设单位承担；二是委托科研机构承担；三是"三结合"方式，即由主持编写《系统分析说明书》的工作人员、科研单位的技术专家、本单位的中层管理干部共同参与可行性分析。

3. 信息系统可行性报告

在进行信息系统可行性分析后，应该将分析结果以报告的形式写出，形成正式的工作文件。可行性报告应该有一个明确的结论，包括：可以立即开始建设；推迟到某些条件（如设备、资金、人员等）满足后开始建设；方案修改后进行，如目标脱离实际、功能设计不完善等；不可行，如技术不成熟、在经济上不合算等。

（三）信息系统立项管理

立项管理主要用于管理一个项目从提出申请到批准立项的过程和相关事宜，用于管理项目前期准备过程和决策。立项管理能够有效管理立项前的项目需求、相关文档和立项审批过程，保证项目的可行性和立项的严谨性，在前期阶段降低项目风险。每个信息系统建设都可以看成一个信息化建设项目。信息系统立项管理就是根据实际需求确定信息系统设计目标和项目范围、功能、运行环境、投资预算、竣工时间等，并报上级管理部门审批。所以，信息系统立项管理是信息系统组织实施的重要内容。信息系统立项管理的流程如下：

1. 编写立项方案

技术开发部门会同研发部门编写信息系统建设项目立项方案，需要委托建设的项目由研发部门和技术开发部门提出建设方案和费用预算。立项方案一般由两部分组成。第一部分包括信息系统建设项目名称、项目负责人和组织分工、参加单位、协作单位等。第二部分包括信息系统建设项目背景、项目建设的目的和意义、现状和发展趋势、项目建设的总体目标与分期目标、项目建设内容与建设规模、项目完成时间、项目经费预算与资金筹措、项目的经济效益与社会效益等。

2. 提出立项申请

向信息系统建设项目主管部门提交项目立项方案和立项申请报告。

3. 进行立项审批

所有项目必须通过立项审批后方可进行项目实施。信息系统建设项目应根据项目大小和重要程度进行分级审批。有关部门对信息系统建设项目进行立项评审和讨论后，做出是否立项的审批决定，提交立项审批意见表。立项评审的基本原则如下：

（1）简单性。信息系统建设项目设计应该尽量简单，这样可以提高运行效率，同时可以节省投资，提高信息系统的运行质量。

（2）灵活性。信息系统建设项目对外界条件的变化应具有较强的适应能力。由于信息系统建设是一个复杂的系统工程，要求信息系统的结构具有较好的灵活性和可塑性。

（3）完整性。信息系统是各个子工程的集合，作为一个有机的整体而存在，因此信息系统要求各子系统功能规范、接口统一。各子系统的协调是保证整个信息系统正常运行的基础。

（4）可靠性。信息系统的可靠性是评定信息系统项目质量的主要指标之一。可靠性的要求：信息系统体系结构设计合理，具有良好的可扩展性；硬件设备稳定性高；有良好的可管理性；安全防护措施完善。

（5）经济性。信息系统建设项目的长远目标是为使用者带来相应的效益，因此在投资和绩效之间取得平衡是项目建设的重要目标之一。

二、信息系统开发方式的选择与外包管理

（一）信息系统开发的基本方式

对不同规模、不同技术含量的信息系统，可以采用不同的开发方式。方式不当有可能造成资金、时间超出预算，或功能存在缺陷，甚至导致信息系统建设的失败。可以选择的信息系统开发方式如下：

1. 购置商品化软件

如果商品化的信息系统软件能够满足社会组织的需求，就应首选商品化信息

系统软件。购买商品化软件的优点是初期投资少，件较成熟、稳定。不足之处是商品化软件不能适应社会组织的特殊要求，社会组织只能调整自身的业务流程来适应商品化软件的功能。

当前，许多专业的信息系统开发公司已经面向某些业务开发出大量功能强大的信息系统软件。社会组织可以根据自己的需要和实际情况购买。这种做法的优点是可以在短时间内获得社会组织所需的系统，可以节省大量的开发费用，所购买的系统专业化程度也很高。缺点是系统的专用性比较差，需要根据社会组织的实际情况进行二次开发，如改善软件功能、设计接口等。

2. 自行开发

自行开发是弥补购置商品化信息系统软件不足的一种办法。自行开发应根据社会组织的具体情况，开发出适应社会组织需求的信息系统。自行开发要求社会组织具备相应的技术力量，同时要求社会组织拥有既有技术背景又有管理经验的信息化项目管理人员。

如果社会组织拥有较强的信息技术专业人才，就可以选择自主开发的方式来建设信息系统。由于社会组织自己的人员开发，所以可以节省大量的开发费用。如果社会组织自己的人员熟悉社会组织的工作流程，对社会组织的真正需求把握得好，就能够开发出满意度较高的信息系统。由于自主开发的人员可能是从社会组织各部门抽调出来的，并不一定是专业开发人员，所以可能会造成信息系统不够优化、专业技术水平低等缺陷。同时，由于开发人员分属不同部门，系统开发成功之后，人员仍回原部门，可能会造成系统维护上的困难。一般来说，自主开发可以聘请专业人士或机构作为顾问。

3. 合作开发

社会组织与IT公司合作开发是一种两全其美的方法。社会组织既能够培养和锻炼自己的信息技术队伍，又弥补了"外人"不熟悉社会组织情况的缺陷。这种方法要求社会组织具有较高的项目管理能力和协调能力。

如果社会组织自主开发有困难，但是有一定的信息技术人员，就可以采取合作开发的方式。这种方式需要聘请专业开发人员，在开发过程中本单位的信息技术人员也参与其中。联合开发方式的优点是可以锻炼本单位的信息技术人员，有利于后期的系统维护工作，还可以节约一部分资金。缺点是外聘的专业技术人员和本单位的信息技术人员之间有可能产生互相推诿扯皮的现象或沟通不畅的情况。社会组织的高层管理者要努力避免这种现象发生。

4.委托开发

委托开发是指聘请开发团队为社会组织开发信息系统，但在开发过程中需要社会组织的有关人员参与系统的调研、分析、论证工作。需要注意的是，由于是外部团队负责开发，在开发过程中社会组织需要不断地与之交流和沟通，消除双方对社会组织需求认识的偏差，并及时检查开发过程是否按照社会组织的要求进行。

委托开发主要面向开发力量较弱、资金有保证的企业。此种方式的优点是节省时间和人力资源，开发出的系统具有较高的技术水平，但存在费用高、需要开发者长期技术支持的缺点。

5.租赁方式

租赁方式就是社会组织向应用服务提供商（ASP）租用信息系统，以满足社会组织信息化需求的一种方式。应用服务提供商开发出适应社会组织需求的各种应用系统，需要应用该系统的社会组织不用投入资金去购买，也不用专业人员去管理，只要向应用服务提供商分期支付信息化管理的服务费，就可以获得系统的使用权，如同自己拥有系统一样。

租赁方式的优点是节约信息系统开发与运行的经济成本，节约时间，不足之处是应用服务提供商提供的信息化管理方式的适用性、针对性有可能较差。若社会组织的信息化管理任务比较简单，则租赁方式有可能是一种比较理想的选择，但是对信息化管理任务比较复杂的社会组织而言，租赁方式难以满足其需求。

（二）信息系统开发外包管理

信息系统开发外包管理是指社会组织根据对市场与自身资源的评估，为了更好地利用社会组织内外的资源、控制成本、转移风险而将信息系统开发中的某个或某几个环节交给组织外的独立方完成的一种信息系统开发方式。外包的优势是能够使社会组织更关注其核心竞争力，解决内部资源不足的问题，利用外包商的技术、经验和设备转移风险，更好地使用资金，降低成本。

1.外包决策分析方法

开发信息系统时，如何决定对一个信息系统开发项目是否选择外包方式？这就是外包决策问题。外包决策分析方法主要有外包的SWOT分析法和三角度因素分析法。

（1）外包的 SWOT 分析法。信息系统开发外包决策可以用 SWOT（优势、劣势、机会、威胁）分析方法来辅助进行。

①外包优势（S）。信息系统开发外包的优势：可以使用当前先进的信息技术，迅速获得、使用外部知识，运作技术、经验及管理技能；改进软件的界面风格；缩短开发、生产的周期；利用规模效应降低成本；有助于转移社会组织自身的风险；有助于提高信息化管理水平；使社会组织能集中精力于核心竞争力的保持与提升；增强应变能力；避开某些法律的约束；标准化的服务，有利于管理和控制。

②外包劣势（W）。信息系统开发外包的劣势：原有员工削减的阻力较大；非预期支出或额外支出增加费用，隐含成本难以控制；技术资源难以合理定价；转换成本较高；供应商市场不成熟产生的限制；需要更高层管理者关注；难以满足用户对长期柔性和变化的需求。

③外包机会（O）。信息系统开发外包的机会：减少成本与人员数量；员工得以更多地关注系统的应用，而不是开发，集中于数据挖掘，提供新的决策支持；得到政府的鼓励，吸引媒体的正面报道，塑造好社会形象；增强对环境变化的适应能力，保持与竞争对手的竞争优势。

④外包威胁（T）。信息系统开发外包的威胁：可能失去对信息系统开发项目的控制；产生对供应商的依赖性；承担供应商的风险（如财务能力差、交付迟缓、允诺的特征无法达到、日常管理质量差等）。

运用 SWOT 分析法，结合社会组织的实际情况和信息系统开发的目标要求，分析信息系统开发外包的优势、劣势、机会和威胁，最后决定是否采取外包方式开发信息系统。

（2）三角度因素分析法。三角度因素分析法是从战略角度（业务角度）、经济角度（财务角度）和技术角度分析信息系统开发外包或自行开发的条件，以辅助外包决策。

①战略角度（业务角度）。战略角度是指从信息系统的技术水平及其对社会组织作用的大小来分析该系统是否应该外包。如果信息系统属于一般技术，且对社会组织的作用较小，可以考虑外包。反之，如果信息系统属于关键技术，且对社会组织的作用较大，则应自行开发，而非外包。如果信息系统虽属关键技术，但对社会组织的作用较小，则既可外包，也可自行开发。

②经济角度（财务角度）。经济角度是指从社会组织管理水平及信息系统的规模经济程度来分析该系统是应该外包，还是应该自行开发。如果社会组织的管理水平低，且信息系统的规模经济不明显，则可以考虑外包。反之，如果社会组织的管理水平高，且信息系统的规模经济显著，则不应该考虑外包，而应自行开

发。如果社会组织的管理水平高，但信息系统的规模经济不显著，则既可外包，又可以自行开发。

③技术角度。技术角度是指从信息系统的技术集成度和技术成熟度来分析该系统是应该外包，还是应该自行开发，或直接购入商品化软件。技术集成度是指信息系统与社会组织内部其他业务的关联程度。技术成熟度是指信息系统所用的技术是否成熟。如果信息系统的技术集成度和技术成熟度均较低，可购入成熟的商品化软件。如果信息系统的技术集成度和技术成熟度均较高，则应外包，原因是信息系统比较复杂，信息系统开发商经验丰富。如果信息系统的技术集成度较高，但技术成熟度较低，则风险较大，且信息系统开发商也无足够的经验，此时应选择知识和技术力量雄厚的信息系统开发商，以获得稳定、可靠的技术支持，分担风险。如果信息系统的技术集成度较低，而技术成熟度较高，则信息系统的复杂性低、风险不大，可以自行开发，若社会组织无开发经验，也可外包。

2. 外包范围的选择

不同社会组织信息系统开发的内容不尽相同，但从整体上看，信息系统开发的过程可分成三个阶段：信息系统设计阶段、信息系统实现阶段和信息系统验收阶段。信息系统设计阶段是信息系统开发的概念设计阶段，要分析社会组织信息化状况、工作流程及对信息系统的需求，并结合其人力、物力和财力状况提出信息系统建设方案。信息系统实现阶段是信息系统开发的物理实现阶段，该阶段需要完成的任务一般包括基础 IT 资源建设和业务应用软件开发。信息系统验收阶段是信息系统开发的完成阶段，包括信息系统的测试、评价、意见反馈和验收等。社会组织可选择不同阶段的不同内容进行外包，这就形成了信息系统开发零外包、整体性外包和选择性外包三种范围的外包。

（1）信息系统开发零外包。信息系统开发零外包也称信息系统自行开发，是指社会组织利用自身的力量完成本单位信息系统开发的全部活动。在以下三种情况下，社会组织可采用信息系统开发零外包：一是社会组织具有很强的信息技术应用能力、信息化管理能力，能独立进行信息系统开发与维护；二是信息系统自行开发的成本低于外包的成本；三是信息系统开发难以外包，如难以控制外包过程、信息系统关系到社会组织的核心竞争力且技术关联度强。

信息系统开发零外包可以锻炼本组织的信息技术人员，有利于社会组织私有信息的保密，能在一定程度上降低信息系统开发的成本。但是，信息系统开发零外包可能会因社会组织中信息技术人员的学习能力和组织的财力有限而很难跟上信息技术的发展速度，难以保证信息系统技术上的先进性。

（2）信息系统开发整体性外包。整体性外包是社会组织将信息系统开发中的全部信息技术问题或信息系统开发某一阶段占预算 80% 以上的信息系统开发问题交给承包商处理。就整个信息系统开发过程来看，三个阶段的全部外包就是整体性外包，就一个阶段而言，整个阶段所有信息技术问题的外包也是整体性外包。从目前信息系统开发外包的实践来看，将信息系统开发过程完全外包的社会组织几乎没有，因为信息系统开发过程中的有些阶段必须有社会组织本身参与，如系统设计阶段必须有社会组织的配合，才能获取完整的信息，设计出优秀的方案。因此，整体性外包主要是指方案实施阶段的信息系统开发整体性外包。

根据调查，英国和美国两个信息系统开发外包大国分别只有 8% 和 2% 的社会组织选择了整体性外包。可见，整体性外包被采用得不多，其主要原因在于：① 信息系统方案实现阶段牵涉外包的内容范围广，容易失控，同时社会组织信息技术的灵活性会受到影响；②将核心的内容外包出去，有可能会影响到社会组织的竞争优势；③合同往往要持续很长时间，容易受到承包商的盘剥；④资金和时间投入量大，一旦失败，转移成本很高，资金投入很难收回，直接影响社会组织的整体发展。

在以下一些情况下，可以采用整体性外包方式：①信息技术力量比较薄弱的社会组织可以采用整体性外包。从我国目前的情况看，在政府的信息技术能力较薄弱的情况下，一般采用整体性外包进行信息系统开发。②社会组织为了争取时间，赶上同行的先进信息技术，可采用暂时的整体性外包，等到社会组织内部储备到相应的力量时，就可以将关系到核心竞争力的部分收归组织自行开发。③社会组织内的技术关联度强且与核心竞争力无关时，可采用整体性外包方式，以达到节省成本并获得先进技术的目的。④社会组织做了充分的准备，能将整体性外包的风险降到最低，也可以采用整体性外包方式。

（3）信息系统开发选择性外包。选择性外包是指社会组织将信息系统开发中的部分信息技术问题交由承包商处理，通常将 15% ～ 30% 的信息系统开发任务外包给承包商。社会组织信息系统开发过程中的第一、第三阶段必须由组织本身参与，因此这两个阶段的外包只能是选择性外包，第二阶段可以根据内容性质的不同选择不同范围的外包。

选择性外包可以弥补整体性外包和自行开发的缺陷。第一，社会组织将信息系统开发的某些部分外包，可以利用资源最优的承包商，使社会组织内部的信息技术部门与承包商之间形成竞争关系，社会组织内部的信息技术部门更容易找到与承包商之间的差距，会不断吸取承包商的优点。第二，选择性信息技术外包可降低整体性外包的风险，由于选择性外包只外包信息系统开发的部分内容，其运作周期一般为 1~2 年，资金投入也只占整个信息技术预算的 15%～30%，即使失败，其转移成本也远远低于整体性外包。第三，选择性外包置于承包商掌控下的资源少，被承包商套牢的概率小，而且可以实现对信息系统开发活动的灵活控制。据调查，美国和英国采用选择性信息系统开发外包的社会组织分别占 82% 与 75%。

社会组织一般会根据不同的情况采用选择性信息系统开发外包：一是有一定信息系统开发与应用能力但能力不强的社会组织宜采取选择性外包；二是社会组织虽然有能力进行某个信息系统的开发，但在成本、质量、速度方面都有欠缺，在这种情况下，可以将这个信息系统开发任务外包出去；三是某些信息系统开发由社会组织和承包商共同完成更有效，宜采用选择性外包。比如，在方案设计阶段，只有社会组织与承包商进行沟通，才能得到比较完整的信息，从而设计出最佳方案。再如，政府部门因其信息的敏感性而对关于信息处理的内容采用内制方式，电子政务平台建设则可以外包给专业的信息技术服务公司。

3. 外包方式的选择

在确定了信息系统开发外包的范围之后，随之而来的问题便是外包方式的选择。信息系统开发外包方式有独立式外包和合作式外包两种。

（1）独立式外包。独立式外包是指社会组织给出明确的需求和管理关系的明确定义，承包商凭借自身的力量，按定义完成所承包的任务。这种外包方式让承包商有充分的自由，社会组织只提供需要的资金（已转移给承包商的人力、物力不计算在内），并在最后检验承包商是否按时、保质保量地完成承包任务。如果完成，则交易到此结束；如果没有完成，则承包商承担相应的违约责任。

一般来说，独立式外包适用于外包内容能独立划分出来且不需要社会组织帮助的任务，如信息系统开发的某一阶段、某一子系统的整体性外包。

（2）合作式外包。合作式外包是指社会组织和承包商集合双方力量共同完成社会组织信息系统开发任务。双方的合作包括人员的合作、设备共用甚至承包商为社会组织预先垫付资金等几个方面。

一般来说，合作式外包适用于外包内容不能独立划分出来，需要社会组织与承包商共同出力才能更好地完成的任务。比如，信息系统方案设计阶段和信息系统验收阶段若采用外包方式，社会组织就必须与承包商通力合作。

4. 承包商的选择

（1）信息系统开发承包商的类型。信息系统开发承包商可按其服务功能和组织形式进行分类。

按照提供服务功能的不同，信息系统开发承包商有以下三种类型：第一类是专门负责提供信息化咨询的承包商，这类承包商可以是高校信息化问题的研究专家，也可以是专门的咨询机构。第二类是专门负责提供软件、硬件与实现解决方案的承包商，如IBM、HP等。当然，这类承包商提供的服务也各有侧重，有的承包商侧重于提供PC，有的承包商侧重于软件开发。第三类是可以同时提供软件、硬件、解决方案和咨询服务功能的承包商，如安德森咨询公司就能提供主机维护、应用扩展、新技术实施和咨询许多服务。

按组织形式的不同，信息系统开发承包商可以分为固定型承包商和虚拟型承包商。固定型承包商就是有固定组织形式的信息技术服务机构，可以是一个独立的具有法人资格的实体，如IBM、惠普公司、安德森咨询公司等，也可以是具有不同功能并结成伙伴关系的联合体。虚拟型承包商是指由多个承包商临时组合而成的，并按照专业化分工和各自核心专长相互合作，为社会组织的信息系统开发提供一体化服务的承包商。虚拟型承包商可以是社会组织在聘用多个承包商之后，让他们相互合作形成的虚拟组织结构，也可以是社会组织聘用单个承包商，这个承包商根据自己的需要与其他具有特长的承包商形成的虚拟组织结构。

（2）信息系统开发承包商的选择方法。要选择一个优秀的承包商，必须先对承包商进行全面的评价。对承包商的评价主要包括以下几个方面：

一是承包商的业界经验。主要指承包商是否有为业内相关的社会组织提供过类似服务，如果某些承包商有过为同行提供优秀服务并取得成功的经历，就可以将他们作为备选对象。

二是承包商的信誉。如果承包商有不良信用记录，就要慎重考虑是否将其纳入合作对象范围。

三是承包商的专业能力。包括承包商的技术实力、人力、物力、财力及承包商的创新能力、应变能力。

四是外包费用。在质量、进度要求一致的情况下，比较各个承包商之间管理费用和信息系统开发成本的差异。

从目前来看，选择承包商的方法有两种：一种是直接磋商的方式，另一种是招标的方式。直接磋商就是社会组织先选择一定数量的承包商进行直接磋商，然后择优选用，签订合同。这种承包商的选择方法比较简单，一般来说，社会组织可能与承包商有过合作经历，只要磋商具体的工作内容，或该承包商在业内享有盛誉，只要社会组织能够承担起一定的费用，信息系统开发成功的概率就比较大。招标方式就是让对外包项目有兴趣的承包商参加投标，社会组织通过评标、筛选，确定承包商。这种方式适用于社会组织在大范围内选择性价比最优的承包商。

5.外包合同的签订

签订信息系统开发外包合同是社会组织选定承包商之后与承包商约定双方的责任与义务、建立合作关系的一种手段。信息系统开发外包合同的内容是根据社会组织与承包商间的约定确定的。社会组织与承包商之间存在着独立式外包和合作式外包两种关系，随之就产生了独立型外包合同和合作型外包合同。

（1）独立型外包合同的签订。根据独立式外包的特点，社会组织必须用明确、完备的合同条款来保证其实施。独立型外包合同必须满足以下条件：

第一，合同必须明确规定以下内容：清晰、明确地指出服务范围，以便承包商明确自己的职责；用服务水平来衡量承包商在信息系统开发外包业务中的质量表现，而不仅仅关注技术细节，或只关注项目的进展速度；应包含承包商未能提供约定服务的惩罚条款，同时，为了在争端出现时迅速解决争端及在争端出现时可继续提供服务，合同中还应包括解决双方争端的程序；详细计算成本，以免承包商在运作过程中增加额外成本；规定承包商提供的员工规模和素质，以防承包商不提供最优秀的员工，而是把原来社会组织转移过去的员工又指派过来的做法；承包商必须对社会组织的机密资料和知识产权进行保密；承包商在非正常情况下终止合同时，及时提供其数据资源和其他资源，补偿转换承包商的相关费用。

第二，采用第三方（法庭上的法官和陪审团）能够理解的、可计量的、可监测的方式表示合同的内容，以便社会组织与承包商之间的矛盾达到双方不能调和而不得不诉诸法律时，第三方的调解能够顺利开展。

（2）合作型外包合同的签订。合作式外包的风险一般比较高，其不确定性多于确定性，其中确定的内容可以按独立型外包合同的内容规定下来，不确定的内容则通过以下方法来约定：

合同中通常要规定一些条款允许承包商的报酬随着通货膨胀的变化而做出调整，同时必须规定承包商因偶发事件而承担的额外工作可以获得一定的报酬，报酬一般按照双方事先约定的价格支付，也可以使承包商的报酬与社会组织的经营绩效挂钩，从而使承包商的目标与社会组织的目标保持一致，这样，承包商便会积极使用新技术和新设备。

要通过合同规定双方的投资义务，从而支持双方的信任关系，而且双方从持续关系中获得的收益应当是清晰的，同时应易于监测。

明确规定合同有效期和终止条款。规定在合同正常到期和提前终止的情况下社会组织与承包商各自的义务与责任，这可以帮助社会组织在双方关系破裂、出现最坏的情况时挽回部分资金。

三、信息系统开发方法选择与设计管理

（一）信息系统开发方法选择

1.信息系统开发方法的类型

（1）结构化开发方法。结构化开发方法又称结构化生命周期法，是指用系统工程的思想和工程化的方法，按照用户至上的原则，自顶向下整体性分析与设计，自底向上逐步实施的系统开发方法，是组织、管理和控制信息系统开发过程的一种基本框架。

结构化开发方法由管理策略和开发策略两个部分组成。管理策略部分强调信息系统开发的规划、进程安排、评估、监控和反馈。

开发策略部分包括四个方面：一是任务分解结构，包括系统规划、系统分析、系统设计、系统实施和系统支持；二是任务分解结构优先级结构，即系统开发遵循的基本模式，如瀑布模型、阶梯模型、螺旋模型、迭代模型等；三是开发经验，信息系统的开发是一个实践性非常强的过程，因此开发经验是非常宝贵的一种信息系统开发资源，如何充分地利用开发人员丰富的开发经验也应该是信息系统开发生命周期研究的内容之一；四是开发标准，信息系统开发标准通常包括活动、职责、文档、质量检验四个方面的标准。

结构化开发方法的过程包括以下四个阶段：

第一，信息系统规划阶段。该阶段的范围是整个业务系统，目的是从整个业务的角度出发确定信息系统的优先级。

第二，信息系统分析阶段。主要活动包括信息系统可行性分析和需求分析。范围是列入开发计划的单个信息系统开发项目。目的是分析业务上存在的问题，定义业务需求。

第三，信息系统设计阶段。信息系统设计的目的是设计一个以计算机为基础的技术解决方案，以满足用户的业务需求。总体设计的主要任务是构造软件的总体结构；详细设计包括人机界面设计、数据库设计、程序设计。

第四，信息系统实现阶段。信息系统实现的目的是组装信息系统技术部件，最终使信息系统投入运行。包括编程、测试、验收等活动。

结构化开发方法具有以下优点：

第一，阶段的顺序性和依赖性。前一个阶段的完成是后一个阶段工作的前提和依据，后一阶段工作的完成往往又使前一阶段的成果在实现过程中更加具体。

第二，从抽象到具体，逐步求精。从时间的进程来看，整个系统的开发过程是一个从抽象到具体的逐层实现的过程，每一阶段的工作都体现出自顶向下、逐步求精的结构化技术特点。

第三，逻辑设计与物理设计分开，即先进行系统分析，然后进行系统设计，从而大大提高信息系统的正确性、可靠性和可维护性。

第四，质量保证措施完备。对每一个阶段的工作任务完成情况进行审查，对出现的错误或问题及时解决，问题解决之前不允许转入下一工作阶段，也就是对本阶段工作成果进行评定，使错误较难传递到下一阶段，错误纠正得越早，造成的损失就越小。

结构化开发方法有以下缺点：

第一，它是一种预先定义需求的方法，基本前提是必须能够在早期就冻结用户的需求，只适用于可在早期阶段就完全确定用户需求的信息系统。然而，在实际中要做到这一点往往是不现实的，用户很难准确地陈述其需求。

第二，未能很好地解决信息系统分析到信息系统设计之间的过渡，也就是使物理模型如实地反映出逻辑模型的要求，通俗地说，就是实现从纸上谈兵到真枪实弹地作战的转变。

第三，该方法文档的编写工作量极大，随着开发工作的进行，这些文档需要及时更新。

第四，结构化开发方法的适用范围。该方法适用于一些组织相对稳定、业务处理过程规范、需求明确且在一定时期内不会发生较大变化的大型复杂系统的开发。

（2）原型法。使用结构化开发方法要求用户在项目初期就非常明确地陈述需求，需求陈述出现错误对信息系统开发的影响尤为严重，因此这种方法不允许失败。事实上，这种要求难以做到。人们希望有一种方法能够迅速发现需求错误。20世纪80年代中期以来，原型法逐渐被接受，并成为一种流行的信息系统开发方法。

原型法的基本思想是开发者和用户合作，在短期内定义基本需求的基础上，开发一个具备基本功能的、实验性强的、简易的信息系统模型，即原型，通过运行这个原型，不断改进，使之逐步完善，直至形成一个相对稳定的信息系统。

原型法采用了"自下而上"的开发策略，对信息系统设计一步一步地提炼，并给予用户参与的机会，避免了冻结需求问题，因此更容易为用户所接受。但是，如果开发人员与用户合作得不好，就会拖延信息系统开发时间。

原型法的开发过程如下：

第一，进行可行性研究。对信息系统开发的意义、费用、时间做出初步的计算，确定信息系统开发的必要性和可行性。

第二，确定信息系统的基本要求。系统开发人员要了解用户对信息系统的基本需求，即信息系统应该具有的一些基本功能、人机界面的基本形式等。

第三，建造系统初始原型。在对信息系统有了基本了解的基础上，系统开发人员应争取尽快地建造一个具有基本功能的信息系统。

第四，用户和开发人员评审。用户和开发人员一起对刚完成的或经过若干次修改的信息系统进行评审，提出完善意见。

第五，修改系统原型。开发人员根据用户意见对原始系统进行修改、扩充和完善。开发人员在对原始系统进行修改后，与用户一起对完成的系统进行评审，如果不满足要求，就要进行下一轮修改，如此反复地进行修改、评审，直到用户满意。

原型法的支撑环境要求如下：

第一，方便灵活的关系数据库系统。

第二，与关系数据库系统相对应的、方便灵活的数据字典，它具有存储所有实体的功能。

第三，与关系数据库系统相对应的快速查询系统，能支持任意非过程化的（交互定义方式）组合条件的查询。

第四，高级软件工具（如4GLS或信息系统开发生成环境等），用以支持结构化程序，并且允许采用交互的方式迅速地进行书写和维护，产生任意程序语言的模块（原型）。

第五，非过程化的报告或屏幕生成器，允许设计人员详细定义报告或屏幕输出样本。

原型法具有以下优点：

第一，对信息系统需求的认识取得突破，能够确保用户的要求得到较好的满足。

第二，改进了用户和信息系统开发人员的交流方式。

第三，开发的信息系统更加贴近实际，提高了用户的满意度。

第四，降低了信息系统开发风险，在一定程度上减少了开发费用。

原型法有以下缺点：

第一，对开发工具要求高。

第二，开发解决复杂系统和大型系统很困难。

第三，对用户的管理水平要求高。

原型法适用于小型、简单、处理过程比较明确、没有大量运算和逻辑处理过程的信息系统。

（3）面向对象的开发方法。以前的开发方法只是单纯地反映管理功能的结构状况，或只是反映事物的信息特征和信息流程，只能被动迎合实际问题的需要。面向对象的方法把数据和过程封装成对象，以对象为基础对信息系统进行分析与设计，为认识事物提供了一种全新的思路和办法，是一种综合性的开发方法。面向对象方法的出发点和基本原则是尽可能模拟人类习惯的思维方式，使信息系统开发的方法与过程尽可能接近人类认识世界、解决问题的方法与过程。由于客观世界的问题都是由客观世界中的实体及实体间的关系构成的，所以可以将客观世界中的实体抽象为对象。持面向对象观点的程序员认为计算机程序的结构应该与所要解决的问题一致，而不是与某种分析或开发方法保持一致。他们的经验表明，对任何信息系统而言，其中最稳定的成分往往是其相应问题域中的成分。所以，"面向对象"是一种认识客观世界的世界观，面向对象的开发方法是从结构组织角度模拟客观世界的一种方法。

面向对象方法的开发过程如下：

第一，进行系统调查和需求分析。对系统将要面临的具体管理问题及用户对系统开发的需求进行调查研究，即弄清系统要干什么的问题。

第二，分析问题。在繁杂的问题域中抽象地识别出对象及其行为、结构、属性、方法等，一般称之为面向对象的分析。

第三，整理问题。对分析的结果做进一步的抽象、归类、整理，最终以范式的形式将它们确定下来，一般称之为面向对象的设计。

第四，程序实现。用面向对象的程序设计语言将上一步整理的范式直接映射（直接用程序设计语言来取代）为应用软件，一般称之为面向对象的程序设计。

面向对象方法的特点如下：

第一，直接反映了人们对客观世界的认知模式。人类认识客观世界有两个基本过程：一个是从特殊到一般的归纳过程，另一个是从一般到特殊的演绎过程。

第二，从应用设计到解决问题的方案更加抽象化，而且具有极强的对应性。

第三，在设计中容易与用户沟通。

第四，把数据和操作封装到对象之中。

第五，设计中产生各种各样的部件，由部件组成框架，以至于整个程序。

第六，应用程序具有较好的重用性，易改进、易维护、易扩充。

面向对象的开发方法是一种流行的开发方法，适用面很广。

（4）计算机辅助开发方法。计算机辅助开发方法解决问题的基本思路是，在前面所介绍的任何一种信息系统开发方法中，自对象系统调查后，系统开发过程中的每一步都可以在一定程度上形成对应关系，完全可以借助专门研制的软件工具实现上述一个个的信息系统开发过程。可见，计算机辅助开发方法是一种自动化的系统开发方法，能够全面支持除系统调查以外的每一个开发步骤，使原来由手工完成的开发过程转变为由自动化工具和支撑环境支持的自动化开发过程。采用计算机辅助软件工程工具进行信息系统开发，还必须结合某种具体的开发方法，如结构化系统开发方法。

计算机辅助开发方法具有以下特点：解决了从客观对象到信息系统的映射问题，支持系统开发的全过程；提高了软件质量和软件重用性；加快了软件开发速度；简化了系统开发过程的管理和维护；自动生成开发过程中的各种文档资料。

2. 各种开发方法的比较与选择

从国外最新的统计资料来看，信息系统开发工作的重心向系统调查、分析阶段偏移。信息系统开发各个环节工作量所占比重如表 1-1 所示。

表1-1 信息系统开发各个环节工作量所占比重

阶 段	调 查	分 析	设 计	实 现
工作量 /%	30	40	20	10

系统调查、分析阶段的工作量占总开发量的 70%。系统设计和实现环节的工作量仅占总开发工作量的 30%。

（1）结构化开发方法能够辅助管理人员对原有的业务进行理顺，并优化原有业务，使其在技术手段和管理水平上都有很大提高；发现和整理系统调查、分析中的问题及疏漏，便于开发人员准确地了解业务处理过程；有利于与用户一起分析新系统中适合社会业务特点的新方法和新模型；能够对社会组织的基础数据管理状态、原有信息系统、经营管理业务和整体管理水平进行全面的分析。

（2）原型法是一种快速模拟的方法。它通过模拟及对模拟后原型的不断讨论和修改，最终建立信息系统。要想将这样一种方法应用于大型信息系统开发过程中的所有环节不太可能，故它多被用于小型局部系统或处理过程比较简单的信息系统设计到实现的环节。

（3）面向对象的开发方法是先围绕对象进行系统分析和系统设计，然后用面向对象的工具建立系统的方法。这种方法可以普遍适用于各类信息系统的开发，但是它不能涉足系统分析以前的开发环节。

（4）计算机辅助开发方法是一种除系统调查外全面支持系统开发过程的方法，同时是一种自动化（准确地说应该是半自动化）的系统开发方法。因此，从方法学的特点来看，它具有上述各种方法的特点，又具有自身的独特之处——高度自动化。值得注意的是，在该方法的应用和计算机辅助开发工具自身的设计中，自顶向下、模块化、结构化都是贯穿始终的。

综上所述，只有结构化系统开发方法是真正能够较全面地支持整个系统开发过程的方法。虽然其他方法也有许多优点，但都只能作为结构化系统开发方法在局部开发环节上的补充，暂时还不能替代结构化系统开发方法在信息系统开发过程中的主导地位，尤其是在占目前系统开发工作量最大的系统调查和系统分析这两个重要环节。

（二）信息系统设计管理

1.信息系统设计的原则

信息系统设计的任务是将信息系统的逻辑模型转化为物理模型。信息系统设计应遵循以下原则：

（1）系统性原则。信息系统设计要从整个系统的角度进行考虑，系统代码要统一，设计标准要规范，传递语言要一致，实现数据或信息全局共享，提高数据的重用性。

（2）灵活性原则。为了维持较长的信息系统生命周期，要求系统具有很好的环境适应性。为此，信息系统应具有较好的开放性和结构的可变性。在信息系统设计中，应尽量采用模块化结构，以提高数据、程序模块的独立性，这样既便于模块的修改，又便于增加新的内容，提高信息系统适应环境变化的能力。

（3）可靠性原则。可靠性是指信息系统抗干扰的能力及受外界干扰时的恢复能力。一个成功的信息系统必须具有较高的可靠性，如安全保密性、检错及纠错能力、抗病毒能力等。

（4）经济性原则。经济性是指在满足系统需求的前提下尽量节约成本。一方面，在硬件投资上不能盲目追求技术上的先进，而应以满足应用需要为前提；另一方面，信息系统设计中各模块应尽量简洁，以便缩短处理流程，减少处理费用。

2.信息系统设计的主要内容及其要求

（1）代码设计。代码是代表事物名称、属性、状态等的符号。为了便于计算机处理，一般用数字、字母或它们的组合表示代码。代码的设计和编制问题在系统分析阶段就开始考虑，在系统设计阶段才能最后确定。

代码主要有四项功能。一是代码为事物提供了一个概要而准确的认定，便于数据的存储和检索，节省了时间和空间。二是代码能提高数据处理的效率和精度。按代码对事物进行排序、累计或统计分析，准确高效。三是代码提高了数据的一致性。通过统一编码，减少了因数据不一致而造成的错误。四是代码是人和计算机进行信息交换的工具。

代码主要有以下类型。一是顺序码，又称系列码，是一种用连续数字代表编码对象的代码。例如，用1001代表张三，1002代表李四等。顺序码的优点是简单，缺点是没有逻辑基础且不便于对代码进行操作。新增加的代码只能列在最后，删除则会造成空码。二是区间码。把数据项分成若干组，每一区间代表一个组，码中数字的值和位置都代表一定意义。例如，1代表厂长，2代表科长，3代表科员，4代表生产工人，等等。区间码的优点是容易进行数据处理的操作，如排序、分类、检索等。这种代码的长度与分类概念有关，在编码设计时，先要对各种代码分类进行平衡，避免造成有很长的码或有很多富余的码。三是助忆码。用文字、数字或文字与数字结合起来描述，其特点是可以通过联想帮助记忆。

合理的编码结构是信息系统具有生命力的一个重要因素。在代码设计时，要求做到以下几点。一是代码在逻辑上必须满足用户的需要，在结构上应当与处理的方法相一致。例如，为了提高处理速度，往往要在不调出有关数据文件的情况下，直接根据代码的结构进行统计。二是代码对所代表的事物或属性应具有唯一性。三是设计代码时，要预留足够的位置，以适应不断变化的需要。四是代码的编制应标准化、系列化，使代码结构便于理解，较好地表达所对应事物。五是避免使用容易引起误解或易于混淆的字符。例如，0、Z、I、S、V与0、2、1、5、U等。六是尽量采用不易出错的代码结构。例如，字母—字母—数字的结构比字母—数字—字母的结构发生错误的机会少一些。七是多于4个字母或5个数字字符时应分段记忆。这样，在读写时不易发生错误，如139—0307—30XX比139030730XX易于记忆，并能更精确地记录下来。

（2）信息系统功能结构设计。管理信息系统的各子系统可以看作系统目标下层的功能。系统功能分解的过程就是一个由抽象到具体、由复杂到简单的过程。信息系统的功能结构可以用功能结构图来表示。所谓功能结构图，就是按功能从属关系画成的图形，图中每一个方框称为一个功能模块。分解得最小的功能模块可能是一个程序中的每个处理过程，较大的功能模块可能是完成某一任务的一组程序。

经过层层分解，可以把一个复杂的系统分解为多个功能较单一的模块。这种把一个信息系统设计成若干模块的方法称为模块化设计方法。模块化是一种重要的设计思想，这种思想把一个复杂的系统分解为一些规模较小、功能较简单、更易于建立和修改的部分。一方面，各个模块具有相对独立性，可以分别加以设计与实现；另一方面，模块之间的相互关系（如信息交换、调用关系）过一定的方式予以说明，各模块在这些关系的约束下共同构成一个统一的整体，完成信息系统的功能。

功能结构设计的特点在于有很好的内聚性。内聚性是指一个程序模块执行单独而明确定义功能的适用程度。内聚性好的程序具有好的可变性和可维护性。修改执行独立功能的内聚性模块对程序中其他功能模块的影响很小，甚至根本没有影响。如果模块完成许多功能或连接许多不同的处理过程，那么其内聚性就差，产生错误的概率就会增加。系统模块之间的相互联系程度叫耦合，如果是紧密耦合，系统将难以维护。大而复杂的模块不但难以修改，而且难以重复使用。因此，功能结构设计的另一特点在于提高重用性。

系统功能结构图主要从功能的角度描述信息系统的结构，并未表达出各功能之间的数据传送关系。事实上，信息系统中许多业务或功能都是通过数据文件联系起来的。例如，某一功能模块向某一数据文件中存入数据，另一个功能模块则从该数据文件中取出数据。又如，虽然在数据流程图中的某两个功能模块之间原来并没有通过数据文件发生联系，但为了处理方便，在具体实现中有可能在两个处理功能之间设立一个临时的中间文件以便把它们联系起来。上述这些关系在设计中是通过绘制信息系统流程图来表现的。

信息系统流程图是以新系统的数据流程图为基础绘制的。可以按下述思路来绘制信息系统流程图：先为数据流程图中的处理功能画出数据关系图，然后把各个处理功能的数据关系图综合起来，形成整个系统的数据关系图，即信息系统流程图。

（3）系统物理配置方案设计。随着信息技术的发展，各种计算机技术产品为信息系统的建设提供了极大的便利，信息系统可以根据应用的需要选择性能各异的软件、硬件产品。系统物理配置方案设计应重点考虑以下五个方面：一是系统吞吐量，即每秒钟执行的作业数。系统吞吐量越大，系统的处理能力就越强。系统吞吐量与系统硬件、软件的选择有直接的关系，如果要求系统具有较大的吞吐量，就应当选择具有较高性能的计算机和网络系统。二是系统响应时间，即从用户向系统发出一个作业请求开始，经系统处理后给出应答结果的时间。如果要求系统具有较短的响应时间，就应当选择运算速度较快的 CPU 及具有较高传递速率的通信线路，如实时应用系统。三是系统可靠性，即系统可以连续工作的时间。例如，对每天需要 24 小时连续工作的系统，可以采用双机双工结构方式。四是集中式或分布式。如果一个系统采用集中式的处理方式，则信息系统既可以是主机系统，也可以是网络系统；如果系统处理方式是分布式的，则应采用微机网络。五是地域范围。对分布式系统，要根据系统覆盖的范围决定采用广域网还是局域网。

系统物理配置方案设计的内容如下：

计算机硬件及网络选择。计算机硬件的选择主要取决于数据处理方式和运行的软件系统。信息管理对计算机的基本要求是速度快、容量大、通道能力强、操作灵活方便，但计算机的性能越高，价格就越昂贵。一般来说，如果系统的数据处理是集中式的，系统应用的主要目的是利用计算机的强大计算能力，则可以采用主机—终端系统，以大型机或中小型机作为主机；如果系统的数据处理是分布式的，则采用微机网络更为灵活、经济。计算机可以采用 Netware、Windows NT、UNIX 等网络操作系统。UNIX 历史最早，是唯一能够适用于所有应用平台的网络操作系统。Netware 适用于文件服务器—工作站模式，具有较高的市场占有率。WindowsNT 随着 Windows 操作系统的发展逐渐由客户—服务器模式向浏览器—服务器模式延伸，是很有发展前景的网络操作系统。

数据库管理系统的选择。信息系统是以数据库系统为基础的，一个好的数据库管理系统对信息系统的应用有着举足轻重的影响。在数据库管理系统的选择上，主要考虑数据库的性能、数据库管理系统的系统平台、数据库管理系统的安全保密性能、数据类型等。目前，软件市场上有许多数据库管理系统，如 Oracle、Sybase、SQLServer、Informix、FoxPro 等。Oracle、Sybase 是大型数据库管理系统，运行于客户—服务器模式，是开发大型 MIS 的首选。FoxPro 在小型 MIS 中最为流行，在大型信息系统开发中也获得了大量应用。Informix 适用于中型 MIS 的开发。

应用软件的选择。根据应用需求开发信息系统最容易满足用户的特殊管理要求，但是成本较高。随着技术逐渐成熟、设计规范、管理思想先进的商品化应用软件的推广，系统设计人员面临着对应用软件的选择问题。如果直接应用商品化软件，既可以节省投资，又能够规范管理过程、加快信息系统应用的进度，就不一定要自行开发，可以选用一些成熟的商品化软件。选择应用软件应考虑以下几个方面。一是能否满足用户的需求。根据系统分析的结果，在软件功能上应注意：系统必须处理哪些事件和数据？软件能否满足数据表示的需要？系统能够产生哪些报告、报表、文档或其他输出文件？系统要储存的数据量必须满足哪些查询需求？二是软件的灵活性。由于存在管理需求上的不确定性，系统应用环境会经常发生变化。因此，应用软件要有足够的灵活性，以适应对软件的输入、输出和系统平台升级要求。三是软件的技术支持。对商品化软件，稳定的技术支持是必不可少的。这一方面是为了保证软件能够满足需求的变化，另一方面是便于今后的升级。

（4）输出设计和输入设计。输出是信息系统产生的结果或提供的信息。对大多数用户来说，输出是信息系统开发目的和使用效果评价的标准。尽管有些用户可能直接使用信息系统或从信息系统输入数据，但都要应用信息系统输出的信息，输出设计的目的正是为了正确及时地反映、组成用于生产和服务部门的有用信息。信息系统设计过程与实施过程相反，是从输出设计到输入设计，即先确定要得到哪些信息，再考虑为了得到这些信息需要准备哪些原始资料作为输入。

①输出设计。输出设计的内容包括有关输出信息使用方面的内容（如信息的使用者、使用目的、报告量、使用周期、有效期、保管方法和复写份数等）、输出信息的内容（如输出项目、位数、数据形式）、输出格式（如表格、图形或文件）、输出设备（如打印机、显示器、卡片输出机等）。在信息系统设计阶段，设计人员应给出系统输出的说明，这个说明既是将来编程人员在软件开发中进行实际输出设计的依据，也是用户评价信息系统实用性的依据。输出主要有以下几种：一是表格信息。表格信息以表格的形式提供，一般用来表示详细的信息。二是图形信息。信息系统用到的图形信息主要有直方图、饼图、曲线图等。图形信息在表示事物的趋势、多方面的比较等方面有较大的优势，可以充分利用大量历史数据的综合信息，表示方式直观，常为决策用户所喜爱。三是图标。图标用来表示数据间的比例关系和比较情况，易于辨认，无须过多解释，在信息系统中的应用日益广泛。输出报告给出了各常量、变量的详细信息，也给出了各种统计量及其计算公式、控制方法。设计输出报告时要注意以下几点：一是方便使用者；二是要考虑信息系统的硬件性能；三是尽量利用原信息系统的输出格式，若需要修改，应与有关部门协商，征得用户同意；四是输出表格要考虑信息系统发展需要，如是否在输出表中留出位置，满足将来新增项目需要；五是输出的格式要根据硬件能力，并试制输出样品，经用户同意后才能正式使用。保持输出内容和格式的统一性，可以提高信息系统的规范化程度和编程效率。对于同一内容的输出，在显示器、打印机、文本文件和数据库文件上都应具有一致的形式。

②输入设计。输入数据的正确性直接影响处理结果的正确性，如果输入数据有误，即使计算和处理过程正确，也无法获得可靠的输出信息。同时，输入设计决定人机交互的效率。输入设计包括数据规范和数据准备过程，提高效率和减少错误是两个最根本的原则。具体要求包括以下几方面：一是控制人工输入量。由

于数据录入工作一般需要人的参与，数据输入速度与计算机处理比较起来相对缓慢，信息系统在大多数时间都处于等待状态，效率显著降低，增加了信息系统的运行成本。因此，在输入设计中，应尽量控制人工输入数据总量。在实际输入数据时，只需要输入基本数据，其他的数据可以通过计算由信息系统自动产生。二是减少输入延迟。输入数据的速度往往成为提高信息系统运行效率的瓶颈，为减少延迟，可以采用周转文件、批量输入等方式。三是减少输入错误。输入设计中应采用多种输入校验方法和有效性验证技术，减少输入错误。四是避免额外步骤。应尽量避免不必要的输入步骤。五是简化输入过程。输入设计在为用户提供纠错和输入校验的同时，要保证输入过程简单易用。

（5）文件与教据库设计。信息系统基于文件系统或数据库系统，文件是存放信息系统中要处理的或要维护的数据的基本方式。文件设计就是根据文件的使用要求、处理方式、存储量、数据的活动性及硬件设备条件等，合理地确定文件类别，选择文件介质，决定文件的组织方式和存取方法。

①文件设计。设计文件之前，先要确定数据处理的方式，文件的存储介质，计算机操作系统提供的文件组织方式、存取方式和对存取时间、处理时间的要求等。文件设计通常从设计共享文件开始，这是因为共享文件与其他文件的关系密切，先设计共享文件，其他文件中与它相同的数据项目就可以用它作为基准，尽量求得一致。文件由记录组成，所以设计文件主要是设计文件记录的格式。例如，每个数据项的名称、变量名、类型、宽度和小数位等。记录设计中还应注明记录由哪个程序形成，又输出到哪个程序。文件设计还应考虑文件的管理问题。

②数据库设计。数据库设计是在选定的数据库管理系统基础上建立数据库的过程。数据库设计除用户要求分析外，还包括概念结构设计、逻辑结构设计和物理结构设计三个阶段。在信息系统开发过程中，数据库设计的几个步骤与系统开发的各个阶段相对应。

（6）处理流程图设计。信息系统的处理流程图是信息系统流程图的展开和具体化，所以其内容更详细。在信息系统流程图中，只是给出了每一个处理功能的名称，而在处理流程图中，则需要使用各种符号具体地规定处理过程的每一个步骤。信息系统中每一个功能模块都可以作为一个独立子系统分别进行设计。由于每个处理功能都有自己的输入和输出，对处理功能的设计过程也应从输出开始，进而进行输入、数据文件的设计，并画出较详细的处理流程图。

四、信息设备采购与招标管理

信息设备是组成信息系统的硬件，是信息系统必不可少的重要组成部分，其质量好坏直接关系到信息系统的性能和运行寿命。因此，必须加强信息设备采购管理。

（一）信息设备采购管理概述

1.信息设备采购的基本要求

（1）符合国家有关政策法规。信息设备的采购应以国家和地方相关的政策法规为指导，不得违反相关政策和法规。例如，政府机关信息设备采购应遵循《中华人民共和国政府采购法》；若采用招标方式采购，应遵循《中华人民共和国招标投标法》；政府机关信息设备招标采购应遵循《政府采购货物和服务招标投标管理办法》。

（2）选择最佳的供应商。供应商的好坏直接影响到商品的质量、价格和售后服务的提供，因此必须慎重选择供应商，应向信誉良好、供货质量合格的供货商采购。

（3）争取最优惠的价格。在保证信息设备质量的前提下，若想得到最优惠的价格，势必要运用一些小技巧。"货比三家"是首要步骤，可通过签订互惠契约、现金支付、自行进口、自行运送等方法，有效减少货款，节省营运成本。

（4）获得最正确的设备。采购规格标准是根据客户的特殊需要，对所要采购的各种设备做出的详细具体的规定，如品牌、配置、性能、大小、数量、外观要求、质保期等。建立采购标准能帮助采购人在众多货品中挑选出最合适的一种。采购标准除了文字叙述外，必要时也可以用图片或照片加以说明，这样，供应商在按图索骥的情况下，错误供货的概率将降低。

2.信息设备采购方式的选择

采购方式可分为邀请招标采购、竞争性谈判采购、询价采购和单一来源采购。邀请招标采购是指招标人以投标邀请书的方式邀请三个以上特定的供应商投标的采购方式。竞争性谈判采购是指采购单位直接邀请三家以上的供应商就采购事宜进行谈判的采购方式。询价采购是指对三家以上的供应商提供的报价进行比较，以确保价格较低的采购方式。单一来源采购是指向供应商直接购买的采购方式。

为了实现公平竞争，杜绝暗箱操作等腐败现象，越来越多的信息设备采购都是通过各种形式的招标来实现的，这和以往领导拍板决定有很大的不同。招标主要有以下三种形式：一是内部招标。采购单位成立招标工作小组，组织采购招标过程，制定招标需求和评标的标准，组织有关的专家（主要是内部专家，有时也请外部专家）成立评标小组进行评标，工作小组将整体情况向领导汇报，最终结果由有关领导根据评标工作小组的汇报来决定。这种内部招标的方式严格来说不能算是招标，除非该采购单位本身具备招标的资质，并能够从事招标工作。二是有限招标。有限招标即邀标，对有限候选人发出招标邀请，只允许选定的候选人参加投标。在邀标过程中，一般由采购单位选定招标公司，由招标公司组织编写招标文件（其实主要还是依靠建设单位），向建设单位确定的候选人发出招标邀请。在评标过程中，由招标公司选择外部专家，并按一定比例邀请建设单位专家（不超过三分之一）共同组成评标小组，根据评标小组的评标意见，编写评标报告提交给建设单位，通知建设单位评标结果。建设单位根据评标结果与中标人进行商务谈判。整个招标过程都由招标公司负责组织。三是公开招标。建设单位选定招标公司，通过招标公司发布招标公告，一般要求先进行资格预审，以保证以后参加正式投标的投标人符合基本条件，避免给以后评标带来过多的无效工作。招标公司根据各方提交的资格预审文件，筛选出符合资格要求的候选人，通知他们参加投标。投标人正式中标后，其组织过程和邀标过程基本相同。

3. 信息设备采购方案的编制

采购前必须制定详尽和实施性强的采购方案，这样才能保证采购工作按计划顺利进行。编制设备采购方案要根据建设项目的总体计划和相关设计文件的要求，采购的设备必须符合设计要求。方案要明确设备采购的原则、范围、内容、程序、方式和方法，采购方案中要包括采购设备的类型、数量、质量要求、周期要求、市场供货情况、价格控制要求等因素，从而使整个设备采购过程符合项目建设的总体计划，使设备满足质量要求。设备采购方案最终需要获得建设单位的批准。根据设计文件、需要采购的设备编制拟采购的设备表、相应的备品配件表（含名称、型号、规格、数量、主要技术性能、交货期）以及这些设备相应的图纸、数据表、技术规格说明书、其他技术附件等。

（二）信息设备的招标管理

1. 招标前的准备

招标单位为了在招标中获得最佳结果，需要花费大量的人力和财力，做好充分的准备工作。招标前的准备工作包括广泛搜集投标信息、提交各种招标文件等。

（1）招标信息的搜集。招标信息是指为决定进行招标所需了解的情况，具体包括招标项目名称、招标工程的大致内容、招标日程安排和招标者名称等。招标单位要派人与投标者进行联系，目的是了解投标者的总体计划与条件；与本国驻国外的商务机构保持经常联系；选择并利用当地代理人。

（2）招标文件的准备。招标文件是法律文件，除了相关的法律法规外，在招标的全过程中招标单位、投标单位、招标代理机构共同遵循的规则就是招标文件，这是参加招标工作三方人士必须遵循的文件，具有法律效力。所以，编制招标文件的人员须有法律意识和素质，招标文件要体现出公平、公正、合法的要求，对投标单位有什么要求、如何评标、如何决标、招标程序是什么都要在招标文件中做出规定。

按照有关招标投标法律法规的规定，招标文件一般由以下基本内容构成：招标公告或投标邀请书；投标人须知（含投标报价和对投标人的各项投标规定与要求）；评标标准和评标方法、技术条款（含技术标准、规格、使用要求及图纸等）；投标文件格式；拟签订合同主要条款和合同格式；附件和与其他要求投标人提供的材料。

2. 招标工作的程序

（1）发出招标公告或投标邀请书。实行公开招标的信息系统建设单位应通过国家指定的报纸、信息网络或其他媒介发布信息设备招标公告。任何认为自己符合招标公告要求的信息系统开发商都有权报名并索取资格审查文件，招标单位不得以任何借口拒绝符合条件的投标单位报名。采用邀请招标的招标单位应当向三个以上具备承担招标项目的能力、资信良好的信息系统开发商发出投标邀请书。

（2）对参加投标报名单位进行资格审查。资格审查是保证项目保质保量地完成的必要手段。信息系统建设单位必须高度重视资格审查工作，加强对参加投标报名单位的资格审查。招标前，应对参加投标报名单位的资质、信誉、履约能力、资金准备、技术保障措施、人员设备状况等进行考察。资格审查主要是对其资质证书及其相关证件（如安全生产许可证、工商营业执照、税务登记证、法定代表人证书、项目经理资质证书等）进行审查。

通过资格审查，选择较好的单位作为投标参与方，参与投标的单位在同一管理水平上进行竞争，避免管理差、能力弱、价格过低的单位入围，这样才能进行真正的公平竞争。投标单位的数量对招标有较大的影响，如果投标单位太多，反而会浪费招标单位的资源和精力，分散评标专家的注意力，影响对最合格投标人的评价时间，结果很可能评选出来的不是最合适的承包人选。另外，可能会有一些有实力的投标单位认为投标单位多将导致本单位的中标概率降低，交易成本提高，退出本次招标活动，这就有悖于招标的初衷。

（3）进行招标辅导。这里说的招标辅导是指进行详细的招标交底，详细解释招标文件中有关废标的条款，让投标单位清楚、注意。不要因为细节规定导致废标，导致有效标数量达不到要求而使招标失败、反复。详细介绍项目的特点、招标方的特殊要求，引起投标方注意，避免因为要求不清楚或歧义导致各方报价过低或过高。加强与投标方交流，这个过程是增加双方彼此了解、熟悉，增强各方信心的过程，也是熟悉各投标方的优劣势、优缺点，彼此了解对方习惯的过程，能为以后合作伙伴关系的建立打下基础。

招标辅导可以降低有效标数量风险和投标报价过高、过低的风险，让投标单位清楚地知道招标单位的要求，并根据招标单位的要求进行报价；明确投标中需要注意的细节，避免因为格式等细节问题导致废标情况的发生，如果多家单位因为这些导致废标，那么招标失败，必须重新进行招标。

（4）发放招标文件。招标单位应在招标公告、投标邀请书或资格预审合格通知书中载明获取招标文件的办法，如果是公开招标，招标单位应先将招标文件报招投标管理机构审查并备案，审查合格后方可发出。

（5）开标、评标与定标。开标、评标与定标应当按照招标文件的规定进行。公开招标的项目评委由政府招标管理机构从其专家数据库随机抽取的专家和招标单位代表组成，其中招标单位代表不能超过总人数的三分之一。评标委员会由招标人的代表及其聘请的技术、经济、法律等方面的专家组成，总人数一般为5人以上单数，其中受聘的专家不得少于三分之二。与投标人有利害关系的人员不得进入评标委员会。

开标会议由招标单位或招标代理机构组织并主持；开标会结束后，经招标单位初步审查符合规定的投标文件送入评标委员会进行评标；评标应坚持客观公正、平等、科学、合理、自主和注重信誉的原则，评标委员会应按照招标文件中规定的评标标准、办法对投标文件进行评审。

招标人应自确定中标人15日内向招投标管理机构提交招标投标情况书面报告。

（6）确定中标单位并发放中标通知书。招投标管理机构自收到评标书面报告之日起5日内未通知招标单位在招标投标活动中有违法行为的，招标单位可以向中标单位发出中标通知书，并将中标结果通知所有未中标的投标单位。中标通知书的实质性内容应与中标单位投标文件的内容一致。

3. 评标的关键指标

在评标过程中，虽然不同的需求会有不同的评标标准，但有一些主要的考虑因素是任何建设单位都不能忽略的。

（1）投标单位的综合实力。投标单位的综合实力主要分成两类：存续能力和带来附加价值的能力。建设单位在招标过程中，一定要求最终的中标单位具备足够的存续能力，能够支持长期的产品发展，包括产品的不断升级换代和产品的售后服务，至少其产品的生命周期不短于建设单位使用该产品的时间。因此，公司的规模、发展战略、经营管理状况、融资能力等都会成为考察的内容。在附加价值方面，如果投标人在其他方面具有对建设单位未来发展非常有帮助的附加价值，那么建设单位会更愿意与这样的公司建立合作关系。

（2）产品与特定需求的符合性。这是评标过程中最主要的考察内容。评标小组会根据招标文件的要求，设定评标条件，在产品特性方面设定许多细致的评比条件。这就需要投标人认真阅读招标文件，深入理解用户的需求，想用户所想，充分表达出其产品与需求的符合性。

（3）投标单位的项目实施能力。根据不同招标内容，所要求的执行能力也会有差别。例如，及时供货能力、技术支持能力、专业技术能力、项目管理能力、长期支持服务能力等。这就需要根据具体标分析出必须具备的能力，并向建设单位清晰地阐明如何具备这样的能力。例如，在集成项目中，公司的技术力量就是一个重要内容，可以通过提交有关技术骨干的简历证明公司的技术实力。

（4）投标单位的行业经验。在一个行业中，许多要求具有相似之处，如果中标单元具备行业经验，就能在与建设单位的沟通方面，在理解需求方面，降低双方的成本。

（5）价格因素。虽然在所有的招标文件中都会说明价格最低不是中标条件，但无论如何价格因素在评标过程中都会占很大比重。这也是在评标过程中最显而易见的硬指标。

（三）信息设备的验收

信息设备的验收是质量检验第一关，也是检验合同执行情况的关键，验收工作要严格按照有关要求和程序进行。设备到货以后，要及时进行验收，避免验收不及时造成不必要的损失。验收时需要对合同中订购设备的数量、质量、附件等内容做全面的检查。

1. 信息设备到货验收前的准备

（1）选择合适的验收人员。负责验收的人员应具备高度的工作责任心和一定的专业水平，一般由设备的维修工程技术人员、设备管理人员（如采购员、设备档案管理员等）和有关使用人员组成。

（2）准备验收资料。验收资料准备主要是收集与到货设备筹备有关的文件资料，如招标文件、订货合同、合同备忘录、运输提货单、装箱单、商检单据等。

（3）阅读招标文件和订货合同。通过详细阅读招标文件和订货合同，熟悉相关文件及技术资料，了解设备的各项技术性能。参考厂家验收规程拟订相应的验收程序，并对关键技术指标的检测方法认真研究。

2. 信息设备验收程序

（1）设备包装与设备外观检查。根据订货合同核对商标、收货单位名称、品名、箱号、箱总件数等有关的外包装标记及批次是否相符，有无油污、水渍等情况，对不可倾斜运输的设备需要检查外包装上倾斜运输的"变色"标记是否变色。检查设备表面是否清洁、外壳是否有划痕、各按钮旋键是否无损、新旧程度如何等。设备包装情况和外观情况如果出现与合同不符或有破损时，必须做好现场记录，记入验收报告，并拍照或录像，以便分清责任。拍照和录像应能表达破损的各个方向与部位。

（2）设备数量及附件清点。以合同为依据，按装箱单或使用说明书上的附属器材或零配件的名称、规格型号、数量等逐项进行核对并做记录。如果出现数量或实物与单据不符的，应做好记录并保留好原包装，以便向厂方要求补发或索赔。包装箱内应有下列文件：使用手册及出厂鉴定证书、检验合格证、维修手册、维修电路图纸等。

（3）设备技术性能检查。技术性能检查是指对信息设备的功能配置与技术性能指标进行检测，功能配置验收应以招标文件和合同要求的各项功能为依据，要求对各项功能进行逐项的操作演示，出现不符时要做好记录，检测报告应由参加检测的各方共同签字确认。

（4）填写验收报告。验收报告应由使用科室、设备科与厂商代表三方验收人员签字认可。在验收过程中，所有与合同要求不符的情况都应做好记录，填写到验收报告上，并拍照或录像，以备索赔，所有的文件资料及商检报告、验收报告由设备档案管理员收集并整理，及时建档保存。

五、信息系统实现与验收管理

（一）信息系统实现管理

信息系统实现是按照预先的设计具体地实现信息系统的过程，具体包括信息系统的编码、信息系统的安装调试、信息系统的测试等工作。在信息系统实现过程中，应做好相应的管理工作。

1. 信息系统编码管理

（1）信息系统编码工作的任务与要求。信息系统编码工作的任务是，实现软件设计功能，运用程序设计语言，编写出编程风格好、程序效率高和代码安全的计算机程序。这反映在软件编码的可追踪性和完备性上，软件编码的独立性、数据规则、处理规则、异常处理规则和表示法规则反映在项目软件过程的编程风格中。

信息系统编码工作的要求：①遵循开发流程，在设计的指导下进行代码编写；②代码的编写以实现设计的功能和性能为目标，要求实现设计要求的功能，达到设计规定的性能；③使程序具有良好的程序结构，提高程序的封装性，降低程序的耦合程度；④程序可读性强，易于理解；⑤软件的可测试性好，便于调试和测试，易于使用和维护，具有良好的修改性和扩充性，可重用性强，移植性好，占用资源少，以低代价完成任务；⑥软件在不降低程序可读性的情况下，尽量提高代码的执行效率。

（2）信息系统编码管理的目标与内容。信息系统编码管理的主要目的是控制软件编码的工作进度，监督软件编码的编程风格和质量，使软件编码工作能可靠、高效地实现软件设计的目标，同时符合承建单位的软件过程规范的要求。

软件编码管理的主要内容：①促使承建单位将合适的软件编码工程方法和工具集成到项目定义的软件过程中；②保证承建单位依据项目定义的软件过程，对软件编码进行开发、维护等，实现软件需求的软件设计；③跟踪和记录软件编码产品的功能和质量。

2. 信息系统安装调试管理

（1）安装调试费用的预算。要想使软硬件设备安装调试工作顺利实施和完成，必须事先认真做好安装调试费用预算工作。安装调试费用包括运输费、安装费、调试费和其他费用。

①运输费预算。管理部门应根据软硬件设备的体积、解体装运对象的数量和质量，安排不同运输能力的车辆，并确定各种运输车辆的车次。然后，按相应运输车辆的吨公里运费、被运物的搬运里程计算运输费用，也可根据运输车辆的台班费定额和使用台班计算运费。在预算运输费用时，还要估算装卸、捆扎费等，因为这些也是运输过程中必然产生的费用。

②安装费预算。根据待安装软硬件的种类列出相应的安装基座、所用材料及人工使用量，然后参照工程预算定额给出的基价，计算其费用。

③调试费预算。在软硬件设备调试过程中，除了设备运行必要的动力（如电

力等）外，还需一定量的耗材（如磁带、磁盘、光盘等）。调试费一般由电力费、材料费、人工费、管理费等组成，各组成费应按各自的单价和用量计取。

④其他费用。包括设备初到时的看管费、管理费等。其他费用的预算应根据实际情况进行。

（2）人员组织与技术培训。软硬件设备一般精密、昂贵，初次安装调试中的技术工作必须由供应厂商派出的技术人员负责（这也是供应厂商方面完成交货必须履行的义务）。信息系统建设单位在供应厂商调试工程师来之前，应该进行尽可能周密的工作安排。选配操作人员，成立安装调试协调组（由有关行政领导、技术负责人员组成），调配安装调试所需的辅助工具、人员。

选配操作人员时，应注意选择业务熟练、反应灵活、责任心强的操作人员。在进行安装调试之前，建设单位的技术负责人应协助厂商方面的安装调试工程师工作，并选配设备操作人员，进行岗位分工和现场技术培训。岗位分工的目的是明确各操作人员在调试阶段及日后使用设备时的职责；培训的目的是让操作人员了解待调设备的基本结构、技术性能、安装调试操作步骤、运行管理方法及安全注意事项等，从而使他们做到心中有数，避免盲目安装。

（3）信息系统安装施工。在安装过程中，应随时对信息系统主机的各组成部件及附属设备做外观质量检查。安装现场要由专人负责指挥。吊装笨重装置时，必须采取相应的安全防范措施。安装人员要全部佩戴安全帽，安装工作要按顺序进行。安装要分工协作，如机械部分由机械人员负责安装，电气部分由电气人员负责连接。安装后，应对设备安装的完整性、合理性、安全性等进行检查。

（4）信息系统调试。对安装好的信息系统尽快进行调试。调试前，要再次检查安装的完整性、合理性、安全性等，以便调试工作安全、顺利地进行。调试主要是试验信息系统的工作质量、操作性能、可靠性能、经济性能等。

撰写安装调试技术报告。撰写安装调试技术报告是信息系统初次安装调试后进行技术、资产及财务验收的主要依据之一，是一项必须做好的工作。安装调试报告应以读者能再现其安装、调试过程，并得出与文中相符的结果为准则。设备安装调试技术报告作为一种科技文件，其内容比较专深，应详略得当、主次分明，不要像流水账一样，把某年某月做了些什么调试统统写入报告，使人不得要领。在安装调试技术报告的结尾，要向曾给安装调试工作以帮助、支持或指导的人及部门致以谢意。

3. 信息系统测试管理

（1）单元测试。单元测试也称模块测试，在模块编写完成且无编译错误后就可以进行。

单元测试的内容：软件单元的功能测试；软件单元的接口测试；软件单元的重要执行路径测试；软件单元的局部数据结构测试；软件单元的语句覆盖和分支覆盖测试；软件单元的错误处理能力、资源占用、运行时间、响应时间等方面的测试。

单元测试的成果：单元测试报告，包括测试记录、测试结果分析；软件问题报告单和软件修改报告单；与软件修改报告单一致的、经过修改的全部源程序代码；回归测试的测试记录和测试结果。

（2）集成测试。集成测试也称组装测试，是指对将模块按系统说明书的要求组合起来的子系统进行测试。当被集成的软件单元无错误并通过编译、代码审查、单元动态测试，达到测试要求，已置于软件开发单位的配置管理受控库，已具备了集成测试计划要求的软件组装测试和测试工具时，可进行集成测试。

集成测试主要是验证软件单元组装过程和组装得到的软件部件，重点检查软件单元之间的接口。测试的主要内容：在把各个模块连接起来的时候，穿越模块接口的数据是否会丢失；一个模块的功能是否会对另一个模块的功能产生不利影响；各个子功能组合起来，能否达到预期要求的功能；全局数据结构是否有问题；单个模块的错误是否会导致数据库错误。

集成测试的成果：集成软件测试报告；软件使用说明；所有软件问题报告单和软件修改报告单；与软件修改报告单一致的、经过修改的全部源程序代码。

（3）确认测试。确认测试又称有效性测试，其任务是验证软件的有效性，即验证软件的功能和性能及其他特性是否与用户的要求一致。当软件完成了集成测试且可运行，所有软件代码都在配置管理控制下，已经具备了合同规定的软件确认测试环境时，可进行确认测试。

软件需求说明书描述了全部用户可见的软件属性，是软件确认测试的基础。确认测试阶段需要做的工作包括进行有效性测试及软件配置复审。有效性测试是在模拟的环境（也可能是实际开发的环境）下，运用黑盒测试的方法，验证被测软件是否满足说明书列出的需求，通过实施预定的测试计划和测试步骤，确定软件的特性是否与需求相符，确保所有的软件功能需求都能得到满足，所有的软件性能要求都能达到，所有的文档都正确且便于使用。同时，对其他软件需求，如可移植性、兼容性、出错自动恢复、可维护性等，也都要进行测试，确认是否满足。软件配置复查的目的是保证软件配置的所有成分都齐全，各方面的质量都符合要求，具有维护阶段所必需的细节，而且已经编排好分类的目录。除了按合同规定的内容和要求，由人工审查软件配置之外，在确认测试的过程中，应严格遵守用户手册和操作手册中规定的使用步骤，以便检查这些文档资料的完整性和正确性。在这个过程中，必须仔细记录发现的遗漏和错误，并适当地补充和改正。

确认测试的成果：软件确认测试分析报告，含所有的软件确认测试结果；所有软件问题报告单和软件修改报告单；与软件修改报告单一致的、经过修改和回归测试的全部源程序代码；经过修改的软件产品使用说明。

（4）系统测试。所谓系统测试，就是将通过确认测试的软件作为整个信息系统的一个元素，与计算机硬件、外设、某些支持软件、数据和人员等其他系统元素结合在一起，在实际运行（使用）环境下，对信息系统进行一系列的组装测试和确认测试。当完成并通过软件确认测试，所有软件产品都在配置管理控制下，已经具备了软件系统测试环境时，可进行系统测试。

系统测试的目的是通过与信息系统的需求定义做比较，发现软件与信息系统定义不符合或与之矛盾的地方。系统测试的测试用例应根据需求说明书来设计，并在实际使用环境下运行。根据软件的安全性等级和软件规模等级，选择进行信息系统的功能性测试、可靠性测试、易用性测试、效率测试、维护性测试和可移植性测试。

系统测试一般由专门委托的测试机构进行，需要对所有软硬件进行以功能为主的测试（必要情况下附加性能测试），需要对测试情况进行记录并进行错误的修改与回归测试，在测试完成后要根据测试全过程的情况编写正式的系统测试报告。

系统测试的成果：系统测试报告，包括测试记录和测试结果分析；软件问题报告和软件变更报告；回归测试的测试记录。

（二）信息系统验收管理

信息系统验收阶段是全面验证和认可信息系统实施成果的阶段。信息系统验收阶段的主要任务是通过验收测试，发现并纠正信息系统潜在的问题，系统地验证工程设计的各项技术指标。由于信息系统的特殊性，在进行信息系统验收时，有必要坚持以测试为基础、以事实为依据开展验收工作。

1. 信息系统验收的组织机构及人员组成

由建设单位与监理单位协调成立专门的验收工作组，作为验收的组织机构。验收工作组一般不少于5人（单数），设主任1人，委员若干人。验收工作组由建设单位代表、监理单位代表、承建单位代表及邀请的技术专家组成员组成。验收工作组的任务：判定所验收的系统是否符合合同的要求；审定验收环境，验收环境应与建设单位的实际运行环境一致，验收环境按合同或验收方案规定；审定验收测试计划，对信息系统验收测试组制订的验收测试计划进行审定，以保证测试计划能满足验收要求；组织验收测试和配置审核，进行验收评审，并形成验收报告。验收委员会有权要求建设单位、监理单位及承建单位对开发过程中的有关问题进行说明，有权决定信息系统是否通过验收。

2. 信息系统验收的时间、地点和条件

信息系统应在合同书（或承诺书）规定的时间内竣工，验收工作一般应在信息系统竣工后的半年内进行。如果不能按规定时间验收，承建单位应通过主管部门或直接向建设单位提出延迟验收申请，说明延迟验收的理由，待批准后方可延期。

信息系统验收地点应符合合同或验收方案规定。若在承建单位进行，承建单位应提供验收计划中要求的设备、资源和各种条件；若在建设单位进行，建设单位必须提供相应的设备、资源和各种条件，并预先通知承建单位提供其应提供的设备和支持软件。

在开发过程中，由于受市场及技术等原因的影响，信息系统建设方案有可能需要做适当调整。经主管部门或建设单位批准调整的，按批准调整后所确定的开发内容、目标和完成时间进行验收，涉及重大调整时，主管部门根据调整情况决定是否收回开发资金。

3. 信息系统验收的过程

（1）验收准备。承建单位在信息系统竣工后，向主管部门上报如下验收资料：信息系统验收申请表、信息系统验收总结报告（包括技术总结）、信息系统决算报告或有资质的中介机构出具的专项审计报告、信息系统开发中获得的成果等。建设单位应对所有提供验收的报告、资料和相关数据的真实性、可靠性负责。验收工作组或中介机构应对验收结论与评价的准确性负责，并应保守与验收项目有关的技术秘密。

根据招标书和合同中对信息系统集成的要求、系统集成商的系统集成方案，信息系统验收工作组制订验收计划。验收计划应包括以下内容：对购买的所有设备到货验收的确认；对所有采购的设备测试记录进行确认，达到合同和标书的要求；对所有局域网和广域网进行测试。

（2）验收测试。在真正进行验收测试之前，一般应该已经完成以下工作（也可以根据实际情况有选择地采用或增加）：软件开发已经完成，并全部解决了已知的软件缺陷；验收测试计划已经过评审并批准，置于文档控制之下；对软件需求说明书的审查已经完成；对概要设计、详细设计的审查已经完成；对所有关键模块的代码审查已经完成；对单元、集成、系统测试计划和报告的审查已经完成；

所有的测试脚本已完成，至少执行过一次，且通过评审；使用配置管理工具，且代码置于配置控制之下；软件问题处理流程已经就绪；已经制定、评审并批准验收测试完成标准。

具体的测试内容通常包括安装（或升级）、启动与关机、功能测试（如正例、重要算法、边界、时序、反例、错误处理）、性能测试（如正常的负载、容量变化）、压力测试（如临界的负载、容量变化）、配置测试、平台测试、安全性测试、恢复测试（如在出现掉电、硬件故障或切换、网络故障等情况时，系统是否能够正常运行）、可靠性测试等。性能测试和压力测试一般情况下是在一起进行的，通常还需要辅助工具的支持。在进行性能测试和压力测试时，测试范围必须限定在那些使用频度高和时间要求苛刻的软件功能子集中。由于承建单位已经事先进行过性能测试和压力测试，所以可以直接使用承建单位的辅助工具，也可以通过购买或自己开发来获得辅助工具。

（3）验收评审。在完成验收测试和配置审核的基础上，召开评审会，进行综合评价。评审会在综合评价验收测试和配置审计结果的基础上，根据验收准则，给出验收结论。信息系统验收结果报告应包括以下内容：对所验收信息系统提出结论性意见，通过还是不通过，不通过的部分要采取什么样的措施；每一个验收成员应该签字。验收结论分为"验收合格""需要复议""验收不合格"三种。按期完成合同书（或承诺书）约定的各项建设内容和建设目标，资金使用合理，提供的验收文件和资料齐全、数据真实，为验收合格。建设内容和建设目标基本完成，但验收文件、资料不齐全，验收结论争议较大，为需要复议。被验收项目存在下列情况之一的，为验收不合格，不予通过验收：未按合同书（或承诺书）要求完成预定的建设内容和建设目标，且差距较大；提供的验收文件、资料、数据不真实；擅自修改合同书（或承诺书）中的考核目标和内容；实施过程中出现重大问题，但未能解决和做出说明，或研究过程及结果等存在纠纷尚未解决。验收报告应详尽地记录验收的各项内容、评价与验收结论，验收委员会全体成员应在验收报告上签字；根据验收委员会表决情况，验收委员会主任在验收报告上签署意见。

（4）验收的后续管理。对于通过验收的信息系统，验收单位统一下达《信息系统验收意见书》。对于需要复议的信息系统，承建单位应在接到通知的30个工作日内提出复议申请，验收委员会根据项目具体情况重新履行验收手续。对于不同意验收的信息系统，承建单位在接到通知的半年内，经整改完善有关计划及文件资料后，可再次提出验收申请。信息系统验收完成后，承建单位应在通过验收后的15个工作日内及时办理验收证书的有关手续，并提供验收证书的电子文档。验收证书由主管部门统一编号，并加盖公章。

第二章 教学档案概论

第一节 档案概述

一、档 案

档案作为"人类历史记忆"，于原始社会末期便产生了。"档案"一词，明朝以前还未见到。明末清初始有记载。"档"，《康熙字典》解释为"横木框档"，即木架框格的意思。"案"，把处理一桩事件的有关官方文件叫作"案""案卷"。将保存起来的文件存放档案的架子称为"档架"，每一格称为一档。历经三百多年，这些叫法一直延续使用。今天，档案已成为固有名词。

《中华人民共和国档案法》第二条规定：本法所称的档案是过去和现在的国家机构、社会组织以及个人从事政治、军事、经济、科学、技术、文化、宗教等活动直接形成的对国家和社会有保存价值的各种文字、图表、声像等不同形式的历史记录。该定义详细地说明了档案的形成者、产生领域、特点和形式。

二、档案的属性

要科学地管理档案，就必须掌握档案的属性。把握了档案的本质属性，才能科学地区分档案和非档案；把握了档案的一般属性，才能正确理解档案与其他事物的关系，处理好档案管理和其他相关工作的分工与协作，有效地服务经济与社会建设事业。

档案的本质属性是原始记录性，档案的一般属性是知识性和信息性。

（一）原始记录性

档案文件上保留着实践活动最真实的历史标记。例如，形成者当时的手迹或签名，以及当时形象的照片、录像或原声录音，是形成者的原稿、原作、原声、原貌。这些材料记载着形成者在自己的社会活动中直接形成的有保存价值的各种文字、图表、声像等不同形式的历史记录，这就是档案。所以，档案是历史活动的最真实可信的原始记录，是后人查考历史事实最确凿可靠的原始凭证。档案的原始记录属性决定了档案具有凭证价值。图书、资料是不能与之相比的。图书、资料可以再版，档案就不能了。

还必须指出，电子档案虽存在易更改性，但从相对的角度看，仍然是有原始性的。随着电子文件及电子档案信息安全保障技术的日益完善，其典型意义上的原始性仍然非常显著。

（二）知识性

档案是人类认识和改造世界的历史记录，是知识存储和传播的一种载体。它不仅以原始记录的品格反映着从古至今人们从事社会经济、政治、军事、外交、科学技术、文化教育、艺术、宗教等各方面活动的真实情况和发展轨迹，还记录着大量有知识价值的事实、数据、成功或失败的经验、科学技术成果和理论学说，是深邃广博、取之不竭的知识宝库。所以，档案是人们获得知识的重要途径之一，也是后人进行精神再生产和物质再生产的一种重要的智力资源。

（三）信息性

档案是借助纸张、磁带、胶片等物质载体，用文字、图表、声像等形式记录下来的信息，是国家信息资源的重要组成部分。它具有以下特点：一是具有原生性，即档案是人类社会活动中直接形成的历史记录，是没有经过处理的原始信息，可以作为其他社会信息的原材料，经过加工而产生情报、图书、资料等派生性信息；二是具有凭证性，即档案信息原始地、具体地记录了历史活动中的人、事、物的真实面貌，是历史真迹，具有凭证作用；三是具有广泛性，即档案信息内容丰富，形式多样，数量大，是取之不尽、用之不竭的信息资源。

三、档案的种类

在工作中，经常会听到文书档案、教学档案、科技档案、财会档案等。实际上，从不同的标准和角度来看，档案的种类有很多。

（1）按照来源，即形成单位的性质，可分为国家机关档案、党派团体档案、企业档案、事业单位档案、名人档案等。

（2）按照内容标准，有两种分类方法。

①直接分为党务档案、行政档案、教学档案、诉讼档案、科技档案、会计档案等多种门类。

②先分为普通档案和专门档案两大类，然后具体划分，一般的党务和行政档案属于普通档案，科技、教学、会计、诉讼、基建、外事等属于专门档案。

（3）按照载体形式，可以分为金石档案、甲骨档案、泥板档案、简牍档案、缣帛档案、羊皮档案、纸质档案、胶片档案、磁带档案、光盘档案等。

（4）按照记录方式，可分为文字档案、图形档案、声像档案、电子文件。

（5）按照历史进程的时间顺序，可分为古代档案、近代档案、现代档案。古代档案和近代档案有时统称历史档案。

（6）按照所有权，分为国家所有档案、集体所有档案和个人档案。国外称为公共档案和私人档案。

四、档案的基本作用

档案的作用也称为档案的价值。档案的作用是多方面的，概括起来主要有两个基本方面：一是凭证作用；二是参考作用。

（1）档案的凭证作用。档案的凭证作用是由档案的形成规律和自身特点决定的。首先，从档案形成的过程及其结果来看，档案是当时使用的文件直接转化形成的，客观地记录了当时的历史情况，是令人信服的历史证据。其次，从档案本身的外观看，保留着真切的历史标记，有些文字材料本身就是当事人的亲笔手稿，有些文件上留有某人的签名或印信，还有的是当事人的录像或录音。所以，档案是确凿的原始材料和历史凭证，具有无可替代的凭证作用。

（2）档案的参考作用。档案同报纸、杂志、书籍、文章等文献一样，都可以作为资料来参考学习。档案作为参考资料的最大特点在于它的原始性和可靠性。不同于一般的文学创作，档案是真实的、原始的、客观的，没有任何添加的成分，是可靠的历史证据。

五、档案工作

档案工作的产生是社会活动的必然结果。由于社会活动，各种组织和个人会不断产生大量的文件，出于某些需要，又要经常利用这些文件。而文件产生的时间不一致，内容的重要性不一样，分布零散，不能完全适应利用文件的需要，所以必须按照科学的原则和方法，对这些相关文件进行专门管理，为将来的利用提供有效的帮助，这就形成了档案工作。

（一）档案工作业务环节

档案工作一般分为收集、整理、鉴定、保管、检索、利用、编研、统计八个环节。

文件在形成过程中往往是分散的。而保存和利用档案要求相关的文件集中在一起，这就形成了档案的收集工作。

不是所有形成的文件都有作为档案保存的必要，需要对文件进行筛选，而随着时间的推移、工作的进展，新的相关档案又补充进来，档案的数量日益增多，一些已经保存的档案在这个过程中由于种种原因，可能内容重复、库存空间不足、不再具备参考价值等，失去了保存价值，需要进行剔除，去粗存精，这就形成了档案的鉴定工作。

收集到的档案往往数量众多，成分比较复杂，是没有条理、相对凌乱的材料，日常的管理和利用要求档案材料更加系统化，为了便于保存和系统地提供利用，需要把收集到的档案进行分类整理，这就形成了档案的整理工作。

由于档案本身的材质和人为的原因，档案存在一个保存的生命期限，即使保存条件再完好，也有损毁的一天，或出于某些突发性的原因而遭到破坏，为了更长远地利用档案，更好地为社会提供利用，就要对保存的档案采取保护措施，延长档案的寿命，进行系统管理，这就形成了档案的保管工作。

收集整理的档案材料通常是根据形成单位或相关形成事件整理保存的。而社会利用需求往往是多方面、多条件的，所以为了满足特定的查找利用要求，要提供多种途径和形式方法来获取档案的内容和成分，提供可靠的检索档案材料的手段，这就形成了档案的编目和检索工作。

档案部门保存的文件材料大部分是原始材料，出于保护档案、延长保存时间的原因，大部分原始材料不能过多地提供借阅，但是利用这些档案的需求又是一直存在的，为了满足保护档案及提供利用的这两种需求，需要对档案文件进行研究、汇集，编写成专门材料，这就形成了档案的编辑和研究工作。

在整个档案保管过程中，要求科学地管理档案，做到对所有档案的基本情况了然于胸，清楚各种档案所处的状态，因此要对档案的状况进行数量的观察和分析研究，这就形成了档案的统计工作。

在档案工作的各个环节中，从收集、鉴定、整理、保管到检索、编研、统计，始终贯穿着为利用提供服务的需求，因此整个档案工作的内容可以划分为两个部分：基础工作和利用工作。收集、鉴定、整理、保管、检索、编研、统计工作属于档案工作的基础，在此基础上为有需求的组织或者个人提供利用服务。

（二）档案工作的基本原则

从事档案管理工作，必须使用科学的理论原则指导业务工作，这样才能条理化、系统化，让工作井然有序地进行。我国档案工作的指导管理原则是统一领导、分级集中管理国家全部档案，维护档案的完整和安全，便于社会各方面的利用。

1. 统一领导、集中管理国家全部档案

统一领导是指各级档案管理部门必须在党和各级政府的领导下进行工作，按照《中华人民共和国档案法》以及党和国家的有关规定主管档案事业；集中管理档案是指一切机关、团体、企业事业单位及其他组织、个人形成的档案必须由本单位的档案机构集中管理，不得据为己有或分散保存。

将一个单位内部的所有部门（如工会、办公室、人事部门、财务部门等）形成的档案集中到档案部门管理的优点是可以建立一个中间部门集中保管档案，虽然各个部门均产生档案并利用档案，但是保存和管理则由档案部门集中进行，避免了各个部门之间分散、重复、交错保管档案的行为，从而提高了档案管理的效率和质量。

2. 维护档案的完整与安全

维护档案的完整，确保档案保管的安全，是档案管理工作的基本要求。维护档案的完整有两方面的含义：一是档案材料本身的完整，没有出现档案丢失或档案损毁残缺；二是全部档案的完整程度，收集的各个档案之间要有一定的联系，不能是凌乱堆砌起来的、分散割裂的，彼此之间应该能够系统地反映某个历史活动或事件。

维护档案的安全也有两方面的含义：一是在保管过程中，力求档案不受损坏，尽量延长档案的寿命；二是要防止档案被人为破坏，保护档案信息不泄露，确保档案不丢失。

3. 便于社会各方面的利用

便于社会各方面利用是检验档案工作的唯一标准，体现了档案工作的根本目的，即为满足各种需求提供利用。在档案工作过程中要时刻牢记这一根本目的，将其贯穿到整个档案管理的基础工作环节中。有关管理制度如何确定，业务工作

如何进行，都应从当前和长远利用的需要与方便着手。

总之，档案是一种知识，是一种信息，是一种文化产物和文化承载与传播形式，是社会资源的重要组成。专兼职档案员应该充分认识档案的属性，努力拓宽利用途径，加快开发档案资源，积极主动地为社会主义物质文明和精神文明建设服务。

第二节　教学档案的含义

一、教学档案的概念

教学档案是"大档案"概念下的专门档案，是记录和反映高等学校教学活动的历史真迹，是学校师生的劳动成果和智慧结晶。高校的教育教学活动包括教学准备、招生、基础课教学、专业课教学、毕业论文设计与答辩、分配、教学质量反馈七个阶段。

教学准备阶段：在明确教学方针和办学方向的基础上，进行专业设置、拟定教学计划大纲、选定教材或自编教材、培训师资以及进行教学前必需的条件准备等工作。

招生阶段：根据招生计划，主要解决教育对象——学生的来源问题。一般通过全国（或主管机关）统一命题考试择优录取的办法解决。录取新生的质量高低直接关系到教学活动能否顺利进行。

基础课教学阶段：主要是对学生进行基础理论知识教育。除课堂教学外，还有实验教学，以便加强学生对基础理论知识的理解。

专业课教学阶段：在前几个教学阶段的基础上进行，是将学生培养成高级专门人才的重要阶段。开设课程因专业不同而各异，一般是有针对性的课堂教学。

毕业论文设计和答辩阶段：这是通过撰写毕业论文（毕业设计）的方式对学生所学知识运用于实践的一次全面训练，并采用答辩形式进行考核。对本科以上教育来说，还要进行学位申请和授予活动。

毕业分配阶段：这是院校输出教学成果，向各用人单位输送人才的阶段。要向学生颁发毕业证书，对学生进行鉴定，并按国家分配原则和双向选择原则，拟定毕业生分配方案，派遣毕业生到所需单位报到。

教学质量反馈阶段：这是检验教学效果，考察预定培养目标，借以探讨未来教育改革方向的需要。因此，教学反馈文件材料非常重要，应认真收集、积累。

以上教学阶段形成了大量有保存价值的教学档案，这些档案既是教与学的综合体现，又是师生智力活动的集中反映，有的还是科研成果的雏形。因此，凡在教学管理和教学实践活动中直接形成的、具有保存价值的文字、图表、声像载体均属教学档案。教学档案不仅是教学工作的方针、政策、原则、方法、途径和效果的真实记录，还是教学活动、教学研究中不可缺少的依据和参考材料的信息资源，是教学质量及教学水平评估的重要标志之一，是学校档案的主体、核心和重点。

二、教学档案的内容

教学档案作为教学管理和教学实践活动过程中形成的文件材料，必须具有档案的一切属性，能反映教学管理、教学实践活动的全过程，对学校和社会具有当前的以及长远的参考价值和凭证作用。具体而言，教学档案主要包括以下几个方面的文件材料：

（一）教学管理活动中产生的综合性材料

主要包括上级下达的教学工作方面的规划、指示、规定、办法，学校制订的教学工作规划、工作计划、实施计划、工作总结，有关教学方面的制度、规定、办法、条例、会议记录、教学检查、评估、各级优秀教学质量评奖材料、年终统计报表、学生运动会材料，等等。

（二）学科与实验室建设方面的文件材料

主要包括上级有关学科、专业设置及实验室建设的文件材料；学校有关学科、专业、实验室论证、评估、申报、审批的材料；重点学科专业、实验室建设材料，如学科、专业、实验室建设计划、简报、总结材料；等等。

（三）招生管理方面的文件材料

主要包括上级有关招生工作的文件材料，学校的招生计划、规定、生源计划，新生录取材料，新生名单及委培、代培、自费生招生计划，等等。

（四）学籍管理方面的文件材料

主要包括新生入学登记表、学生学籍卡片、学生成绩总册、在校学生名册、学生学籍变更材料及学生奖惩材料等。

（五）教学计划及课程教学实践方面的文件材料

主要包括学校各专业的教学计划、教学大纲、课程建设要求及安排、校历表、课程表，各系、科、专业的课程试题库、典型教案、重要备课记录、教师情况调查表，电化教育中的录音、录像磁带，等等。

（六）学位工作方面的文件材料

主要包括上级有关学位工作的文件材料，本校学位评定条例、办法、总结，学位委员会会议记录，学位委员会授予的各层次学位清册，本科生优秀学士学位论文及评审材料，等等。

（七）毕业生工作方面的文件材料

主要包括上级有关毕业分配的文件材料，毕业生工作计划、分配方案、总结、调配派遣名册，毕业生存根，毕业生合影，毕业生质量跟踪调查和信息反馈材料，等等。

（八）教材方面的文件材料

主要包括自编、主编教材，自编、主编教学指导书、课程设计指导书、实验指导书、实习指导书、习题集，等等。

（九）教师考核、培训方面的文件材料

主要包括教师工作量的规定及执行情况，教师业务考核材料、教学经验总结情况，师资培训计划、考核和总结，等等。

第三节　教学档案的特点及价值

一、教学档案的特点

教学档案是档案的一种，是学校档案的一个组成部分。它与党群类、行政类档案一样，都是历史的真实记录，具有查阅利用价值和凭证的作用，同属档案的范畴。除了具有文书档案共有的属性之外，教学档案还有它自己的特点。

（一）时间划分特殊

由于学校实行的是秋季招生的制度，教学档案一般按照教学年度或学制年度整理。例如，如果学校是每年9月1日开始新学年的，那么一个学年是指上一年9月初至下年8月底，一个学制年度一般包含若干学年，少数（短期班）的只有几个月。教学档案的大部分材料是在教学年度工作中形成的。这些材料往往是按照教学年度划分的，有的材料是从新生入学至毕业才最后形成的，如学籍表、成绩登记表等。因此，时间划分特殊是教学档案的重要特点。

（二）文件来源分散

教学档案是由教学文件材料转化而来的，大部分是不需要经收发部门登记取得的，其主要来源于学校的教学管理部门（如教务处、学生处、系专业教研室等）在其职能活动过程中产生的文件材料。因此，教学档案的来源与文书档案相比具有明显的分散性。

（三）形成材料多样

教学档案的材料是多样的。文字方面的有教学大纲、教材、各类表格等，音像方面的有录音、照片、录像等，还有以数据形式存储于磁带、磁盘、光盘等载体中，依赖计算机系统阅读、处理并可在通信网络上传输的电子文件。

（四）形成复杂，内容丰富

在学校的教学形式中，除了课堂讲授之外，还有组织参观、演出、社会实践等。因此，教学文件材料的形成复杂，教学内容涉及人类知识的各个领域。教学文件材料的内容是非常丰富的。

二、高校教学档案的价值

（一）档案价值理论

档案价值可以简单地理解为档案的有用性，档案对国家、社会组织或个人有一定的作用，因此可以将其看作档案的重要性和作用的共同体现。档案价值探讨的是主体（档案用户及其利用需求）与客体（档案）两个方面的相互作用。在社会活动中，档案价值关系的具体体现就是档案的作用。档案价值组成是指我们需要探讨的高校档案具有的价值要素，可以从档案价值的概念出发，拆分价值的组成要素。档案价值的主体一般是指档案利用的主体，档案的形成者、利用者和不同利用者的多种利用需求；档案价值的客体一般是指档案实体；中介物是指连接档案价值客体与主体的纽带，在档案价值中实现主客体之间的连接，并促使档案发挥作用的根源是人类的社会实践活动。

档案价值是要达到档案主体、档案客体的统一。档案价值是阐发档案主体与档案客体通过特殊关系联结在一起，阐释档案属性与利用主体需要之间的协调统一性。简而言之，档案价值是档案客体对档案利用主体的作用，揭示了档案的有用性，在社会实践活动中，档案价值的最直观体现就是档案发挥的作用。

1. 档案价值的来源

研究档案价值的来源是为了对档案价值的归属问题做进一步的研究。档案界基本上形成了客体价值观、主体价值观、主客体价值观和劳动价值观四种主要的理论观点。

（1）档案客体价值观，也叫内在价值观，认为档案的价值是客观存在的，不以人和外界的利用需求为转移，是档案在形成过程中固有的、内在的属性价值。

（2）档案主体价值观，又称为利用决定论。档案主体决定了档案的价值，即决定档案价值的是档案利用者及其需要，不能脱离档案利用来谈档案价值，不能根据档案主体的情况直接决定档案价值的大小，因为利用者在档案价值中起主导作用。

（3）档案劳动价值观。这种观点将档案的价值看作一个劳动量累积的动态过程。档案的形成离不开人们在各类实践活动中付出的劳动，在此过程中凝结的体现人类耗费劳动量的大小决定了形成档案价值的大小。

（4）档案主客体价值观。顾名思义，主客体价值观需要辩证考虑主客体两个方面，档案价值的大小不是单方面决定的，而要看档案的形成、属性及发展是否满足档案主体的利用需求以及满足需求程度的高低。

2. 档案价值的形态

档案的价值形态是指档案价值落实到档案实际工作中的具体表现形式，以及其发挥的特定作用。正确理解和把握档案的价值形态，能够从具体的档案工作现象中总结档案工作的规律，完善档案价值理论，更好地将理论与实际结合起来，使档案价值理论能够更好地指导档案实际工作。档案价值的形态包括以下几类：

（1）档案的利用价值和保存价值。档案学界公认的常常被提及的档案价值包括档案的利用价值和保存价值。这两种价值形态，前者是针对档案的有用性，后者是评价其有用性，从而确定是否将档案保存下来，这两者是具有一定的内在逻辑关联的。档案的利用价值和保存价值相互作用，共同决定了档案价值的具体表现。一般来说，档案对档案主体有利用价值，那么档案就应当作为可利用的一种资源被保存下来，因而具有了保存价值。但是，因为档案的保存需要一定的成本，所以档案的保存价值不能仅由利用价值决定。在确定档案是否有保存价值时，需要考虑档案保管产生的人员、设备、环境、存储条件等成本代价，当保存档案的成本过高时，也要考虑其利用价值是否值得付出高昂的管理成本代价。

（2）档案的第一价值和第二价值。20世纪50年代，美国著名档案学家谢伦伯格提出了"档案双重价值论"，这一理论深刻地改变了美国档案工作，对全世界档案学也产生了深远的影响。谢伦伯格以利用主体和档案客体之间的关系为出发点，指出档案的双重价值（第一价值和第二价值或原始价值和从属价值）。档案的第一价值是指对于档案形成者来说，档案具有的原始价值，档案是对主体各项活动内容、流程、方法的原始记录，这种价值是档案形成过程中自发产生的；档案的第二价值是对于除了档案形成者以外的其他档案利用者来说，档案具有的从属价值，是档案原始价值的延伸与拓展。档案在从文件到档案转变的过程中，档案的价值逐渐从原始价值向从属价值转变，档案对形成者的作用越来越小，但由于档案的原始记录性，其他利用者可以参考、查考，因此对档案形成者以外的其他利用者具有从属价值。

（3）档案的现实价值和长远价值。档案的现实价值也叫现行价值，从字面上看，很容易让人联想到现行文件。一般来说，文件和档案之间没有明确的分界线，以档案归档为界进行区分其实是在时间上的划分，因此现行价值也体现了档案在时间上的价值。对当下形成者的实践生产活动具有指导和借鉴意义的就具有现实价值；在未来能够为其他机构、部门的利用者服务，具有长远的保存和利用价值的，我们就称其具有长远价值。

（4）档案的凭证价值和情报价值。谢伦伯格认为，档案的第二价值包括凭证价值和情报价值。档案的凭证价值是在档案形成过程中产生的，档案是真实的、第一手的原始记录，是最可靠的证据和凭证，能够说明有关机构活动的职能、程序、工作内容等。档案中包含的全面、真实的记录对现实查考利用、提供参考、服务研究都具有极其重要的情报价值。

3. 档案价值的实现规律

（1）档案价值实现的时效规律。时间对档案价值及其实现的影响是显而易见的。随着时间的推移，档案价值的实现可能与时间正相关，也可能负相关。也就是说，随着时间的推移，档案价值可能呈现出递增性的规律，说明档案历史越长，其价值就越高，具有长期性的可利用价值；与之对应的是递减性规律，即随着时间的推移，档案价值逐渐呈现减小的趋势，也就是档案发挥的作用不断减小，档案实现了短期的价值，但从长远来看，档案价值具有较强的时效性，过了时效之后，档案价值逐渐减小。

（2）档案价值实现的扩展规律。档案价值不是一旦形成就不会变化的，对档案价值也应该用发展的眼光看待，档案价值可随着社会经济、文化的发展产生相应的转变与扩展。例如，早期档案作为统治阶级的管理工具，被牢牢掌握在统治者手里，但随着社会制度的变化、社会文明的进步和社会的转型发展，档案的政治色彩不断削弱，而档案在经济发展、生产生活、科教文化服务方面的功能日益凸显，档案价值也随之发生了扩展，从管理价值拓展到文化价值、教育价值等。

（3）档案价值实现的条件规律。档案作为社会的产物，肯定不能脱离社会而存在，档案价值的实现也受到社会环境、社会条件的制约。档案价值的实现可能受到的条件制约有外部制约，即社会环境、经济和文化发展水平、档案利用成本等的制约；也有内在因素的影响，如档案本身可提供利用的范围、是否有保密需求的限制等。

4. 档案价值鉴定理论

档案价值鉴定理论是在谢伦伯格档案双重价值论的基础上发展起来的，谢伦伯格将档案的价值区分为第一价值和第二价值。第一价值是对档案形成者的原始价值，第二价值是对利用者的从属价值，这在档案价值的主体上做了一个十分明确的区分，由此对档案的形成和利用主体之间的关系做了较为详细的分析，对档案自身价值在其中所表现的不同方面也做出了全面的阐述。

档案的鉴定工作是档案工作中不可或缺的环节，正确、客观地鉴定档案的价值，使真正具有重要、长远利用价值的档案得以保存下来，是将来档案提供利用服务的前提。第一价值包括行政管理价值、法律价值、财务价值和执行价值，第二价值分为证据价值和情报价值两种类型。首先，档案价值的鉴定要尽量做到全面、客观、正确，并以发展的眼光看待档案的双重价值。依据已有的档案价值鉴定标准确定档案的保管密级、保密期限、保管条件和内容公开程度等。其次，需从利用者需求的角度出发，分析和判断档案的内容对形成者、国家、社会和利用者具有什么样的作用，该如何加以利用，从历史上看档案内容是否真实、完整地反映了社会实践活动的方方面面，从长远发展看档案是否能为生产活动提供依据和借鉴。最后，档案鉴定需要考虑保管的成本投入，这也是为档案工作的效益着想，若档案的利用价值和档案的保管代价不匹配，在鉴定时就需要慎重考虑。档案保管费用、技术条件、场地限制等都应纳入档案价值鉴定的参考范围。

（二）教学档案的作用

1. 教学档案在教育中的作用

（1）教学档案是教学管理的重要组成部分。教学档案是教学活动中形成的各种载体的文件材料，是人才培养和管理过程的真实记录，教学档案管理是教学管理工作的基础和依据。一个学校要使教学管理有秩序、有节奏、高效率地运行，必须占有大量充分可靠的材料，继承和借鉴已有的教学成果、前人的教学思想和经验，教学档案此时就派上了用场。由此可见，教学档案是教学管理的重要组成部分，在教育教学方面发挥着重要作用。

（2）教学档案是教学评估的基本材料和重要依据。近年来，随着国家教育改革的不断深入和发展，教学评估越来越受到重视。教学档案产生于教学活动，能全面反映学校教学管理、教学实践、教学研究等各项工作的真实情况，体现学校领导的办学思想和管理水平。评估专家凭借教学档案提供的信息，迅速地对学校的教学计划及完成情况、课程设置、科研成果、学生成绩等内容进行定量分析和准确判断，依据教学评价体系对学校的各项工作给予客观评价。因此，教学档案的完整性、系统性和准确性对教学评估结果的影响是非常直接和重要的，是教学评估工作的重要基础。

（3）教学档案有利于实现教育社会效益和经济效益的提高。教学档案保存了教学资料和教学成果，忠实地记录了有关教学活动的全过程，价值非凡。教学档案中一些预测性、探索性的教育观点、信息将通过教学实践最终转化成应用性的成果。学生的学籍档案可以杜绝假学历、假文凭的产生，维护学历、文凭的严肃性和权威性，存在潜在的社会价值。同时，学籍档案有利于改进教学，提高教学质量和管理水平。毕业论文是学生学习研究的最终成果，其价值更是不可估量。因此，做好教学档案管理工作在实现教学成果向社会效益和经济效益转化的过程中的意义重大。

2. 高校档案在高校文化传承中的价值

（1）高校档案在高校文化传承中的价值主体。高校档案的价值主体包括档案利用者，其中既有档案工作者又有其他利用者，由于利用人群的不同，其需求也各不相同。高校档案价值在学校的管理职能活动中起着帮助实施的重要作用，档案是重要的信息资源，对信息进行深入挖掘、充分开发，有助于档案工作更好地扎根服务于校园最需要的管理实践活动中，有助于更好地促进档案利用，发挥档案应有的作用，进而推动高校整体的协调发展。高校档案的服务对象或利用主体不仅有高校档案部门、机构的档案工作人员，还有各个学院、下属单位的档案工作人员，这些共同构成了档案利用的主体，人员的组成可覆盖学校所有的管理流程，说明高校档案的利用主体数量多，范围广。例如，员工和学生要查阅个人数据，教师、学者、其他科研人员要使用研究信息，学校领导和党政管理要利用档案中的管理制度、基建图纸、设备和材料等技术文件，用人单位需了解人才培养、就业信息，知名校友撰写回忆录需要查阅历史档案，社会、组织和媒体等需利用高校档案满足各类需求。

（2）高校档案在高校文化传承中的价值客体。高校档案的价值客体就是高校在不同时期产生的各种内容、载体、类型的档案实体。高校档案的宗旨是反映和记录高校不同时期产生的各种内容。随着社会的发展和科学技术的进步，高等教育事业改革不断持续推进，高校档案作为一种重要的档案类型，以学校档案机构为基础，实现了集中统一管理。随着实践的发展，档案的归档范围不断地扩大，只保留单纯的管理文件已经不能满足人们对档案的利用需求。教师档案、教学研究档案、学生档案、党政行政档案以及以往散落在各职能机构内的档案都需要集中保管。档案部门也根据实际工作，补充了更大的档案进馆范围，如人事档案、荣誉档案、标本档案、文博档案、班级社团档案以及其他各种专题档案等。随着信息技术的发展，学生电子档案、学籍信息管理系统、一体化办公、知识管理等都对高校档案管理提出了更高的要求。高校档案价值客体也发生了变化，由传统的档案向电子档案、大数据方向转变，如何在发展变化的客体基础上更好地发现价值、创造价值、提升价值是高校档案部门需要深入思考的问题。

（3）高校档案在高校文化传承中主客体的统一。在高校的实践活动中，形成了各种载体档案实体，高校各职能部门、组织、机构在实践活动中对档案的利用直接推动了高校档案价值的实现。在这个过程中，高校档案价值的主客体是统一的。一方面，档案利用主体需要高校档案馆的档案客体，这一需求是客观存在的。这体现在高校和各类工作人员直接或间接从档案中查阅资料的事实，离开过去的经验或历史教训开展工作是不可能的，高校各项工作的开展都或多或少参考了档案。另一方面，档案与利用需求是一致的。高校档案是高校历史发展的真实反映，也是高校教学、科研和管理的一般规律的总结和传承。高校档案及其价值观念是由社会实践中的人们形成的，它与高校档案内容对用户的有用性以及社会与大学之间的互动关系密切。高校档案的价值主体和客体是共同发展和作用的，两者具有统一性。

3. 高校档案在高校文化传承中的价值表现

高校档案价值除了具有一般档案的价值外，还对高校文化传承有着至关重要的作用，这体现为高校档案在高校文化传承中所具有的价值。

（1）交流价值。众所周知，档案馆、图书馆和博物馆构成了高校文化的三大支柱。对于高校来说，档案不仅是宝贵的文化资源，还是新时期文化交流的重要媒介。校史档案是高校间文化交流的重要形式，在编纂、出版、展览高校校史的过程中，高校的形象更加明晰生动，提升了高校的社会影响力和知名度，提高了高校的竞争力。高校应重视发挥档案的交流价值，延伸档案的服务功能，充分利用档案资源，参与文化活动建设，增强学校声誉，通过档案管理实现文化传承与创新。此外，高校应该培育档案管理手段，提炼历史文化，继承传统的教育理念，通过对学生的人文关怀，增强他们对学校的认识，树立学校的良好声誉，并扩大学校的社会影响力。在当今竞争日益激烈的高等教育市场中，档案发挥着重要的作用，大学档案的交流价值有助于促进高校的形象建设、扩大高校的影响力和美誉度。

（2）育人价值。档案的文化属性决定了档案本身就具有教育功能。高校档案的利用有助于学校加强传统教育的德育工作，通过利用高校档案给学生灌输正确的价值观念，引导学生往更好的方向发展，成为社会的栋梁之材。

高校档案文化的育人价值主要体现在两个方面：校史宣传和校园文化建设。校史能激发广大师生对学校的认同感、归属感和荣誉感。高校除了历史档案外，优秀校友等的人物档案也是校史的重要组成部分，这些档案不仅能够反映出强大的教师队伍和科研力量，还提升了知名度。通过这些知名人物的档案可以凸显高校教育水平和学术研究实力。同时，优秀校友的事迹进一步激发了在校学生向前辈学习、不断开拓的志向，充分体现了"大学者，非有大楼之谓也，有大师之谓也"。

（3）决策价值。高校档案对于高校职能部门来说有重要的决策价值。一方面，档案应该是最完整记录高校管理活动的原始材料，包括高校制定的各项规章制度、总体规划、管理流程、人事任免等，这些资料对管理职能部门具有重要的参考价值。高校档案为学校中高级领导进行有效决策提供了系统资料，便于各级领导了解学校的发展脉络和实际情况，在工作中遇到一些问题的时候，也可以先从档案中查询是否有先例，类似问题是如何处理的，有哪些好的做法值得借鉴，有哪些不好的方面应当规避，正确地、实事求是地指导工作。另一方面，高校的行政部门在制定部门管理规范时应将档案工作作为考核评估的一部分，做好档案工作，也有助于评估本部门的工作，促进管理水平的提升。规范高校档案的收集、整理、保管和利用在高校文化建设中起着制度层面的作用，可以充分利用各种各样的现有文件，人力资源和技术资源制定服务战略。同时，创新服务理念，规范服务行为，继续提高管理水平和服务能力，力争把高校档案变成一个真正完整、有效的"校园智库"，以便为学校发展更好地提供知识服务和信息支持。

（4）社会价值。高校是一个具有悠久传统和深厚历史的独特组织，是社会构成中不可或缺的一部分。高校文化是社会传统文化的一个缩影，优秀的高校文化对促进经济发展和社会进步发挥着巨大的作用。同时，社会文化不断影响着高校文化的发展趋势。随着当前高等教育改革的不断深入，高校文化对社会变革日益产生重大影响。高校改革的成功与否取决于高校文化是好还是不好。因此，要打造一流的大学，我们必须有良好的大学文化，形成一个对社会有推动作用的大学。将高校文化作为全社会历史文化遗产的一部分传承下去，高校档案拥有这样的社会文化传承使命。高校档案中的文化储藏在社会文化的传播和教育中发挥着重要作用。高校的一切功能都围绕着服务社会而展开，高校不可能脱离社会而存在，高校文化的建设和传承也不是独立的，而是和社会文化融合在一起，作为优秀传统文化一起传承。社会的文化潮流影响着高校文化的形成和发展，反之，一所出色的高校也能用自身的文化带给社会好的影响。

第三章　高校教学档案的管理

　　根据《高等学校档案实体分类法》与《高等学校档案工作规范》（国家教委1994年发布）的要求，教学档案实行集中统一管理，确保完整、准确、系统和安全，便于开发利用。教学档案是教学管理的重要组成部分，应实行"三纳入""四同步"。"三纳入"即纳入教学计划、规划，纳入教学管理制度，纳入各级管理人员的岗位责任；"四同步"即下达教学任务与提出教学文件材料的归档要求同步，检查教学工作与检查教学文件材料形成积累情况同步，评审、鉴定教学质量、教材、毕业论文、优秀教学成果与审查、验收档案材料同步，毕业分配、上报评审材料、教师考核晋升与档案部门出具归档证明同步。在布置、检查、总结、验收教学工作的同时，布置、检查、总结、验收档案工作。各教学管理和教学业务部门应明确一名分管档案工作的负责人和配备相应专（兼）职档案干部，统一管理本部门、本系统的教学文件材料，并按期向学校档案部门办理移交手续，同时努力实现教学档案工作从经验管理向科学管理的转变、分散管理向集中统一管理的转变、手工管理向现代化管理的转变。

第一节　高校教学档案的收集

　　教学档案是开展教学档案管理的基础，也是教学档案信息资源开发利用的必要条件。因此，教学档案的收集在整个教学档案管理业务中占有重要的地位，是一个关键的工作环节。档案收集工作是整个档案工作中极为重要的一个环节，与档案工作中其他环节工作相比较，它处于一种特殊的地位，做好档案收集工作对整个档案工作具有重要意义。

一、收集工作

教学档案的收集工作就是按照学校档案工作管理办法的有关规定，通过例行的接收制度和专门征集的办法，把分散在教务处、教学部门、个人手中和散失在其他地方的教学档案分别集中到学校档案保管机构。在实际工作中，教学档案收集工作又可以分为两个方面，即教学档案的接收和征集。教学档案的接收是指档案部门取得和积累档案的过程；教学档案的征集是指档案部门按照国家规定征收散存在社会上的教学档案和有关文献的过程。档案接收工作是档案部门获取教学档案的主要方式，而征集工作是接收工作的必要补充渠道。

二、归档工作

各归档文件整理单位在平时积累归档时，应按照以下归档原则、主要内容、重点和范围收集文件材料。

（一）归档原则

归档的教学类文件材料必须对学校、社会有史料和研究价值，有参考或凭证作用；能够反映学校教学部门职能活动（教学管理和教学实践）的全过程，保证完整、准确、系统；必须遵循其自然形成规律，保持有机联系和成套性，符合教学管理和教学实践活动的特点。

（二）归档的主要内容

归档的主要内容包括综合管理学科与实验室建设、招生、学籍管理、课堂教学与实践、学位工作、毕业生工作和教材等，具体范围见《高校档案工作规范与档案实体分类法》中的《教学类档案归档范围和保管期限表》。

（三）归档重点

归档的重点是学校在教学工作，特别是教学实践各个环节活动中形成的不同载体的文件材料。

（四）教学档案

教学档案中少数属永久保存的类目，如本科毕业论文、实习报告等可由系保存，学校综合档案馆（室）只按照一定的比例择优接收。因此，系兼职档案员、教务员有双重责任：一是收集整理本系形成的具有长远参考价值的档案材料，按期向学校综合档案馆（室）移交；二是负责留系保管的各类教学档案的管理工作，为本系的教学管理、教学实践、教书育人等方面提供服务。

应留系保管的教学档案主要有以下方面：

（1）上级教育主管部门和学校下达的指导性、指令性文件材料。包括教育改革、专业设置、教学计划、招生、毕业分配等方面的计划、指示、规定和办法等。

（2）招生工作材料。包括招生计划、简章、专业介绍、新生名单、考试成绩等。

（3）本系各年级的教学计划、教学大纲。

（4）重点课程、优秀课题建设材料。

（5）教学质量检查、教学观摩、课堂教学质量分析等材料。

（6）学籍管理材料。包括新生注册登记表、学生学籍册、在校学生名册、学生学籍变更材料、学生奖励和处分材料等。

（7）课堂教学材料。包括教学任务书、课程安排表、进度表、教师任课安排、各门课程讲义、教案、各教研室教学总结和教师经验总结等。

（8）教材。包括本系自编、参编、主编教材的底稿、完稿、各专业使用教材情况等。

（9）制度建设材料。包括学生管理、教师管理、教学设备管理等制度。

（10）教学实践性材料。包括试验计划、艺术实践课程等。

（11）考试考查材料。包括考试考查安排、考试命题及评分标准、记分册、考卷及质量分析等材料。

（12）毕业生毕业论文、评审意见及质量分析、优秀论文评选材料。

（13）毕业生质量调查材料。包括毕业生质量调查计划、调查表等。

（14）学位论文及审批材料。

（15）教师队伍建设规划、教师培训等。

（16）教师工作量登记、核算材料。

由此可见，系教学档案记载了教学管理人员、教师和学生三者的教学实践活动，是教学工作重要的信息资源。它是系级教学及教学管理职能活动的真实记录，反映了本系教学工作的轨迹和面貌。

（五）不归档文件材料范围

（1）上级有关教学的普发的（非专指高校）、不需要办理的文件。

（2）上级有关教学的未定稿的文件。

（3）重份文件。

（4）无查考利用价值的事务性临时性文件。

（5）非隶属单位抄送的不需办理，也无参考价值的文件。

（6）校内其他单位发来的文件。

（7）与校外单位交换来的材料。

以上不归档材料若认为必要，院系也可自行做资料暂存。

三、教师业务档案归档

高校教师不仅同中小学教师一样，要把人类创造出来的科学文化知识传授给新的一代，培养他们的能力，开发他们的智力，使他们成为在德育、智育、体育等方面都得到发展的新生代，还有自己的特殊性。邓小平指出，高等学校要办成两个中心，既是教学的中心，又是科学研究的中心。高校教师肩负着两个基本任务，既搞教学，又搞科学研究。除了在教学、科研活动中形成了大量业务档案外，高校人事管理部门在对教师的培养、任用、考核和职称晋升过程中也形成了大量的教师业务档案。

建立教师业务档案对教师的考核和任用、职称的评定和晋升、工资的评定和提升、工作调动、思想工作和奖惩等具有重要意义。

高校教师业务档案也是合理使用和进一步培养教师的依据。如何合理使用教师，丰富他们的学识，增强他们的能力，教师的业务档案为管理者提供了很好的参考和依据。另外，教师业务和学术水平到底有多高，有哪些长处和短处，需要什么样的培养和提高，业务档案也可提供有参考价值的资料。

高校教师在参加教学、科研活动的过程中形成了大量的论文、专著、科技报告、教材、讲义、注释、翻译、资料汇编等材料。在考核和晋升职称的过程中，形成了能反映教师的政治思想、业务水平和工作业绩方面的文件材料。其中，政治表现是教师的政治思想、道德品质和工作态度。

业务水平是指教师在教学科研工作中的业务水平。主要包括以下几方面：掌握本专业基础知识理论和专业知识的深度和广度；分析问题的能力；教学的水平；编写和编译教材、专著的水平；科学研究工作的水平和能力，在集体承担的科学研究项目中个人所起的作用；学术论文的水平；实验教学和实验技能的水平；本职所要求的外国语水平。

工作业绩主要看教师在教学、科研等各项工作中的实际贡献，包括以下几方面：积极承担教学任务，完成教学工作量的情况；在关心学生、提高教学质量方面的工作情况和取得的成绩；整理或编译资料、教材、著作的成绩；科学研究工作的成绩或成果；进修学习的成绩；兼任党政工作的教师在所担任的党政工作中掌握政策、联系群众、以身作则和完成任务的情况。

高校对教师的考核工作一般重在平时的考查，结合教学、科学研究和进修等工作进行，并在此基础上实行定期考核，一般每学年或每学期进行一次，每学年或学期末教师要对自己已完成的教学和科研等任务的情况进行小结，填写《高等学校教师工作登记卡》或《业务考核表》，并在教研室汇报工作情况。教研室主任或副主任根据平时的考查签署评语，报系主任或副主任审核。《高等学校教师工作登记卡》要存入教师业务档案。高校教师考核工作由分管师资工作的校（院）长组织教务处、科研处和人事处负责进行。各系和各教研室的教师考核工作由各系、室的主任或副主任负责。

高校教师业务档案主要包括以下内容：

（1）个人简历。

（2）业务自传。

（3）担任过的主要教学与科研工作（包括起止日期、课程及学时、研究的课题名称、担任过的工作内容与职务、效果与结果等）。

（4）论文、专著、科技报告、教材、讲义、注释、翻译、资料汇编等。

（5）引文目录或他人对上述著述的正式评价。

（6）获得的各种奖项、证书。

（7）教师工作考核表（包括考核日期、内容、成绩与评定意见等）。

（8）国内进修情况记录（包括起止日期、单位名称、学习内容、学习时数、考核成绩、评语等）。

（9）出国进修、学习、考核及参加国内外学术活动的起止日期、内容、收获及担任的职务等。

（10）职称评定及晋升记录（如任职资格申报表、专家评估意见、评分表及试卷等）。

四、教学类档案归档范围和保管期限表

表3-1至表3-9为教学类档案归档范围和保管期限表。

表3-1　综合

序　号	类目名称	保管期限
1	上级下达的有关教学工作的文件材料	普发性文件：短期 针对本校文件：长期

序 号	类目名称	保管期限
2	教学改革、培养目标、培养规格、学制等方面的指示、规定、办法	永久
3	学校规划、实施计划、有关教学的规章制度、会议记录、调研报告、简报、总结	永久
4	教学检查、评估和各级优秀教学质量评奖材料	长期
5	非学历教育的培训班、进修班材料	长期
6	统计报表	永久
7	学生运动会材料	长期
8	迎新工作材料	短期

表3-2 学科与实验室建设

序 号	类目名称	保管期限
1	上级有关学科、专业设置及实验室建设的文件材料	长期
2	学科、专业、实验室论证、评估、申报、审批材料	永久
3	重点学科、专业、实验室建设材料	永久
4	学科、专业、实验室建设计划、简报、总结材料	长期
5	学科、专业、实验室建设统计报表	永久
6	其他有保存价值的文件材料	长期

表3-3 招生

序 号	类目名称	保管期限
1	上级有关招生工作的文件材料	长期
2	招生计划、规定、生源计划	长期
3	新生录取材料及新生名单	长期
4	委培、代培、自费生计划、合同及名单	长期

序　号	类目名称	保管期限
5	招生宣传、招生工作总结、统计报表	短期
6	其他有保存价值的文件材料	长期或短期

表3-4是博士、硕士、本科、专科、中专生、非学历教育学籍管理分类的共用表。

表3-4　学籍管理

序　号	类目名称	保管期限
1	新生入学登记表	永久
2	学生学籍表	永久
3	学生成绩总册	永久
4	在校学生名册	永久
5	学生学籍变更材料（升级、留级、休学、复学、转学、退学）	长期
6	学生奖励材料（奖学金、优秀学生、先进班级）	长期
7	学生处分材料	长期

表3-5　课堂教学与教学实践

序　号	类目名称	保管期限
1	各专业教学计划、教学大纲	永久
2	课程建设要求及安排、校历表、课程表	长期
3	各系、科、专业课程试题库	长期
4	典型教案、重要备课记录	长期
5	教学实习、生产实习计划、总结及有关材料	短期
6	社会调查、社会实践计划、总结及有关材料	短期
7	其他有保存价值的文件材料	永久或长期

毕业生答辩材料按毕业年度分类扩展至三级类目，依次为博士生、硕士生、本科生。

表3-6 学位

序　号	类目名称	保管期限
1	上级有关学位工作的文件材料	长期
2	本校学位评定条例、办法及计划、总结	长期
3	学位委员会会议记录、决定	长期
4	学位委员会授予各层次学位清册	永久
5	本科生优秀学士学位论文	长期
6	其他有保存价值的文件材料	永久或长期

表3-7 毕业生

序　号	类目名称	保管期限
1	上级有关毕业分配的文件材料	长期
2	毕业生工作计划、简报、总结	长期
3	毕业生供需统计、计划、合同	长期
4	毕业生正式分配方案及调配派遣名册	永久
5	毕业证、派遣证存根领取签收册	长期
6	毕业生质量跟踪调查和信息反馈材料	长期

表3-8 教材

序　号	类目名称	保管期限
1	自编、主编教材	长期
2	各系、各专业使用教材目录	长期
3	自编、主编教学指导书、实习指导书和习题集	长期
4	其他有保存价值的自编参考材料	短期

表3-9　存系教学类档案

序　号	类目名称	保管期限
1	毕业论文及评审意见	长期
2	课堂教学材料、课程进度表	短期
3	教师任课安排、教案	长期
4	优秀实习报告	短期
5	本专业教学检查、调查材料及总结	短期
6	教师工作量核算、登记材料	短期

第二节　高校教学档案的整理

一、教学档案整理的原则

以案卷为单位或以件为单位，其档案整理原则是相同的，主要包括以下四个方面。

（一）充分利用原有基础

主要表现在以下两方面：

（1）对原来整理过的档案，如果不是杂乱无章，无法查找，而是有规可循、有据可查，只是有些地方处理不合理，就不要打乱重来，要尽可能在原来整理的基础上，对不合理的部分进行调整、补救。学校综合档案室要充分利用学校各部门整理的基础。

（2）对原来整理中出现的不合理部分要进行充分研究，在真正弄清不合理的原因后，再进行调整。由于不同时期对档案整理的要求不尽相同，历史上出现的问题也许是有原因的，原因弄不明白，就着手整理，可能会出现"走回头路"的现象。

（二）保持文件之间的历史联系

文件之间的历史联系主要体现在文件的来源、时间、内容和形式几个方面。

（1）文件在来源方面的联系。文件是以学校各个部门为单位，有机地形成的。形成文件的这些部门使文件构成了来源方面不可分割的历史联系。文件在来源方面的联系是整理工作中要优先考虑的问题。

（2）文件在时间方面的联系。形成档案的学校各部门所进行的具体活动，都有一定的过程和阶段性，因而使文件之间具有自然的时间联系。

（3）文件在内容方面的联系。文件是学校各部门在履行一定职责的各种活动中，为了解决一定问题而产生的。它的形成者的特定活动使文件之间在内容上具有密切联系。

（4）文件在形式方面的联系。文件的内容必然通过一定的形式表现出来。文件形式包括内部形式和外部形式，如种类、名称载体、记录方式等，这也构成了文件之间的一定联系。在基本保证上述三个条件的前提下，要尽可能地把种类或载体材料相同的文件放在一起，以便保管。

当然，对于保持文件之间的联系，应该辩证地看待和处理。

（三）整理后要便于保管和利用

保持文件之间的历史联系不是整理档案的主要目的，不能为联系而联系。便于保管和查找档案，才是档案整理工作的基本出发点和最终要求。所谓"便于保管和利用"，是指对档案的整理既要便于档案在库房的排序、存储和管理，又要便于保管人员对档案的提取和送还。处理好"保持文件之间的历史联系"与"便于保管和利用"两个原则之间的关系是非常重要的，不能机械地强调文件之间的联系，要充分考虑对档案的保管和利用。例如，机密程度和保管价值不同的档案应根据情况分别整理，在相应的范围内保持文件之间的联系。

（四）根据档案的形成特点整理档案

一方面，学校各部门在行使工作职责时会形成一定数量的档案，这些档案便成为一个有机的整体，在整理档案时不能随意拆散这个整体；另一方面，各个历史时期内形成的档案记述和反映了学校当时各方面的活动情况，它们之间有着密切的联系，整理档案时要考虑这个特点，既要把不同历史时期、不同部门的档案分门别类地进行整理，又要注意学校的工作活动基本上是逐年进行的，因而必须保持一个年度内档案的齐全与完整。

二、立 卷

教学文件立卷是整理和保存教学文件的一种方法，即把学校已经办理完毕并具有查找保存价值的教学文件，根据其特征和相互联系，分门别类地组成一个个案卷。案卷是由若干份具有共同特征、互有联系并经过系统整理的文件的集合体。文件的保管单位将立卷后的案卷定期向学校档案馆（室）移交的过程称为归档。在实际工作中，立卷与归档工作难以完全分开，所以人们习惯将文件的立卷与归档合称为"立卷归档"。立卷工作是文件处理工作的一项重要内容。

（一）立卷分工

（1）部门、课题组立卷归档是学校档案工作的基本制度和基础，各部门必须分工明确，协同配合。

（2）学校分管某方面工作的校领导、各部门分管档案工作的负责人都应把相关的档案工作列入自己的职责范围，督促有关部门、有关人员认真做好工作。

（3）全校性、综合性的由党校办负责立卷归档，其余按照职能部门分工负责相应门类的立卷归档。

（4）立卷归档涉及多个部门的大类，由一个或几个主要职能部门归口，其他部门可向它们集中或靠拢。

以党委、学校名义的发文由党办、校办分别立卷归档，一般应保存两份以上；以部门名义的发文由各部门立卷归档，重要的也应有两份以上。

两个以上单位共同办理的文件由主办单位立卷归档，非主办单位只保存复制本。

关于各部门有牵连的文件如何归类的问题，如果是两个以上部门合办的文件，应该归入主办部门，如果是联名发出的文件，一般归入主要起草的部门。

关于交叉问题的处理，每个组织机构有各自不同的工作职能，不应产生重复交叉的问题，门类的范围必须清楚，不能你中有我，我中有你。具体原则如下：各门类档案关系密切的管理文件除涉及全校、全局外的，一般归入相应门类档案保存。这样，在行政管理类档案中，除综合性的外，教学（包括教务）、成人教育、科研、基建、设备、出版、外事、财会等方面管理工作的文件材料就归入相应各类，保持各类的相对完整、准确、系统，显得更加科学，更便于管理、查找和利用。

（二）形成与积累

（1）教学档案由教学文件材料形成部门立卷。

（2）各归档文件整理单位专兼档案员和教务员根据本单位历年文件材料形成规律，预计新的一年可能产生的新内容，参照《教学类档案归档范围和保管期限表》编制案卷类目。

（3）各归档文件整理单位的专兼档案员和教务员平时应严格按文书处理制度做好文件材料的收集工作，根据案卷类目分别归档。

（4）教学文件材料的归档数量：文书档案正件两份，其他档案正件一份；底稿一份；重要的教学文件、专著、优秀教材等除原稿外，可酌加副本。

归档的教学文件材料应保持字迹工整，格式统一，签字手续完备。书写和载体使用见《归档文件材料书写规定》。

（三）组　卷

教学档案由教学各归档文件整理单位专兼档案员、教务员将形成积累的全部文件材料按要求整理组卷。

（1）教学文书类档案以件为单位进行整理，其他档案以卷为单位进行整理。

（2）凡教师业务档案中规定的内容已分别归入其他类的，如专著、论文已归入出版类，科研成果已归入科研类，应在卷内目录中互为参见。

（3）重要的教学档案材料（涉密文件和实物等）要进行归档前的鉴定工作，文件材料形成部门按规定提出需要鉴定材料的保管期限和密级意见，经单位主管领导和综合档案馆（室）协商后确定。

（4）归档立卷，检查案卷质量，整理组卷。

（5）填写卷内文件目录、备考表、案卷封面，装订、整盘等。

（四）立卷检查

按照归档时间要求，由单位的专职文书或兼职档案员按案卷类目将文件收齐归档，并对文件进行调整、检查，可依照如下程序进行。

（1）检查案卷的文件成分。文件是否收集齐全完整，同时检查有无不需要立卷归档的文件材料。

（2）检查案卷文件的联系。依照案卷类目纠正案卷之间文件归卷不统一、相互混淆重复或拆散文件联系的现象。

（3）检查案卷文件保存价值。查看各案卷中文件保存价值是否有差异，各部分之间是否大体一致。

（4）检查案卷文件数量。同一内容的文件材料数量多时可分别组成若干卷，每卷不超 200 页。也可以根据文件材料的内在联系，对问题单一、文件较少的按不同内容分别组成薄卷。

（五）立卷分类

1. 分年度

将文件按其形成或针对的年度分开：一般文件归入文件形成年度；跨年度的请示与批复归入批复年度；跨年度规划、计划一般可归入文件内容针对的第一个年度；跨年度的总结、报告归入文件内容针对的最后一个年度；跨年度的会议文件一般可归入会议开幕的年度；跨年度的非诉讼案件材料应归入结案年度；法规性文件归入公布或批准年度；按学年处理的文件归入专门年度。

2. 分问题

将文件按其内容所反映的问题、事物分开，最后将文件按规定的保管期限分开。学校在管理和业务活动中形成的业务文件、调研文件等按单一问题组合。

（1）会议文件按会议的届次组合，根据文件数量，可按一会一卷、一会数卷或数会一卷分类。

（2）工作计划、总结等文件按责任者或名称组合，根据文件的数量，可组成一卷或数卷。

（3）统计、报表、名册等按名称组合。

（4）简报按名称或期号组合。

（5）不同类别的文件材料必须分别排列组合。

3. 分保管期限

在整理归档文件材料时，按相关类别的归档范围和保管期限表将文件材料按永久、长期、短期分开，对本单位的工作有临时参考价值的文件材料留本单位保存，可不向档案馆（室）移交。

（六）分类编号

按《中国档案分类法——教育档案分类表》进行分类标引，给出检索分类号。根据教学档案的内容和特点，编制用于组成档号的二级类目代号简表。

教学类档案档号 = 年度号 + 教学档案分类号 + 案卷号

案卷号按最下位类目流水。

属于教学管理内容的采用自然年度，其余可采用教学年度，涉及学籍问题的可采用入学时的年度（"级"）。

（七）卷内文件的排列

文件材料按问题、重要程度或时间排列。

同一文件材料按批复在前、请示在后，批示在前、报告在后，正件在前、附件在后，正本在前、定稿在后，原件在前、复制件或手抄件在后，回复性文件在前、报请性文件在后，转发件在前、被转发件在后，文件处理在前、被处理文本在后的序列装订。

同一年度的请示与批复、批示与报告、函与复函排列在一起归档，不在同一年度的可分别归档，但须在备注栏用文字说明并予以参见。

值得注意的是，本单位的请示报告在盖学校章时，原稿要由报文单位立卷归档，不得分开保存。文件有没有盖章很重要，没有盖章就没有法律效力，底稿只是对文件负责，是不能生效的，完整的具有法律效力的档案必须规范。另修改稿，如底稿和正文一样，由领导签发，要求附上公文拟稿纸一并归档保存。

会议材料定稿的归档。召开会议是学校工作活动的一个重要组成部分，是贯彻党和国家的方针、政策，布置、安排工作任务，实现本单位职能的主要途径之一。会议的性质可分为党代会、教代会、学代会、校庆工作会、全校性的工作（专业）会议（如教学工作会、教师工作会、科研工作会）等，每次会议都要形成一批文件材料。因此，对每次会议形成的文件材料都必须按照国家规定及时收集齐全，整理后立卷归档。在立卷过程中，确定会议文件材料定稿的归档也很重要，为了召开会议所形成的通知、请示、报告等一系列文件，必须存正式文件，公文拟稿纸、定稿，会议期间所产生的议程、名单、报告、决议、提案、选举结果等文件材料是正式印刷本的就存正本，是手写稿的就存手写稿，有定稿的必须存定稿，但必须使用公文拟稿纸，这样就能反映出拟稿人和领导人的签发情况以及文件材料的制作过程。

（八）案卷的质量要求

（1）在不影响文件材料有机联系的情况下，以卷为保管单位的文件，同一类目的卷内文件按永久、长期在前，短期在后的顺序排列；以件为保管单位的文件，盒内文件亦按永久、长期在前，短期在后的顺序排列。以卷（或件）为单位装订的案卷，排列顺序都要与目录保持一致。

（2）检查文件材料是否需要裁切、贴边，折成 A4 规格，较大的图表按此规格叠成手风琴式，图名、图签折在外面，折痕尽量位于字迹间隙处；不便成卷装订的文件材料可用卷盒（袋）方式保管；蓝图、底图可以不装订（透明底图必须用缝纫机打图边，并贴上标签），但要填写编号及文字报告一致的档号。

（3）拆除文件上的金属装订物和易变脆的塑料物，对破损的文件及本卷文件材料不可分割的照片、小字条等要进行修补和裱糊。字迹模糊的复制后（加盖复制件章）与原件放在一起。案卷装订线处有重要批注者须进行贴边处理。

（4）文中密不可分的插图、照片应贴入文字材料内：附图册、表册、照片应贴上标签，填写档号、图号或编号，作为附件附在文字材料之后共同组成保管单位，按图号或编号排列；与文字材料配套的声像载体材料留复制件一份（复制件要表明）并随文字材料归档，其余均应归入声像档案，但要按规定内容在纸质载体、不同声像体之间进行参见。参见的统一格式是，"参见"两字的后面加档号和文件题名。

（5）卷内文件无论单面还是双面只要有书写文字，均应一面编一个页号，页号的位置在每面材料非装订线一侧的下角。卷内文件材料页号起始号为1，最后一页编起止页数（卷内目录、备考表不编页号，不计入页数）。

（6）以件为单位装订的文件，在每份文件的右上角（如影响文字，可移到文件上方的其他空白处）加盖档号章，并填写档号章的各个项目（文件本身的页号不算，这里的档号是指整理成案卷的件号）。

档号在档案实体上通过归档章来表示，其规格大约为 16×45 mm，归档章设置全宗号、年度、保管期限、件号、类别等项目，格式如表3-10所示。

表3-10　档号格式

（全宗号）	（年度）	（室编件号）
（类别）	（保管期限）	（馆编件号）

文书类归档文件实行两套制：一套进行文件级整理；一套按不同发文号进行整理，加封面、归档文件目录、备考表，装订成发文汇集，封面上不标注保管期限。

（7）卷内文件的件数一般以每件文件单独计算为一件。请示与批复、来文与复文一般分别计算件数，正件与附件按一件计算。

（九）填写卷内文件目录、备考表、案卷封面，装订，装盒

（1）填写归档说明书，由归档文件整理单位科室负责人填写，主管领导签字。归档说明书放在每个项目档案第一卷卷内目录之前。

（2）填写文件目录。文件目录位于卷内文件之前，必须用激光打印机打印。

①以卷为保管单位，卷内和案卷目录的项目内容如表3-11所示。

序号：以卷内文件排列先后顺序填写的号码。

文件编号、文件制发机关的发文字号："×发〔2006〕6号"，其中〔2006〕不得写成〔06〕，没有文号的不用写。

责任者：形成该文件的单位或对该文件负有责任的发文机关或署名者。责任者应按文件照录，可写通用的简称，不能使用"本部""本单位"等含义不明，难以判断的简称；联合发文责任者应填写标注发文机关字号的机关。领导人讲话或以领导人名义发布的文件，可填写领导人姓名。

题名：题名即文件标题，一般应照实抄录，对原有提名不要随便更改和简化，无标题或标题不能说明文件内容的可自拟标题，外加引号。例如，标题为"会议纪要"的文件应概括出主要内容为校长办公室会议纪要，并写明会议的时间和主要内容；附件的题目按附件序号依次列出，题名前加"附件×"；卷次在题名之后，成为题名的一部分。

日期：文件的形成时间以8位阿拉伯文字标注，可省略"年、月、日"文字，在表示"年、月、日"的右下角加"·"号，如2006.09.09。没有落款日期的文件应根据其内容考证后填写。实际填写时可将月、日数字回行填写。

页号：卷内文件每一页的顺序编号、页号采用阿拉伯数字流水编写，不得漏编、重编。

页次：卷内文件起止页的编号。以卷为保管单位，最后一份文件的最后一页应填写起止页号。

密级：有保密要求的档案，文件材料形成部门按规定提出每份文件或每个案卷的密级（密级分为公开级、国内级、内部级、秘密、机密、绝密六种，公开级和国内级可不著录），并会同综合档案馆（室）确定。

备注：注释文件需要说明的情况，如缺损、修改、移出、销毁、插入文件等，不同学历层次的教学文件在此表明学历层次。

表3-11　卷内文件项目主要内容

序　号	文件编号	责任者	题　名	日　期	页　次	备　注

②以件为保管单位，归档文件目录的项目如表3-12所示。

件号：填写室编件号。

文件确号：同上。

责任者：同上。

题名：同上。

日期：同上。

页数：每一件归档文件的页数。文件中有图文的页面为一页，空白页不计。请示与批复（含多级请示文）、正本与定稿及历次修改稿作为意见时，各稿本页数相加为该件的页数。

备注：同上。

表3-12　归档文件目录项目

件　号	文件编号	责任者	题　名	日　期	页　数	备　注

（3）填写备考表。备考表位于盒（卷）内文件之后，必须用激光打印机打印。

本盒（卷）情况说明：填写盒（卷）内文件的完整、准确程度、缺损、修改、补充、移出、销毁，本盒（卷）文件材料和图纸的总页数等情况。归档立卷后，上述情况由档案管理人员填写并签名，标注时间。

归档立卷人：由组成本盒（卷）的专、兼职档案员签名。

检查人：由对盒（卷）质量进行审核的责任者签名，检查人是立卷单位负责人。

整理（立卷）时间：填写整理（立卷）完毕的时间。

（4）填写封面。若不能激光打印，可用碳素墨水书写。

案卷标题要标明卷内文件的主题内容。案卷标题要求结构完整，体式一致，一般包括卷内文件主要责任者、内容、文件类型、名称和文种。部分案卷题名可以是项目的名称代字、代号及其组件、部件，阶段的代号和名称。除会议文件外，不得用"×××文件材料"；除一般函件外，不得用"×××来往文书"。案卷标题不超过50个字。

归档单位：负责文件材料的积累、组卷，向综合档案馆（室）移交归档文件的单位。

起止日期：卷内文件形成的最早和最晚日期。

保管期限：依据档案归档范围和保管期限表，确定档案的保管期限（永久、长期、短期）。

密级：同上。

档号：全宗号、年度号、分类号、案卷号。

全宗名称：形成档案全宗的单位和个人。

年度：文件形成的自然年度。

门类：归档文件所属的一级类目。

（5）装订前应将文件按一定方式对齐。以卷为保管单位的文件，采用左侧装订的应将左、下侧对齐；以件为保管单位的文件，采用左上角装订的应将左上角对齐，采用左侧装订的与以卷为保管单位的文件对齐方式相同。装订案卷采用三孔一线法，用棉线装订。文件较薄（2～39页）用缝纫机装订，文件较厚（40页以上）则用三孔一线左侧装订。装订要牢固，保证文件不损页、不倒页、不压字。孔左边距：15 mm；上下边距：50 mm。

（6）整盘。整理组卷后，所有打印的归档文件材料均应依目录顺序整理考盘，准备移交档案时报盘。

（十）归档验收

（1）案卷目录编号以后，立卷部门便完成了一年的文件立卷工作。各归档文件整理单位的档案员将整理好的文教材料及相应的移交目录向综合档案馆（室）移交。

（2）归档验收：移交档案时，交接双方要当面检查，综合档案馆（室）根据有关标准和移交目录验收档案的数量和质量，检查归档材料是否完整、系统、准确、真实，卷内材料的组卷、排列、编号、书写是否符合要求，实物是否与文字材料对应，不符合要求者，综合档案馆（室）有权退回，限期改正后重新移交。

（3）移交手续：验收合格后，移交者、移交单位部门、综合档案馆（室）负责验收的档案员要同时在移交表上签字，一式两份，签字生效，双方各执一份保存备查。移交档案材料的同时移交相应的电子文件。

（4）归档时间：教学综合管理文件次年6月底前归档，其他各类材料完成一个培养周期（一届学生从入学到毕业），当年寒假前一次性归档。

为什么归档时间定在第二学年的上半年移交？这是为了既留出一段时间给文件立卷人员整理案卷与进行编目装订等，又满足文书处理部门对刚刚办完的文件有可能经常利用的需要。如果时间拖得太迟也不好，易使整理编目工作拖得过长，影响对第二年形成的文件做好平时的立卷工作。

归档是一件很有意义的工作，既能保证本单位档案完整，便于单位随时查考，又可为学校积累档案财富，供后人进行历史研究、教学、科学研究。各归档文件整理单位只有最终对一年形成的文件材料立卷归档后，才能算是由始至终地完成了一年的文件处理的全部程序，文件材料才从现行阶段转入档案管理保管阶段。

三、教学档案工作岗位责任

（一）教学管理部门领导的职责

（1）制定和健全有关管理制度，切实做到把教学档案全面纳入教学管理之中，并监督各部门执行。

加强对部门、院系两级教学档案的管理，把教学档案工作真正纳入系教学工作计划，列入议事日程，及时研究和解决存在的实际问题，把教学档案工作作为教学管理工作中的一项重要内容来抓，并列入相关人员的职责范围，做到统一安排、统一要求、统一验收，使之与教学工作同步发展。

（2）加强与学校综合档案馆（室）的联系，共同做好业务指导、监督和检查工作，保证教学档案质量。

（3）各归档文件整理单位档案员是学校档案工作的中坚力量，本单位的领导要关心、重视和支持档案工作，认真解决档案员的困难和问题。为档案事业的发展创作良好的环境和条件，彻底克服和改变档案工作"说起来重要，做起来次要，忙起来不要"和"有章不循，有法不依"的现象。通过上下共同努力，做好学校的教学档案工作。

（4）建立健全文件处理工作的监控、奖惩制度。

管理心理学认为，监控是统一心理和行为，顺利实现组织目标的重要途径之一，激励则是引导和推动人们产生积极行为的重要手段，两者在现代管理中是必不可少的。但长期以来文件处理工作一直被认为仅是机关内部（部门）的一种辅助性、事务性工作，没有对其给予足够的重视。因此，我们应结合本单位文件处理工作实际，制定文件处理工作的监控、评比和奖惩制度，并把各职能部门、各部门管理人员的文件处理质量作为全面考核政绩的一项必备内容，以此约束、激励每一名学校工作人员做好文件处理工作，以保证学校教学档案的质量。

（二）各系兼职档案员工作职责

（1）认真贯彻、执行档案工作的法律、法规和学校档案工作的规章制度。

（2）负责本单位教学文件材料的形成积累、整理组卷、归档移交、保管利用

（限有保管利用任务的归档文件整理单位）等环节的工作。根据学校档案工作规章制度和上级的相关规定，全面、合理地收集本单位归档范围内的文件材料，保证归档文件材料的真实、完整、系统和有效。保证文件质量、组卷合理，按规定向综合档案馆（室）移交档案。

文件产生于现行的管理工作中，每一个单位工作人员所从事的工作都具有相对的独立性，都会产生一定的文件材料，哪些材料对日后的工作有查考价值，哪些材料对历史有保存价值，他们最有发言权。兼职档案员是系里的教务员，是负责本系文件立卷归档工作的，而文件又源于本系的具体工作人员，如果每个人都能把自己经办、处理问题时所形成的文件材料完好无缺地保留下来，整理后移交给兼职档案员，那么本系的档案就比较完整。反之，在办理、处理问题时不注意收集所产生的文件，办完一件事，文件材料就丢完了，或者上级的材料报出去后，自己不留副本，这样的工作作风和档案意识是无法保证档案齐全完整的。所以，档案的齐全完整是全体工作人员都应该关心的事，仅靠少数专、兼职档案员和教务员的努力是远远不够的。要树立立卷归档、定期向综合档案馆（室）移交的观念。在每一件文件处理完毕后，就应如期将文件收集齐全，按要求立卷归档，不能遗漏，更不能私存。

（3）主动接受学校综合档案馆（室）的业务指导和督促检查。

（4）积极参加业务学习，不断提高工作能力和效率。

（5）注意保护和保密，确保文件材料的安全。

（三）教研室主任的职责

（1）负责收集教研室的典型教案、集体备课记录、试题、试卷等向所在部门兼职档案员移交。

（2）督促教师向学校综合档案馆（室）归档移交各种教学业务档案。

由此可见，教学档案属于专门档案的范畴。既是一门科学，又是一门技艺，由多个工作环节组成，如收集、整理、分类、组卷、排列编目、保管利用等，它们就像一个小系统，相互联系、相互作用，共同完成，目的就是为学校建设、教育教学管理、教学实践和社会建设服务。

第三节　高校教学档案的价值鉴定

教学档案的价值鉴定工作是整个教学档案工作的重要环节，它不仅决定着教学档案存毁的命运，还直接关系到教学档案管理的工作效率以及教学档案的有效利用。

档案鉴定工作的具体内容如下：制定鉴定标准和档案保管期限表；审核档案材料的保存价值；剔除无保存价值的文件；为有保存价值的文件确定相应的保管期限，并对保管期限期已满的档案予以审查后进行相应的处理（延期保存或销毁等）。

一、鉴定的阶段划分

教学档案的鉴定工作一般分为归档鉴定和到期鉴定。

（一）归档鉴定

由文件形成者或管理者与档案人员共同进行，具体操作是审定归档文件，依据保管期限表和学校实际情况，确定文件是否应纳入归档范围、文件是否完整准确、文件密级与使用范围，确保归档文件质量。凡归档材料必须经教学主管领导审核，手续完备，如教学计划应是有教学负责人签字的执行文件，招生材料应有审核的印鉴，成绩单应由教师签名认可。归档文件分别拟定保管期限，有研究和史料价值的可定永久，有证据查用价值的一般定为长期（保管到期可再鉴定），其他材料根据时效定为长期或短期。归档鉴定是决定文件与档案的分水岭，同时将归档的文件划定了保管期限，为后期的鉴定工作奠定了基础。

归档鉴定是一项科学性很强的工作，应根据教学档案对国家和社会的意义，从学校的现实以及未来的信息需要出发，全面地、历史地、发展地分析教学档案的价值，准确判断其保管期限，剔除不需要继续保管的文件或档案，合理保管有价值的档案，保证档案的完整、安全，以更好地为社会建设服务。

（二）到期鉴定

到期鉴定是对保管期限期满的档案予以审查后进行相应的处理，或延期保存或销毁等。到期鉴定主要由学校档案馆（室）组织进行，依据本校档案保管期限表并结合国家有关保管期限原则规定，对已满期的档案进行鉴定。

到期鉴定，也就是对教学档案定期的淘汰性鉴定。学校成立教学档案鉴定小组，鉴定小组的成员由学校主管领导、教学部门负责人、档案室负责人、兼职档案员及相关责任人组成。采用直接鉴定的方法，以一个年度和一个项目的成套档案材料为基础，凡已失去保存价值或有继续保存价值的教学档案，按照分工，个人鉴定，集体审查，做出销毁或继续保管的处理决定。剔除不再保留的档案，不得只看案卷标题，要直接翻阅档案材料的内容。鉴定小组每次鉴定工作结束后，应将鉴定情况写成鉴定报告，与销毁清册一起呈报学校主管领导审批。经批准可销毁的档案先填写清单，放置一段时间确无价值时方可销毁。

二、鉴定的原则和标准

（一）鉴定的原则

1. 坚持全面的原则

教学档案不仅是学校的宝贵财富，还是国家和社会的宝贵资源，认识档案的价值和作用，不能只从学校自身需要或片面的角度去考虑，应该树立全局观念，考虑其保存价值。另外，在鉴定时要用整体的思维，不能孤立地分析和看待某份文件材料或卷宗档案的价值，必须将有密切联系的一组文件或某项成果档案材料作为一个整体看待，充分考虑档案材料之间的联系。例如，在教学实习环节，存在教材的熟悉、教案的编写、课堂教学及效果的反馈、教学实习的总结与评比等一系列活动，形成了一系列具有历史联系的教学实习活动材料。我们在鉴定时要视其材料的完整程度和内在的历史联系状况，判定教学档案保存价值的大小。一般来说，教学文件材料间的完整程度越高，内在联系越紧密，其保存价值也就越大，反之，则会因其材料的残缺不全或内在联系的割裂而降低其保存价值。

2. 坚持历史的原则

教学档案是学校教学实践的原始记录，是在一定教学环境下形成的。在鉴定教学档案价值时，必须运用历史唯物主义的观点和方法，根据教学档案产生的历史条件、时代背景以及在历史中的作用，并结合现实需要来判断其价值。比如，有些上级主管机关下发的有关教学工作的指导性、指令性文件往往在近期或在一定时期内需要程度和使用频率较高，但随着时间的推移和教育教学改革形势的不断发展变化，又将有新的指导性文件下发，这一类教学档案不具有较高的保存价值，保管期限可以列为"短期"；学生录取表、学籍表、成绩表和毕业名册等学籍材料虽然利用较少，但具有较强的凭证和依据作用，日后补办毕业证书、开具毕业证明等都需要它们，其保管期限一般定为"永久"。

3. 坚持以发展的观点鉴定

社会发展日新月异，高校教育事业也在不断向前推进。客观社会环境的变化将对学校档案产生各种影响，档案的价值也会随之发生变化。现在有用的档案将来可能价值甚微，而现在看起来没用的档案将来可能极其需要。因此，判断教学档案价值要有远见，要以发展的观点充分考虑档案未来的作用和价值。比如，教学发展规则、教学计划、教学大纲及有关规章制度等教学文件材料在一定时期内对学校教学实践活动具有参考利用价值，在进行价值鉴定时，就要充分考虑其在今后对教学管理与教学实践活动的作用，用发展与前瞻原则鉴定其价值。总之，教学档案价值鉴定要适应教学管理发展的需要。

4. 坚持系统性原则

教学档案价值鉴定的系统性原则是强调价值鉴定的整体性和全局性，切忌单一和片面。特别是在当前教育事业快速发展，教学实践活动渐趋多样化和现代化的形势下，教学档案价值鉴定更要坚持系统性原则，实行综合分析与科学评价，反对片面地强调某一教学实践活动的需要，不切实际地夸大其档案的价值。在强调整体性与全局性的同时，也要注意其个性，使教学档案价值鉴定更准确、更系统。

（二）鉴定的方法

1. 直接鉴定法

即依据档案保管期限表，直接、具体地阅读学校档案，根据档案内容，直接对档案实体逐件逐页地查看、审核与鉴别判断。直接鉴定法是对档案的价值、质量和使用范围进行鉴定的基本工作办法，是相对最可靠的鉴定方法，只有直接查看档案原件，才能详细了解其来源、内容、载体质量、用途等，进而准确判断其价值，否则可能无法进行准确鉴定。例如，一份简单标题为某通知的档案仅靠看目录难以确定其保存价值，它可能已失去效用，也可能在一段时间内还有参考价值。需要永久保存的重要文件只有直接看档案才能判断其是否需要继续保存。归档鉴定、质量鉴定、保管到期鉴定等通常采用直接鉴定法。

2. 间接鉴定法

间接鉴定并不需要逐页查看档案原件，而是先查阅目录，然后取出被挑中的原件，鉴定其保存价值。这种方法为某些特定条件下所采用的辅助性鉴定法，往往用于从一定数量的认为无保存价值或已失去保存价值的档案中挑出个别有价值的档案，目的主要是为了缩小直接鉴定的范围。

3. 抽样鉴定法

一般在对已经进行过鉴定的材料进行复查审核时使用。例如，档案到期鉴定后，有一大批剔除件需要销毁报请学校主管领导批准，领导对此即可酌情采用抽样检查。

为了准确地甄别学校每一份档案文件材料的价值，必须仔细分析教学档案文件材料本身，可以从分析档案文件材料的以下特点入手。

（1）内容。这是鉴定教学档案价值最基本的方面。可以从反映的事实、说明的问题、是否反映主要职能活动、学校教学历史面貌等方面来进行内容的分析。档案内容是确定其是否具备保存价值的基础。

（2）形成者（立档部门）和文件的作者。同样内容的档案文件材料，作者不同，其保存价值也不同。一般来说，本校形成的档案比非本校形成的档案保存价值大。对于非本校形成的档案文件，主要分析其与本校关系大小、是否密切来判断其保存价值。

（3）产生的时间。主要指学校档案产生的时间与内容涉及的有效时间。一般情况下，产生和有效时间距离现在越远，保存下来的档案就越少，其价值就越珍贵，保存时间也应更长。同时要注意，某些档案的凭证价值和法律等效应具有有效期，当过了有效期后其价值会发生变化，从而降低或失去其原有价值。

（4）完整程度。正常情况下，档案完整程度越高，其价值也越高，但需要结合全宗内档案保存的完整程度进行考虑，根据其完整程度来决定鉴定尺度宽或严。

（5）名称。文件材料的名称一定程度上会反映其作用和价值，如决定、条例、指示就比一般性的通知、简报重要；教学计划、大纲就比教学日历、课程表的价值大。但不能片面依赖名字，需要结合文件内容进一步判断。

（6）载体、外形特征。有些档案文件材料的内容看起来不重要，但其外形特征却影响其价值。例如，材料上有著名人物的题词、批示等字迹，或是文件制成材料比较特殊，具备科学研究价值。有的文件材料虽然有一定价值，但外形已被严重损毁无法恢复，其保存价值则将大打折扣。

（7）可靠程度。文件有正本（原稿、手稿、定稿）和抄本（副本、摘录）、草案和草稿等版本，稿本不同其可靠程度也不同。一般情况下，抄本、草稿可靠性差一些，价值也小一些，但在没有正本的情况下也具有重要价值，某些重要文件和著作的草稿也具有一定的参考价值。

另外，档案管理部门还可以根据档案的利用情况总结利用规律，预测利用趋势，从而有助于科学鉴定档案。上述鉴定办法是一般适用标准，具体应用于档案材料的鉴定时，不能孤立、机械地照搬某一标准，必须根据每份文件的具体情况，从文件的内容入手，综合分析文件的来源、时间、名称等各种因素，全面判定其档案价值。

三、档案保管期限表的制定

（一）档案保管期限表的制定依据及标准

《高等学校档案管理办法》（教育部令第 27 号）明确规定："高校档案机构应当按照国家档案局《机关文件材料归档范围和文书档案保管期限规定》，确定档案材料的保管期限。"高校档案保管期限一般划分为永久、长期、短期三种。在遵守上述规定的基础上结合本校实际情况，可以使用以下划分标准。

（1）凡是能反映学校主要职能活动历史面貌，对学校建设和发展、对国家和社会发展、历史研究具有永久利用价值的档案，应列入永久保存。例如，学校制定的发展规划、机构演变、重要请示报告、干部任免等；上级主管部门针对本校下达的重要指示、批复等；学校制订的教学计划、教学大纲、专业设置、招生计划、学生名册、学籍档案等；学校取得的在国内外为首创或达到先进水平的科研成果以及代表本校一定阶段教学和科研水平的文件材料等；学校自行编辑出版的出版物的审稿、原稿、样书和发行记录等；学校有关人员外出交流讲学、合作科研，及学校聘请的外籍专家、教师在本校教研活动中形成的文件材料等都应"永久"保管。

（2）凡是反映学校教学科研、党政管理等活动，在相当长的时间内对本校和社会具有参考利用价值的档案材料，列为长期。例如，教学一般会议的文件材料，各部门的工作计划、总结和规定等；上级颁发的需要贯彻执行的一般文件材料等；学校学生学籍变更中的转学、休学、复学等；获学校奖励的科研成果项目等。

（3）凡是在较短时间内对学校和社会有参考价值的文件材料，列入短期。例如，学校一般事务性的文件材料等；学校招生工作协议等；学校科研阶段小结等；教学周、月工作安排等。

（二）保管期限表的结构

教学档案保管期限表的结构，应由顺序号、类目名称、保管期限、附注及说明组成，其中类目名称、保管期限是最核心的项目。

（1）顺序号。为了固定条款在表内的排列位置，保管期限表的各条款应按一定顺序进行系统排列，并在各条款前编上统一的流水号。

（2）类目名称。反映一组类型相同的档案材料的名称或题名，条款文字应该简明扼要、规范清楚。

（3）保管期限。在相应的类目后，根据鉴定原则及方法，标注清楚对应类目应保存的年限，这是编制学校档案保管期限表的核心内容。根据有关规定保管期限可分为永久、长期、短期三种。

（4）附注。是对类目及保管期限所做的必要的注释和说明，目前实际工作中有很多学校在表格中省去了这一项目。

（5）说明。是对保管期限表所做的总体说明，一般应指出保管期限表的适用范围、制定依据、表格结构等。

以上是档案保管期限表的一般结构，在实践工作中可以根据实际需要增加或减少某些项目，但核心项目不可缺少。

四、档案销毁手续及方法

对不再具有保存价值的档案、已超过保管期限的档案，应根据国家有关档案保管期限的规定以及本校档案保管期限表，对保管期满的各种载体的档案材料组织鉴定后，剔出造册，履行相关审批手续后进行销毁。销毁档案之前需办理以下手续。

（一）编制销毁清册，撰写销毁报告

经鉴定确无保存价值的档案，要逐卷、逐件地填写档案销毁清册。党政管理档案销毁清册格式应包括案卷或文件题名、年代、目录号、卷号或文号、卷内文件页（件）数、原期限、销毁原因等项目（表3-13）。

表3-13　教学档案销毁清册

序　号	类　别	案卷或文件题名	年　代	目录号	卷号或文号	卷内文件页（件）数	原期限	销毁原因	备　注

销毁报告应包括以下内容：学校的简要历史情况；内部机构的名称；档案的类别和完整程度；档案鉴定情况；经过鉴定确定需继续保存的档案数量和大体内容；确定销毁的档案所属年代、内容、数量、销毁理由，举例说明，并附销毁清册。

（二）审查批准

拟销毁的学校档案，必须经过有关领导部门审查批准。审批权限问题应严格

按照有关规定执行。销毁本校除历史档案以外的档案，必须经过学校分管领导审核、批准；销毁没有保存价值的历史档案，必须经过本校分管领导审查签字，报上级档案主管机关批准后才能销毁；确定销毁的学校档案，特别机密的可由学校自行销毁；所销毁的高校档案机密程度较低、数量较大，可送指定的造纸厂保密车间做纸浆原料。为保守国家机密，不准将应销毁档案出卖或用作其他用途。为了慎重起见，对已批准销毁的档案，还应继续保存一段时间后再销毁，以免因一时疏忽或因某些档案的潜在价值尚未被发现而造成无法挽回的损失。

无论何种方法销毁，均须派两名以上工作人员监督，销毁人员和监督人员应根据销毁清册认真复核清点拟销毁的档案，待确认无误后方可在指定地点进行，直至档案化为灰烬彻底销毁为止。销毁后，应在销毁清册上注明"已销毁"字样和销毁日期并签名。

第四节　高校教学档案的保管

档案保管是档案管理工作中非常重要的一个环节。档案保管质量的好坏直接影响着档案的利用，决定着档案寿命的长短。如果档案保管不当，其寿命就会缩短，达不到利用效果；相反，如果保管得当，档案的寿命就会延长，为整个档案工作的进行提供物质对象，提供一个最起码、最基本的前提，从而能够发挥更大的经济效益和社会效益，还可以巩固收集和整理的成果，并为利用和编研创造便利条件。

档案保管工作指的是采取一定的管理方式和技术手段对已整理好并存入库房中的档案进行安全保管和科学管理，并最大限度地延长档案寿命的工作。由此可见，档案保管工作的基本任务是防止档案的损坏、尽量延长档案的寿命、维护档案的安全。

一、档案保管的物质条件

档案保管工作的一个突出特点是它必须借助一定物质条件的支撑方能进行。档案保管工作基本的物质条件主要有档案库房、档案装具、档案包装材料和设备。

（一）档案库房

库房是存放档案的空间场所，是档案保管最基本的物质条件。档案库房应符合档案保管的专业要求，虽然各学校财力物力不尽相同，但仍然应该按国家档案局颁布的关于档案建筑建设的行业标准《档案馆建筑设计规范》的要求建造档案库房。在无法达到全部要求的情况下，至少应达到以下几个基本要求。

（1）库房、办公室、阅览室应三室分开，库房必须专用，不能与办公室、阅览室合用，也不能同时存放其他物品。

（2）档案库房必须坚固，至少应是正规的建筑物，不能是临时建筑。全木质结构房屋不宜作档案库房使用。

（3）库房应远离火源、水源和污染源，并符合防火、防水、防潮、防光等基本要求，不宜将档案库房设在大楼的地下室、最底层或最高层，门窗应有较好的封闭性。

（二）档案装具

档案装具是指用以存放档案的柜、架、箱子等基本设备，一般分为箱柜和架子两类。柜、架、箱的制作材料最好为金属物，这样更有利于防火。从保管的角度讲，封闭式的箱柜比敞开式的架子更有利于对档案的保护。但从使用查找的角度讲，架子又比箱柜更方便查找、使用和整理。为充分利用库房空间，可以考虑使用密集型活动档案柜（也称密集架）作为档案装具。它不仅具有防火、防光、防尘的性能，还易于查找、使用和整理，可大大节省库房空间和库房建筑费用。据统计，使用密集架与常规的固定柜架相比，库房面积可以节省近2/3，若是新建库房，可比使用常规的固定柜架节省近1/3的建筑面积。但安装使用密集架对地面的承重能力要求较高，若在二层楼以上的房间内安装，楼板承重力一般需在600千克/平方米以上，同时应考虑整个建筑物的坚固程度及其使用年限等相关因素。

（三）档案包装材料

档案的包装非常重要，它既可防止光线、灰尘及有害气体对档案的直接危害，又可减少机械磨损。目前，我国常用的包装材料有卷皮、卷盒。

卷皮、卷盒是指用于直接存放、保护档案案卷的纸质或其他质地的包装物。卷皮是封面与封底连为一体的半封闭式卷夹，分为硬卷皮和软卷皮两种。使用软卷皮装订的案卷，必须装入卷盒内保存。卷盒则是全封闭式的盒子。卷皮与卷盒应依据国家有关标准设计。

（四）设　备

档案保管设备是指用于档案保管的机械、器具、仪器、仪表等技术设备，不包括库房、装具、包装材料及易耗品。用于档案保管的技术设备种类很多，如去湿机，加湿器，空调、通风设备，温湿度测量及控制设备，防盗、防火报警器，灭火器，装订机，复印机，缩微拍照设备及缩微品阅读复制设备，通讯及闭路电视监控设备，消毒灭菌设备及档案进出库的运送工具等。

二、档案保管工作的内容

档案保管工作主要包括以下三个方面：档案库房的科学管理；档案流动中的保护，即档案在各个流动环节中一般的安全防护；档案保护的专门措施，即为延长档案的寿命而采取的复制和修补等各种专门的技术处理。

（一）档案库房的科学管理

1. 制定档案库房管理制度

档案库房是档案资料保护和贮存的重要场所，一般情况下，档案库房只允许档案工作人员进入，非档案工作人员原则上不允许进入档案库房，所以要制定人员进出库房登记制度。人员进出库房登记制度是对进出库房的人员及其进出的方式、时间、要求等进行必要的限制并登记的制度。

（1）档案入库登记制度，是指对新归档的档案和平时出入库的档案进行的登记制度。为了保护档案安全，方便档案管理，一方面，凡是新归档的档案，必须进行登记，注明移交部门、案卷数量和存放位置等；另一方面，凡是拿出库房的档案必须认真进行登记、签字，归还时要根据出库记录认真核对、检查。

（2）库藏档案检查制度，是指定期或不定期检查库房档案保管状态的制度。该制度应该规定对库藏档案的数量进行检查；对被毁坏、遗失、损坏文件的数量、情况进行检查；对档案的防护措施和库房设备的安全情况进行检查；对案卷存放秩序进行检查；对档案的调出和归还情况进行检查。

（3）设备管理制度，是指对库房中的所有设备进行登记造册、认真管理、合理使用的制度。制定合理的设备管理制度能保证档案管理设备做到专人管理、合理利用。

（4）清洁卫生制度，档案库房需要制定专门的清洁卫生制度，其标准要高于其他部门，清洁的做法也应有别于其他办公环境的做法。库房清洁卫生要达到以下标准：① 地板、墙壁、天花板、门窗、灯具要保持光洁、明亮；② 档案柜架及所放档案的包装上要没有灰尘；③ 管理人员进入库房必须穿工作服，换拖鞋；④ 与档案管理无关的物品一律不准存放在库房内；⑤ 建立库房日常卫生检查制度，并做好周围环境的清洁卫生。

2. 库房温度和湿度控制

库房内的温湿度是直接影响档案"自然寿命"的环境因素。根据《档案馆温湿度管理暂行规定》，库房温度应保持在 14 ～ 24℃之间，相对湿度则应在 45% ～ 60% 之间。为了控制温湿度，需要对其定时测量并记录，在库房温湿度过大或过小时应及时进行调整，及时清理抽湿机中的积水，及时通风去湿，使温湿度控制在合理的范围内。

3. 档案柜、架的摆放与编号

库房中的档案柜、架的摆放应井然有序，便于日常管理。一般来说，装具的摆放应符合下列要求。

（1）排列整齐，横竖成行。

（2）避免光线直射，注意通风。

（3）节约库房面积和空间，存取方便。装具不宜紧贴墙壁排放，一般与墙壁有 80 厘米的距离，列与列之间留约 1.2 米的距离，以便工作人员能进行正常工作，每一列的走向应与窗户所在的墙壁垂直，以避免户外光线的直接照射，每一列的装具都应排列整齐。

（4）档案在装具中的存放方式有竖放和平放两种。由于竖放有利于调卷、还卷，档案在装具中一般采用竖放方式存放。竖放时案卷的脊背应朝外，使工作人员可以直接看到卷脊上的档号。平放比竖放更有利于保护档案，空间的利用率也相对大些，但存取不方便，还需要在每一摞中夹纸条或卡片标明其起止卷号，同时要适当控制叠摞的高度。平放多用于保管珍贵档案以及卷皮质软、幅面过大、不宜竖放的档案。

（5）为了方便借阅档案和整理档案，必须建立库房档案存放位置索引。档案存放位置索引是一种记录、引导性的管理工具。它是以表册或卡片形式将档案在库房及装具中存放秩序的情况如实地记录和反映出来，以此来指引档案工作人员对档案的调取、归还和其他日常管理。

（二）档案使用过程中的维护与保护

档案进行收集、整理、保管的最终目的是为了档案的利用，而不是把档案永远静止地存放在库房里。档案的使用会造成档案的损毁，缩短档案的寿命。因此，档案保管的工作应该贯穿于档案的使用环节，即在使用过程中应保证档案实体的有序和完好无损。与档案库房管理工作相比，档案使用过程中的维护具有明显的动态性、复杂性，保管工作的重点也会有所不同。做好档案使用过程中的维护与保护工作主要有以下两个方面需要注意。

（1）在工作中，必须建立严格的管理制度并严格执行落实，主要包括以下两方面内容。

①档案使用的登记与交接制度。档案无论因何原因被使用，都必须对调卷、还卷及交接行为实行严格的登记与交接手续。档案被借用调出库房要有出库登记，将档案交给使用者及利用完毕归还时的登记及交接清点、签收手续等均应严格、清楚、细致、责任分明。

②档案使用行为的管理与限制制度。在使用过程中，使用者必须遵守相关制度，以保证档案的完整性。这一制度涉及档案使用行为的方式方法及限制档案使用过程中的不良行为、不良阅读方式和查阅方法，防止对档案保管不利现象的发生。例如，不允许在使用档案时吸烟、喝水、吃食物，不允许在档案上画线、涂抹、做记号，更不允许有撕损、剪切等破坏性行为，必须严格保证档案的完好无损；对损毁行为应有严格的惩罚规定；档案在库房外未被使用时，不允许长时间摊放在桌子上，应及时放入专用的柜子中锁好；不准将档案擅自带离规定的使用场所（办公室、阅览室等）；不同的利用者之间未经允许不准私自交换阅览各自所使用的档案；未经允许不准使用者擅自拍照、抄录、复印；经过批准的拍照、复印等行为应以保持档案完好为前提；对每次使用档案的数量、每批档案的使用时间也应有一定的限制。

（2）在档案使用过程中采用各种有效的管理方法，认真做好维护与保护工作。

①量与顺序的控制。无论是内部使用还是外部利用，当所需使用的档案数量较大时，可按制度规定分批定量提供，而且应该要求使用者在使用过程中和归还档案时，保持档案实体的排列顺序，以免发生错乱。

②现场监督与检查档案的利用行为。外部利用档案时，要配备档案管理人员实行现场监督，并随时检查利用者的利用行为，发现问题要及时指出并予以纠正。

③利用方式及利用场所的限制。档案的利用方式以现场阅览为基本方式，复制等工作应由档案工作人员承担。通常情况下，档案的利用场所为集中式的大阅览室，一般不为利用者单独安排房间，以免发生问题。

④保护重要档案的措施。对重要的珍贵档案应实施重点保护。要严格限制利用，重要档案须经馆长或有关部门领导批准后方可利用。利用时不提供原件，只提供复印件。利用中要格外注意监护问题，必要时可责成专人始终陪伴进行利用。对重要档案的复制也应比一般档案有更严格的限制和保护性措施。

总之，对教学档案的保管，要以防为主，防治结合。在库房中存放的档案，大多数是没有损坏的档案，只有做好日常的防护工作，才能减少损坏之后的救治任务。所以，如何防止和延缓档案载体的损坏应该是档案保护工作的中心环节。要经常检查库房的案卷，及时掌握档案材料变化的有关情况；防止不适宜的温湿度对档案的影响；防止光、有害气体、灰尘、霉菌和虫害对档案的侵蚀；排查各种威胁档案安全的隐患，防止意外事故的发生。防护的同时要对已遭破坏的档案及时治理，避免受损范围的扩大，以免造成更大损失。治要及时，选用的方法要稳妥，要不断运用新技术充实治的内容。要突出重点，照顾一般。对于需要长久保管的档案，应该采取积极措施，加以重点保护，保证其安全并努力延长其寿命。同时，对一般性的档案要适当兼顾，不能保管条件太差，弃之不顾。要立足长远，保证当前。档案保管工作要妥善解决保管与利用的矛盾，不是一放了之，它的最终目的是为了利用，既不能一味强调档案的保护而不考虑利用，也不能只迁就利用而不顾档案的保护。保管工作的各项制度和技术措施等，应符合立足长远保管，保证当前利用方便的要求。

第五节　高校教学档案的编研和统计

一、编　研

档案编研工作是适应一定社会需要，对档案信息内容进行整理和加工，并以编研成果的形式为社会提供服务的一项工作。

教学档案编研工作是指以档案馆（室）所藏教学档案为主要对象，以满足利用档案的需要为主要目的，在研究教学档案内容的基础上，编辑史料，编写档案参考资料，参加编史修志，撰写有关的文章和著作。编研，是"编"与"研"的结合。"编"是指编辑、编写；"研"是指研究，包括编辑、编写过程中的研究和学术研究。

档案编研工作对整个档案工作具有重要的意义，归纳为以下三点。

（1）档案编研工作是积极提供利用服务的有效方式。开展档案的编辑和研究工作是档案整理和利用工作的一种高级形式，表现在编研工作成果的研究性、提供方式的主动性、材料的系统性以及作用的广泛性上。同时，档案编研是开放历史档案的一项重要措施。

（2）档案编研工作是提高档案馆（室）工作水平的一个重要途径。编研工作既对档案收集、整理等基础工作提出新的要求，又能检验和推动各项基础工作的全面发展。同时，由于编研作品的出版和发行，可以减轻社会各界来档案馆（室）

查阅的压力，使档案馆（室）有更多的时间和精力改进工作。通过档案编研，能进一步提高档案馆（室）的科学水平和社会声望。

（3）档案编研工作是保护档案原件并使档案内容长远流传的有效措施。提供编写的参考资料和编辑的档案史料，可以避免档案遭到损坏和流失，有利于档案原件的世代流传。档案只靠单份和一处保管，难以千古无失。编印档案汇集和以档案为基础的资料，发行量大，存放点多，即使遇有不测，也会此失彼存，能够辗转流传。

编研工作的主要目的是满足社会对档案信息的利用需求。档案编研以主动提供和报道档案信息内容为要旨，具有较强的主动性；而且，档案编研以一定的成果形式为社会提供档案利用服务，使各种形式的编研成果其纳入社会信息的传播交流系统，为人们所利用。

常见的教学档案编研资料有以下几种。

（1）发文汇编：是将一个单位制发的文件，按照一定的体例编辑而成的参考资料，如《教学规章制度汇编》《2011年教务处发文汇编》《上级来文汇编》等。

（2）大事记：是按照时间顺序简要地记载一定历史时期发生的重大事件的一种参考材料。它系统扼要地记载一定事件的历史发展事实，揭示重要事件和活动的发生、发展的过程以及它们彼此之间的关系。例如，《2010年学校大事记》《学校招生就业大事记》《工程技术系发展大事记》等。大事记主要具有党政依据作用，对一个单位来说有很高的利用价值，它可以随时回顾本单位过去的工作，在总结工作、提高管理水平等方面都发挥着重要的依据作用。此外，它还可以为编写地方志、单位发展史、总结工作得失等积累宝贵的史料凭证。

（3）组织沿革：是系统记载一个机关、地区或专业系统的体制、组织机构和人员编制变革情况的一种材料。内容大致包括地区概况、机构名称、地址、成立和撤销或合并的时间、隶属关系、性质和任务、职权范围、领导人、编制扩大与缩小以及内部机构设置等变化的情况。学校组织沿革的主要用途是便于教职工查考和研究本校的机构和人员发展变化情况，了解本校、本部门的历史情况。

（4）统计数字汇集：又称"基础数字汇集"，即以数字的形式反映单位或某一方面基本情况的参考资料。例如，学校历年来招生人数统计、毕业生人数统计、在校生人数统计、历年教职工人数统计等，将分散的统计数字集中起来，汇集成为系统的材料以提供利用。

（5）专题概要：是用文章叙述的形式，简要地说明和反映某一方面的工作、生产或其他社会现象及自然现象的产生、发展、变化的一种专题资料。名称随具体叙述对象而改变，如《教学评估专题资料》《学校五十周年校庆概览》《历年学生就业基本情况》和重要会议简介等。这种资料的主要用途是向利用者集中地提供某项工作、活动和其他方面系统的专题历史材料。

二、统 计

档案统计是对档案的收进、移出、整理、鉴定、保管数量和状况以及档案的构成、利用、机构和人员等情况的基本统计和其他专门统计，其基本任务是对档案和档案工作的开展情况进行统计调查和统计分析，提供统计资料，实行统计监督。

学校档案部门在进行档案统计时，重点要做好以下几项工作。

（1）档案数量的统计。包括档案收进、移出、销毁、实存等方面的情况。这项工作一般通过总目录或分类目录以及移出、销毁清册等进行统计。

（2）档案业务管理工作质量的统计。例如，档案的归档率、完整率、准确率等。

（3）档案开发利用工作情况的统计。包括借阅人次、借阅量、查全率、查准率、利用率、利用效果（即通过利用档案产生的直接或间接的经济效益和社会效益）等。

（4）档案工作条件的统计。包括人员配备、人员素质、库房面积、设备配置情况等。

（5）建立健全统计台账。掌握档案的收进、整理、利用、移出、销毁和馆（室）内各种情况数据，按省、市档案部门和院校主管部门的要求及时报送各种报表。

（6）按上级主管部门和学校要求进行定期的综合或专项统计分析。

（7）对统计数字进行综合分析，找出存在的问题，提出改进措施、建议，报告学校领导。

第六节　高校教学档案的编目与检索

一、档案编目

档案编目是指档案馆（室）对档案进行著录、标引和组织、制作目录的工作，是档案管理中的一项重要内容。

在档案整理过程中，先要进行初步编目，包括案卷封面编目（拟定案卷标题、确定和填写卷内文件起止日期等）、编制案卷目录和卷内文件目录，以固定整理工作的成果，为档案保管提供方便，其成果也是检索档案的基本工具。然后，在初步编目的基础上编制全宗目录、案卷（文件）分类目录、主题目录、专题目录和档案馆指南等，以提供各类档案检索工具和报道目录，为查阅档案者服务。

档案编目的一般方法和步骤如下。①对档案进行著录和标引。可视档案的实际情况采取文件级著录或者案卷级著录，同时进行分类标引和主题标引，以形成目录的不同条目。中国制定有统一的《档案著录规则》《中国档案分类法》和《中国档案主题词表》，为各档案馆（室）进行编目提供了标准。②进行目录的组织和编制。即对著录标引形成的条目进行编排，分别组成分类目录、主题目录、人名目录及各种专题目录（见档案目录）。档案馆指南、全宗指南、专题档案指南等报道工具，一般采用文字叙述形式而非条目排列形式，采取编撰方法而不采取上述方法。电子计算机的应用，为档案编目提供了便利（见计算机辅助档案管理）。

二、档案检索

档案检索是解决档案信息数量庞大、内容繁杂和人们对其特定需求之间矛盾的必要手段，是档案管理工作中无可替代的一个独立环节。同时，它是现代化技术和方法在档案管理工作中运用最为广泛和深入的领域，其现代化程度是档案管理现代化水平的重要标志。

（一）档案检索的含义和工作内容

档案检索的含义有广义和狭义之分。广义的档案检索是指对档案信息进行系统存储，并按照利用者的特定需求查找档案的一项业务工作，它包括档案信息存储和查找两项工作内容；狭义的档案检索仅指根据利用需求查找档案这一项工作内容。作为档案工作者，必须从广义上理解档案检索的含义，全面掌握其工作内容，才能真正做好档案检索工作。

1. 档案信息存储

档案信息存储是指分析并提取出档案中具有检索意义的特征，进行编排，编成检索工具、建立档案信息数据库的过程。它的主要目的是使档案信息有序化，主要工作包括以下内容。

（1）档案著录和标引。即针对档案的内容和形式进行分析、筛选和摘录，将其主题概念借助于检索语言（分类法、主题词表）转换成规范化的检索标识，形成可以用来查找的条目。

（2）编制档案检索工具和建立档案信息数据库。即根据一定规则，将档案著录和标引后形成的条目进行系统排列，组成各种手工检索工具，或输入计算机，建立可利用计算机查找的档案信息数据库。

2. 档案信息查找

档案信息查找是指利用检索工具和档案信息数据库找寻所需档案的过程。它的主要目的是实现利用需求和档案信息的有效匹配，从而获取所需的档案信息，主要工作包括以下内容。

（1）确定查找内容。确定查找内容的过程也是编制检索策略的过程，即分析利用需求，确定所需档案的实质内容，形成概念，并借助检索语言将其转换成规范化的检索标识。如果要利用计算机实施查找，还应按实际需求把标识之间的逻辑关系组成检索表达式。

（2）查找。即采用各种手段，把确定好的检索标识或检索表达式与存储在手工检索工具或计算机档案信息数据库里的标识进行相符性比较，将符合检索标识或检索表达式的条目找出来，提供给利用者。如果采取的是手工检索，相符性比较由人脑进行；如果利用计算机查找，相符性比较则由计算机来完成。如果查找的结果与利用需求不相符或相符程度低，则必须根据需要再次分析利用需求，扩大、缩小或改变查找范围。

由此可见，档案信息存储和查找是一个密切联系、不可割裂的整体。存储是查找的基础和前提，查找是存储的目的和归宿。

（二）档案检索效率

档案检索效率是指在检索过程中满足利用者需求的全面性和准确性程度，它是衡量档案检索系统性能以及每一个检索过程质量的最基本的指标，通常采用查全率和查准率两个指标来衡量和表示。

1. 查全率和查准率

（1）查全率是指检索结果满足利用者需求的全面程度，即检索出的相关档案与全部相关档案的百分比。与之相对应的是漏检率，即未检索出的相关档案与全部相关档案的百分比。这两个相对应的衡量指标的计算公式：

查全率 = 检索出的相关档案 ÷ 全部相关档案 ×100%

漏检率 = 未检索出的相关档案 ÷ 全部相关档案 ×100%

例如，某单位一位利用者向档案部门提出需查找本单位前两年人事任免的相关档案，档案部门现保存的相关档案有 20 件，而检索时查到了 17 件，还有 3 件未检索出。按上述公式计算出查全率是 $17 \div 20 \times 100\% = 85\%$，漏检率是（ $20-17$ ） $\div 20 \times 100\% = 15\%$。

（2）查准率是指满足利用者需求的准确程度，即检索出的相关档案与检索出的全部档案的百分比。与之相对应的是误检率，即检索出的不相关档案与检索出的全部档案的百分比。这两个相对应的衡量指标的计算公式：

查准率 = 检索出的相关档案 ÷ 检索出的全部档案 ×100%

误检率 = 检索出的不相关档案 ÷ 检索出的全部档案 ×100%

例如，某一利用者想查找工资改革的相关档案，档案部门通过一次性检索，共检索出 120 件档案。经阅读，确定其中有 90 件是相关的档案，30 件是不相关的档案。按上述公式计算出查准率是 $90 \div 120 \times 100\% = 75\%$，误检率是 $30 \div 120 \times 100\% = 25\%$。

（3）查全率和查准率的关系。英国情报学家 C. 克勒维当根据 1963 年美国情报专家对 7 万篇文献的研究结果得出查全率和查准率之间存在着互逆关系的结论。也就是说，如果放宽检索以达到较好的查全率，查准率就会下降；反之，如果限制检索范围以改善查准率，则查全率就会下降。因此，在检索过程中，应充分分析利用需求，以满足利用需求为目的，确定适当的查全率和查准率指标。

2. 影响档案检索效率的因素

与档案检索过程有关的任何因素均可能对档案检索效率产生影响，其中主要影响因素有如下几项。

（1）检索语言的性能。从档案检索的含义和工作内容可以看出检索语言在档案检索过程中起着无可替代的关键作用，对特定的需求信息与纳入检索系统的信息集合的准确匹配具有直接的影响，从而影响到档案信息存储和查找的准确性。

（2）检索途径的数量。从理论上说，档案在存入检索系统之后，该系统向利用者提供的检索途径越多，它被查到的概率也就越高。

（3）著录标引的质量。检索标识是组织检索工具、进行检索的依据，因此检索标识的准确性也是影响查全率、查准率的一个重要因素。

（4）检索策略的优劣。如果档案著录标引的结果对文献存储的质量至关重要，那么检索策略在查找过程中则具有决定性作用。

（5）检索人员的素质。无论是手工检索系统还是机械检索系统，都要由检索人员来参与和控制检索过程。上述因素中除检索语言之外，均与检索人员的素质有关，因此检索人员的素质对检索效率有直接的影响。

三、档案计算机检索系统

（一）档案计算机检索系统的构成要素

随着计算机的普及和现代信息处理技术的发展，档案信息化建设也在不断推进，以适应新的发展形势。计算机在档案检索中的作用越来越不可替代。与手工检索相比，档案计算机检索具有检索方式自动化、检索速度快、检索途径多元化、检索效果好、灵活方便等特点，同时对计算机及检索系统的依赖性很强。它主要包括以下三个基本要素。

1. 硬 件

硬件是计算机检索所依赖的设备，由主机和外设组成。主机可以是大型机、小型机、微机、网络服务器或工作站等；外设主要是输入输出设备和存储设备，如键盘、显示器、打印机、扫描仪、光盘等。

2. 软 件

软件是为了完成检索而专门编制的计算机程序，由系统软件和应用软件组成。包括操作系统（如 DOS、Windows 系列等）、数据库管理系统（如 FoxPro、SYBASE、DB2、ORACLE 等）、相关软件开发工具等。档案计算机检索软件一般由档案信息存储系统（建立档案数据库、标引等）和档案信息输出系统（检索、结果检查、结果输出等）构成。

3. 数 据

数据是计算机检索系统中存储的内容和检索的对象，主要有档案目录信息、全文信息、多媒体文件等。数据的采集和录入应规范化、标准化，保证数据的数量和质量，以提高检索效率。

（二）档案计算机检索系统的构建步骤

1. 系统分析

系统分析的主要工作内容是用户需求分析、收集事实、可行性分析（人员、经费、技术、风险等）、确定系统功能和目标，并形成用户需求说明书及系统分析报告等。

2.检索软件的选择和设计

检索软件可根据实际情况自行开发、委托开发或直接购买较成熟、可靠的软件成品。检索软件必须功能优良，并符合相关标准和规范。

3.设备选购和安装

根据系统要求，从计算机的性能、容量、费用等多方面考察选购设备，同时要有必要的附属设备和合适的操作室等。

4.人员培训

人员培训主要包括设计人员、计算机操作人员、著录标引人员、数据输入人员和日常维护人员的培训等。

5.数据准备

数据准备主要就是对档案信息进行采集，并著录到检索软件中，也就是档案检索工作内容的第一项——存储。在手工检索中，档案著录标引的结果大多是存储在各种检索工具中，并编印出来。而在档案计算机检索系统中，档案信息是存储在计算机中，形成各类数据库。这些机读数据的数量和质量直接影响到档案计算机检索系统的效率。

6.系统测试与验收

系统设计过程中及基本完成后，应对其功能、性能等各方面进行必要的测试、检验，并及时做调试和总结，直至测试结果达到预期目标才能验收通过。

7.系统维护与优化

为了使档案计算机检索系统有效运行、不断优化，能充分发挥作用，必须加强管理和维护。例如，排除系统故障、修改数据输出格式和内容、根据利用需求及实际情况的变化修改数据库设置和系统部分功能等。

（三）档案计算机检索系统的工作流程

档案检索工作内容包括存储和查找，在计算机检索中，同样必须围绕数据存储和查找来进行。

1. 数据存储

数据的采集、著录等工作在档案计算机检索系统构建中完成，并根据需要不断补充和调整。

2. 数据查找

在档案计算机检索系统中，利用计算机进行查找的过程是制定和执行检索策略的过程。检索策略是为满足检索需要而制订的计划和方案。实际上，在手工检索中，也有检索策略，只不过它是形成和记忆于检索者的头脑中，检索者边查找、边思考、边调整，检索策略隐含于查找过程中，表现不明显。在档案计算机检索系统中，由于人的意识与查找过程相分离，对检索策略的调整也独立于扫描匹配过程之外，不能同时进行，这就要求必须先制定明确的检索策略，对整个查找过程进行谋划和指导，以达到最佳的检索效果。

（1）制定检索策略。主要内容包括对利用者需求的确认和分析，选择适当的检索途径，确定适当的检索标识，分析检索标识之间的逻辑关系，形成检索表达式。检索表达式是制定检索策略的最终成果，有逻辑表达式和加权表达式两种，其中最常用的是逻辑表达式。逻辑表达式是采用英国数学家乔治·布尔发明的逻辑算符，对检索标识之间的关系进行表达和限制，所以又称为布尔逻辑表达式。它主要有逻辑"与"（AND）、逻辑"或"（OR）、逻辑"非"（NOT）三种逻辑关系。

逻辑"与"关系（AND）表示两个词之间的重合关系，即必须同时满足这两个检索条件，一般用符号"·"表示。逻辑"与"关系是一种限定关系，这种关系用得越多，表示限定条件严格，因此在一般情况下使用逻辑"与"关系有利于提高查准率。逻辑"或"关系（OR）表示两个词之间的任选关系，即满足其中之一的检索条件即可，一般用符号"+"表示。逻辑"或"关系为检索提供了选择的可能，这种关系使用越多，表示选择的范围越大，因此在一般情况下使用逻辑"或"关系有利于提高查全率。逻辑"非"关系（NOT）表示否定关系，即检索目标不包含这方面内容，一般用符号"-"表示。逻辑"非"关系用排除法控制检索结果，有利于提高查准率。

（2）执行检索策略。即将检索表达式输入档案计算机检索系统，由计算机在数据库中查找，并输出检索结果。

（3）分析检索结果。即查看检索结果与利用需求是相符、不相符或部分相符，并根据需要确定是否对检索表达式进行调整，重新输入、查找。

第七节　高校教学档案的利用与服务

一、教学档案的利用

教学档案是学校档案的重要组成部分，学校档案部门应加强开发利用工作，积极创造条件开展借阅复制、计算机检索、咨询、编研等利用服务，充分发挥教学档案的作用。

教学档案提供利用的方式多种多样，应根据本校的特点和工作实际，选择有效的服务方式为利用者提供服务。一般有以下三种。

（一）借阅复制

按要求提供教学档案的阅览和外借服务，并按规定满足利用者的复制需求。需要注意的是，在为校内外个人或单位提供学生录取、学籍、成绩、毕业等相关证明材料时，应做好查阅人或受委托人身份的确认和核实，注意学生个人信息的保护，不得随意传播和复制。

（二）咨询服务

比如，帮助利用者熟悉和了解与其利用需求相关的教学档案的情况，指导其查找和利用，并解答有关问题，或者根据学校教学工作的需要，开展定题、跟踪服务。

（三）编研开发

分析教学档案的内容，根据学校教学工作的需要，编辑各种形式的、不同层次和专题的参考资料，如数据汇编、专题文摘、校友名录等，为学校各项工作提供服务。

二、做好教学档案开发利用工作的要点

（一）强化教学档案的基础业务工作

这是开发利用教学档案的必要条件。我国《高等学校档案实体分类法》和《高校档案工作规范》的深入贯彻实施，加速了高校档案工作的规范化、系统化、标

准化进程。但是，从近几年高校教学档案管理实践来看，《高等学校档案实体分类法》中的教学类归档范围比较笼统，导致系部兼职档案员在收集教学档案时无章可循。同时，高校教师工作任务繁重，既教书育人，又忙于科研，对教学档案知识知之甚少。有的教师对教学档案收集工作存在误解，担心自己的教学材料存档后泄密或再利用时不方便。这就造成教学档案的归档率不高，教学档案的利用率低。因此，高校应加强档案部门的业务建设，制定相应的条例，规范档案管理的各项规章制度。根据不同学校的实际情况和教学实践，进一步明确《高等学校档案实体分类法》中的教学类材料归档范围。例如，实验课材料、优质课材料、学生对教学质量评价材料、学生获奖材料、教学工作经验、教学研究材料等均应列入教学档案的归档范围，以保证教学档案的完整、准确、系统。同时，必须深入宣传教学档案的实际效果，通过具体事例介绍利用教学档案取得的社会效益和经济效益，揭示档案工作与教学工作、档案工作与教师切身利益之间的关系，从而提高广大教师收集、整理和利用教学档案的积极性与主动性。

（二）实现教学档案的信息化管理

这是快速、准确开发教学档案信息资源的有效途径。如何运用现代信息技术开发利用档案信息是一项技术性极强的工作，必须加强档案管理人员的队伍建设。档案管理人员要不断学习，不仅要学习和掌握档案的专业知识，更要认真学习计算机技术、网络技术、多媒体技术以及相关的科学技术知识，并将其应用于档案管理与信息资源的开发利用中。档案管理人员要与时俱进，不断进行档案技术的创新、档案管理和开发机制的创新，运用现代化的管理手段，建立系统有效的目录和检索体系，开发和使用档案管理软件，实现档案信息的网络共享，积极有效地开发教学档案的信息资源。另外，还应该加强高校档案部门的硬件基础设施，配备先进的仪器设备，为高校教学档案的现代化管理和档案信息资源的开发利用提供强有力的物质保障。

（三）做好教学档案的编研工作

这是开发教学档案信息资源的重要条件。教学档案编研工作具有研究性、思想性、政策性和主动性强的特点。只有通过档案人员将现有教学档案所包含的信息内容进行一次、二次甚至三次深加工，提供教学档案的信息资源，才能主动满足高校对教学档案信息的利用需求。针对教学档案的编研活动，不同层次和性质的学校应根据其教学工作的性质和任务等需要进行。例如，产生于系一级的课堂教学和教学实践、实验建设材料，大多分散在各实验室和教师手中，如实验课材料、教案、优质课记录、督导专家评课记录等。只有对这些教学材料进行收集、分析、选择、加工和编排，才能编制出具有学校特色的、能满足学校利用需要的编研材料。加强档案管理的规范化、系统化、标准化，用科学的方法管理教学档案，通过研究和加工整理，形成各种形式的编研成果，让广大教师充分认识并享受到利用教学档案信息资源的优越性，从而自觉地把收集、整理和利用教学档案作为教学工作的有机组成部分。

（四）了解利用者需要

这是有的放矢地开发教学档案信息资源的有效途径。要了解档案利用者，必须了解学校的中心工作和主要任务，摸清档案需求的动向，把握档案利用者的需求。要了解广大利用者的心态，了解利用者对档案利用效果和档案工作的评价，进而不断总结档案利用的特点、规律，提高档案利用率。还要摆正自己与档案利用者的关系，明确档案工作人员既是专业人员，又是服务人员。在工作中要取得广大利用者的信任，就要进行优质服务。例如，在毕业论文设计前，了解毕业生的选题情况，提供历年毕业生的优秀论文、优秀设计做参考，使毕业生的论文和设计更能体现学校的教育质量和教学水平。

教学档案是学校档案的重要组成部分。要使教学档案更好地为学校工作服务，就必须把教学档案信息资源的开发和利用作为高校的重要工作来抓，使教学档案在高等教育发展中起到积极的作用。

第八节　档案的管理

一、学生档案的管理

在高校培育人才的工作中，学生档案管理也是其中一个重要的环节。高校学生档案记录着学生成长成才过程中全面而客观的信息，是学生素质教育的重要手段。它在大学生择业与就业过程中，扮演着举足轻重的角色，学生就业后，它转变成为干部人事档案或流动人员档案。

（一）学生档案的概念

学生档案是指学生的个人档案，内容包括学生在各个学习阶段中的学籍、成绩、健康、考核、毕业等各种登记表格，奖惩材料，党、团组织材料等。学生档案是学校考察、录选、培养、教育学生过程中形成的第一手资料，是党和国家选拔录用人才的重要参考依据。学生档案管理工作是贯彻执行党的教育方针，为社会主义现代化建设培养、选拔、录用人才服务的一项常规性基础工作。

（二）学生档案的管理职责

学生档案管理工作是高校档案工作的重要组成部分，必须坚持集中统一管理的原则，确保学生档案的完整、准确、系统、安全。

目前，我国高校大都设有专门的学生档案管理部门，以便对学生档案进行统一管理。《高等学校档案管理办法》（27号令）出台后，有些高校将学生档案管理部门划归学校档案馆管理，更多的是将学生档案室归入学生处管理。一般来说，学生档案管理部门的业务联系单位是高校的招生部门、教务部门、学生工作部门、院系和就业指导部门。学生档案始于其入学前的高中档案和高考档案。高考档案材料是高校审查、录取学生的重要依据和凭证，高校招生办公室逐一审查考生档案，办理"提档""退档""录取"等有关手续后，将其送至学生档案管理部门保管。此后，院系和各职能部门又陆续将大学生的学生登记表、学籍变更材料、各学期成绩汇总表、所受奖惩材料、实习鉴定、学位通知书、毕业登记表、入党志愿书和银行的贷款记录等材料归入学生档案。直到大学生毕业后，档案管理人员按照就业指导部门提供的档案寄送方案和就业通知书，及时、准确无误地将档案寄到相关单位，一届学生档案工作才算完成。

学生档案种类多，流动性强，利用率高，工作量大。学校要加强对学生档案工作的领导，要将学生档案管理工作纳入重要议事日程，定期研究、检查学生档案工作，为学生档案管理创造良好的工作环境和条件。一般来说，各职能部门均有负责人分管学生档案工作，负责本单位学生档案材料的收集、整理、归档和移交工作。学生档案部门的管理职责有以下几点。

（1）接收、鉴别和整理学生档案材料。

（2）办理学生档案的查阅、借阅。

（3）办理学生档案的转递，为有关部门提供学生情况。

（4）做好学生档案的安全、保密、保管工作。

（5）制定和完善学生档案管理规章制度，做好学生档案分析统计工作。

（6）办理其他有关学生档案事项。

（三）学生档案的归档范围

学生档案必须真实地、历史地、全面地反映学生的成长过程及其有关情况，对部门及个人当前和长远具有参考价值和凭证作用。学生档案归档材料一般包括以下内容。

（1）新生入学材料。本科生新生档案包括入校前高中的档案材料（学籍表和高中毕业生登记表）、高考报名登记表、体检表和学生登记表等。

（2）毕业生材料。包括成绩单、高等学校毕业生登记表、普通高等学校毕业生就业通知书（存根）、学位授予通知书、论文答辩情况表等。

（3）奖惩材料。获得院、校级及以上的奖励审批材料；违反校规、校纪，触犯国家法律等行为被处理的各类处分材料（警告、严重警告、记过、留校察看和开除学籍）。

（4）组织发展材料。加入中国共产党、共青团（入党、入团志愿书、申请书、自传、转正申请书）或民主党派的相应申请及组织审批材料。

（5）学籍变动材料。转专业、休学、退学、复学、转学、入伍、出境或死亡等原因引起的学籍变动材料；更改姓名、民族、出生日期、国籍等个人信息的证明材料。

（6）出国留学材料。

（7）其他应归档材料。

（四）学生档案的归档要求和移交要求

学生档案的归档要求是针对收集档案材料的责任单位而言。档案归档至关重要，必须有一套严谨和规范的流程，如果这个环节出现问题，会影响到学生档案后续的整理工作。

1. 总体要求

（1）归档材料应是原件、办理完毕的正式材料，有承办单位或个人署名，有形成材料的日期及组织审查盖章。归档材料在特殊情况下需存入复印件的，应在复印件上注明原件保管单位，并加盖公章。

（2）归档材料应使用国家统一规格的办公用纸，文字须是打印或用签字笔、钢笔书写，不得使用圆珠笔、铅笔、红色笔和复写纸书写，归档材料内容不得打印粘贴。

（3）归档材料应文字清楚，不得涂改，有改错的需加盖校对章。归档材料必须对象明确，无错装、混装材料，即不得张冠李戴或同名异人，姓名不得使用同音字。档案袋封面须注明学生所在学院（系）、专业和学号，并按照学号升序排列。

（4）归档材料应在归档期限内办理归档，归档时打印档案移交清单一式两份，加盖公章，并提交电子版。移交清单须注明移交材料的院系、专业、姓名、学号、档案材料内容等信息。归档材料交接时，交接双方经办人要履行签字手续，注明承办单位、时间及联系电话。

（5）凡不符合归档要求的材料，档案管理部门有权退回并限期重新归档。

2. 新生档案归档要求

新生档案材料一般在新生入学3个月内完成移交。有关职能部门在移交新生档案前，应详细核查档案，填写《本科（研究）生档案移交清单》。学生报到后档案未转到学校的，有关职能部门应及时催要，在档案未转到学校前，应出示缺档原因说明给学生档案管理部门。

3. 毕业生档案归档要求

由于高校毕业生就业入职急需档案，因此毕业生档案的转递有一定的时效性。毕业生档案材料应在归档期限内由各职能部门完成移交工作，才不致影响毕业生就业和升学等。

4. 党员材料归档要求

组织发展材料的移交一般在学生入党转正之后，材料办理完结之后由各分党委、党支部移交。党员材料移交归档前，院系二级党委（党总支）应先将入党申请书，转正申请书，入党自传，父母、亲属外调材料按顺序排放于党员材料档案袋内。一般来说，毕业生的正式党员材料应在学生毕业前完成归档，非毕业生正式党员材料归档的工作也应避开毕业生派遣期。

（五）学生档案的整理规范

学生档案的整理是整个学生档案工作的基础工作，更是学生工作中的重中之重。因为学生档案数目庞大，且具有时效性，必须在学生毕业前完成整理工作。这个环节如果出现问题，如档案错装或未按顺序排放，有可能影响到学生的入党或就业。因此，整理档案的工作人员必须经过严格的培训，具有强烈的责任心，工作必须认真细致。学生档案的整理工作也应设立一套严谨而详细的流程规范，一般而言，应包括以下几点内容。

（1）使用学生档案室专用的学生档案袋，档案袋封面应清晰注明院系、专业、学生姓名、学号等信息。

（2）档案装袋之前要仔细核对每份档案材料的姓名、专业、籍贯等信息，确定没有错装、漏装。

（3）依据档案材料的内容，用签字笔勾画《档案材料目录》，有相应材料的打"√"，没有相应材料的打"×"。

（4）档案整理完毕后，按学号从小到大的顺序排列，清点无误后方可入柜存放。新生档案入柜要分清学历，按本科、硕士、博士划分存放区域。同一区域内，以年级为序排列，再按院系和专业的顺序将档案以学号由小到大的顺序排列整齐。

（5）新生档案入柜后根据档案类别做好档案柜标签，注明学生类别（本科、硕士或博士）、年级、院系、学号起止点等信息。

（六）学生档案的管理和利用

学生档案是高校各院系和职能部门对学生进行管理、教育和培养的重要信息来源。例如，院系党务工作者在发展学生党员时，查阅学生的人事档案是必要程序；高校保卫处配合公检法部门调查某些涉嫌违法乱纪活动的大学生时，学生的人事档案是重要的信息渠道之一；在高校就业工作中，各政府机关和企事业单位对大学生的人事档案进行政审也是必不可少的环节。因此，学生档案的管理和利用工作是一项服务性很强的工作，并具有一定的机密性。根据安全保密和便于查找的原则，学校对学生档案进行严密、科学的保管，设立学生档案专门库房，使用铁皮档案柜存放，达到防火、防潮、防高温、防盗、防光、防鼠等要求，保持库房的清洁和库房内适宜的温湿度，并经常检查。

因工作需要查阅学生档案，应按以下几点规范来开展。

（1）校内的工作人员应持有分党委，党总支（直属支部），机关部、处、办的借阅档案介绍信；校外的工作人员应持有单位人事部门借阅档案的介绍信。

（2）查阅人应为中共党员，学生不能查阅档案。任何个人不得查阅或借用本人及其直系亲属的档案。

（3）档案一般不能外借，如必须借出使用时，经档案管理部门主管领导批准后，方可借出，并必须在限期内归还档案。借出的档案，不得擅自转借他人。

（4）各院系只能查阅本院系的学生档案；其他单位查阅学生档案，应经有关单位负责人和档案管理部门批准后，方可查阅。

（5）查阅学生档案只限在档案馆阅览室。查阅和借用档案的单位或个人不得擅自复制档案的内容，确实需要从档案中取证的，必须经档案管理部门负责人批准后，才能复制。

（6）因出国、报考等需要开具"在校、出生、无犯罪记录、亲属关系"等证明的，须由学生所在院系主管学生工作的干部前往档案室查阅该生档案，再由学院出具查阅档案的证明。

（7）查阅、外借和复制档案，须凭手续完备的《学生档案利用审批表》及本人工作证，并履行利用登记手续。

（8）查阅档案必须遵守保密制度和阅档规定，严禁涂改、圈画、抽取、撤换、错装、漏装档案材料；查阅者不得泄露或擅自向外公布档案内容，对违反者，应视情节轻重，根据《中华人民共和国档案法》进行处理。

（七）学生档案的转递

随着高校的扩招，高校毕业生档案数目日益庞大，而且毕业生到相关的派遣单位报到急需利用档案，因此高校毕业生档案的整理和转递工作具有时效性和紧迫性。

1. 应届毕业生档案的转递原则

（1）应届毕业生档案原则上按毕业前签订的三方协议中的档案接收单位寄送。

（2）毕业生无派遣单位和就业报到证的，可以凭生源地人事局或人才交流中心等档案挂靠单位提供的调档函，将人事档案转回生源地。

（3）如果发生违约，须经学校就业管理部门签署意见后，办理档案重新转递的手续。

（4）定向和委托培养学生的档案，原则上应寄往学生的定委单位。

2. 其他情况学生档案的转递

（1）退学、开除、结业和肆业的学生，档案须转回生源地。学生应在限期内到生源地人才交流中心或劳动与社会保障部门办理调档函。

（2）相关职能部门应将此类学生在校期间形成的有关材料及时移交至学生档案管理部门归档。

3. 档案转递的渠道

档案转递原则上应通过省机要通信局，以机要文件的方式寄往档案接收单位。因单位要求急需档案的，可以由档案接收单位派专人（中共党员）携介绍信前往学生档案室取走档案；提取档案须严格履行登记、签字手续，专人取走的档案因提取人保管不当，出现遗失、损毁的，后果自负。

（八）遗留档案的管理

遗留档案指学生因毕业、出国（境）、退学、开除学籍或其他原因离开学校，未办理转档手续，或已办理转档手续，但因解约、地址不详无法投递，被档案接收单位退回等原因，以致档案遗留在学校。除上述原因外，还包括因职能部门延误移交，或学生延期答辩等原因，以致档案遗留在学校。

（1）遗留档案应按档案遗留的原因和学生毕业的年份整理入库，并在档案袋上注明档案遗留的原因。

（2）学生毕业离校后，因个人原因档案遗留在校的，应在毕业当年年底前落实档案去向；档案遗留在校后，如被用人单位录用，应由录用单位人事部门出示接收函、调档函，经就业管理部门签字盖章后办理转递手续。

二、学籍档案的管理

学生自入学之日起，在受教育的过程中直接形成的具有保存价值的各种文字、图表、音像、电子等不同形式的历史记录都是学籍档案所属范畴。学籍档案指的是学生毕业后，留存在学校以供备查的学生档案。

（一）学籍档案归档

1. 本科教学档案归档范围、保存期限和保存单位

本科教学档案归档范围、保存期限和保存单位如表3-14所示。

表3-14　本科教学档案归档范围

编　号	分类内容	预定保存期限	保存单位
综合			
01	上级有关部门下达的指令性及指导性文件，学校制定和下发的有关教学与教学管理的规章制度和各种文件材料。	永久	职能部门、教学单位
02	教学单位制定的规章管理制度或实施细则	永久	教学单位
03	有关教学与教学管理的各类规划、工作计划、总结	永久	职能部门、教学单位
04	职能处室印发的各种教学文件	长期	职能部门、教学单位

编　号	分类内容	预定保存期限	保存单位
05	向上级的请示和批复，与其他单位来往的函件	永久	职能部门、教学单位
06	各种会议材料等	长期	职能部门、教学单位
07	签订的各类有关教学的合同（协议）	永久	职能部门、教学单位
教学运行与督导管理			
01	校历	永久	职能部门、教学单位
02	排课数据：课表（含实验课表）、重修课表、全校选修课课表	长期	职能部门、教学单位
03	调（停）课相关材料	长期	职能部门、教学单位
04	课程教学大纲、教学日志	长期	教学单位
05	教师教学工作量、外聘教师课酬等工作量相关统计材料	长期	职能部门、教学单位
06	教研室建设、教研室工作计划、活动记录及材料、工作总结	长期	职能部门、教学单位
07	推免生审核及相关材料，毕业生毕业资格、学位资格审核及相关材料	长期	职能部门、教学单位
08	教材征订统计表及相关材料	永久	职能部门、教学单位
09	教学督导听（查）课记录及相关工作材料	永久	职能部门、教学单位
10	本科生导师工作材料（指导记录、总结等）	长期	教学单位
考试管理			
01	校内各类课程考试安排、考试资格审查等有关考试安排材料	长期	职能部门、教学单位

第三章　高校教学档案的管理

信息化视角下高校教学档案的建设与管理

156

编　号	分类内容	预定保存期限	保存单位
02	学生单科成绩、成绩总表（毕业后由校档案馆保存）、成绩认定、成绩更正等成绩管理材料	永久	职能部门、教学单位
03	各类课程考试试卷及考核材料、试卷分析、命题信息表、组卷方案等材料	学生离校后四年	教学单位
04	试卷（试题）库	长期	职能部门（计算机组卷）、教学单位
05	各类国家等级考试（测试）材料	长期	职能部门
06	学生学业预警材料	长期	教学单位
实践教学			
01	实验室建立、更名、撤销等批文和相关材料	永久	职能部门、教学单位
02	国家级、省级、校级实验教学示范中心建设、申报材料	长期	职能部门、教学单位
03	实验室上报的各种统计报表	长期	职能部门、教学单位
04	实验项目开出、变更、实验内容革新等相关材料	长期	职能部门、教学单位
05	实验教学大纲、实习大纲、实验教材、实验指导书或实习指导书	永久	教学单位
06	实验室开放项目立项、结项、开放记录等相关材料	长期	教学单位
07	实验室仪器设备清单、自制仪器设备、仪器设备的损坏、丢失赔偿情况、维修情况、外借记录等	长期	教学单位
08	实验教学技术档案、实验室使用情况记录、学生实验报告	学生离校后四年	教学单位
09	教学仪器使用情况	仪器报废后	教学单位

编　号	分类内容	预定保存期限	保存单位
10	各类实习计划（包括课程实习、专业实习实训、毕业实习等）、实习总结及实习过程等相关材料	长期	职能部门、教学单位
11	学生实习报告、实习鉴定表、教育实习手册等材料	学生离校后四年	教学单位
12	校外教学实习基地协议书及实习基地建设有关材料	长期	职能部门、教学单位
13	毕业论文（设计）资料（包括任务书、开题报告、指导记录、答辩安排、答辩记录、论文文本、检测结果等）	学生离校后四年	教学单位
14	学生实习成绩、毕业论文（设计）成绩材料	永久	职能部门、教学单位
15	学生实践创新学分认定支撑材料	学生离校后四年	教学单位
16	实践创新学分认定明细表、汇总表等	永久	职能部门、教学单位
质量监控与教学评估			
01	教学质量监控体系	长期	职能部门、教学单位
02	各级各类教学管理人员岗位设置与职责	永久	职能部门、教学单位
03	教学事故处理记录和相关材料	长期	职能部门、教学单位
04	各类人员的听课记录及分析、反馈材料	长期	职能部门、教学单位
05	学生评教、同行评价等教学评价材料	长期	职能部门、教学单位
06	师生关于教学工作的意见处理、反馈材料	长期	职能部门、教学单位

编　号	分类内容	预定保存期限	保存单位
07	上级、职能处室下发的评估文件	长期	职能部门、教学单位
08	教师教学工作及课程教学评价材料，教师奖惩情况及教师进修、培训、学习情况	长期	职能部门、教学单位
09	各类教学检查材料	长期	职能部门、教学单位
10	校、内外各类教学评估（专业评估、专业认证、审核评估等）材料	长期	职能部门、教学单位
教学改革与研究			
01	本科专业历史沿革及各年度专业一览表	永久	职能部门、教学单位
02	新专业筹建、申报及建设有关材料	永久	职能部门、教学单位
03	专业（学科）建设相关材料（包括规划、申请书、批文、评估等）	永久	职能部门、教学单位
04	专业培养方案及论证报告、培养方案变更材料	永久	职能部门、教学单位
05	各级各类本科教学工程项目申报、结题材料	长期	职能部门、教学单位
06	教学内容、方法、手段改革以及考试内容、方法、手段改革相关材料	长期	职能部门、教学单位
07	各级教改项目立项、结题材料	长期	职能部门、教学单位
08	各级教学成果奖申报、批复材料	长期	职能部门、教学单位
09	各级各类教学竞赛、评优获奖材料	长期	职能部门、教学单位
其他			
01	专任教师名单；外聘教师、兼职教师名单及协议	长期	职能部门、教学单位

编　号	分类内容	预定保存期限	保存单位
02	教师校内、校外各类培训及进修相关材料	长期	职能部门、教学单位
03	教师岗前培训、教师资格认定材料	长期	职能部门、教学单位
04	学生参加科研工作情况、公开发表论文、发明创作、各类学科竞赛获奖情况统计、获奖文件、证书复印件等材料	长期	职能部门、教学单位
05	大学生创新创业训练计划项目及中央高校基本科研专项资金本科生项目的申报材料、中期材料和结项材料	长期	职能部门、教学单位
06	学生助学活动材料	长期	职能部门、教学单位
07	其他特色教学工作资料	长期	职能部门、教学单位

2.质量要求

归档材料记录内容完整，使用的书写材料、纸张、装订材料等应符合档案保护要求。

（1）凡归档的学位文件材料均应是原件。学位论文须打印原稿，必须是学生及其导师亲笔签名的正本。

（2）手工书写应用黑色、蓝黑色墨水，不能使用圆珠笔、铅笔、红色墨水、纯蓝墨水和复写纸书写，字迹应工整清晰。

（3）去掉材料上的大头针、曲别针、订书钉等金属物，对破损的文件材料应进行修整，字迹模糊或易退变的文件应予复制。

（4）归档文件材料一律采用 A4 版面标准格式。针对不足 A4 大小的文件，应使用 A4 纸进行裱糊。破损文件材料应按照要求进行修复。

（5）学生休学、退学、复学、转学、辅修、转专业、出国、提前毕业等情况要在学籍表中注明。

（6）学籍表中的照片要用原件。

（7）在毕业审查和学位评定的栏目中，要填写毕业审查和学位评定结果并盖章。

（8）电子档案与纸质档案要双套保存，确保内容一致。

3. 归档立卷要求

学籍档案管理是学校教学管理工作的重要组成部分，学籍档案材料应及时收集、整理，移交至学校档案馆。

（1）每年新学年开始后，学籍管理部门应向各学院发放各种学籍登记表（卡），各学院学籍管理人员按要求及时记录、积累学籍档案材料，并定期进行整理。

（2）坚持由学籍文件材料形成部门立卷的原则，由学籍管理部门的专（兼）职档案员负责向档案馆归档。

（3）按照《高等学校档案实体分类法》进行分类立卷。

（4）移交档案时交接双方必须当面检查验收，检查文件材料是否完整、齐全，排列、书写是否符合要求。凡不符合要求者，档案馆应拒绝接收，限期改正并补交。

（5）移交时须填写移交目录。移交目录一式两份，双方各执一份。

（6）归档时间：综合管理文件次年6月底前归档，其他各类材料一般在学生毕业后2个月内归档。

（二）学籍档案归档整理编目

1. 立卷单位

本专科生、成教生的学籍按班或专业为单位立卷，一般40人立一卷。本专科生、成教生在每卷中按照学号升序排列，每位学生的学籍表在前、成绩表在后。

2. 检查与编写页号

立卷前检查：核准毕业生人数，检查审批手续是否完备，归档材料是否齐全，排列顺序是否正确。

编写页号：凡有文字的页面都须用铅笔编写页号，正面写在右上角处，背面写在左上角处。

3. 编号原则

本专科生、成教生由各教学单位按照学籍分类编号。

4.填写卷内目录内容

序号：卷内学生排列的顺序号。一个学生一个序号，从 1 开始。

学号：学生学号。

姓名：学生姓名。

页次：每份学生学籍表的首页页号（注：最后一份学籍成绩表须填写首尾两个页号，两个页号间用～隔开，如 35～36 ）。

备注：需要说明的问题。

5.填写备考表

在档案馆领取学籍卡封底备考表，并填写"本卷情况说明"，如无缺件情况，应填写"本卷共几件，材料完整"；如有缺件情况，应填写"本卷实有几件，另缺几张成绩单"，并注明缺件的学生学号、姓名、专业等信息。

立卷人：由组成本卷的责任者签名。

检查人：由立卷单位负责人对案卷质量进行检查后签名。

立卷时间：填写完成立卷的日期。

6.计算机编目

利用教学档案管理系统将案卷目录、卷内目录录入计算机，并打印封面、卷内目录和案卷目录。

（三）开发利用

（1）学籍档案只允许就地查阅，不能外借。查阅学籍档案应持有效证件及相关证明，办理相应手续。摘抄、复制学籍档案内容及出具档案证明，应加盖档案管理部门公章方为有效。

（2）档案馆做好编目工作，指导利用者查找、利用档案，解答有关问题。

（3）编辑各种形式的参考资料，如数据汇报、专题文摘、论文汇编、信息交流等，为学校各项工作服务。

（4）及时收集、登记利用学籍档案产生的社会效益与经济效益，并将实例汇集成册，印发宣传。

（四）监督管理

（1）凡已归档的文件材料需要修改时，必须经所在部门的主管领导签字批准。

未经批准，不得修改任何文件材料。

（2）加强对学籍档案管理工作的监督和检查，建立定期检查制度，及时研究、解决档案管理工作中的问题。

（3）学籍档案要由专人负责。档案工作人员要忠于职守、熟悉业务，认真负责地做好学籍档案管理工作。

（4）加强学籍档案管理工作的硬件设施建设，建立符合国家规定的档案存放环境，做好学籍档案的防火、防盗、防潮工作，保证学籍档案的安全。

（5）对涂改、伪造、损毁学籍档案材料的行为要追究责任，严肃查处。

实践探索篇

第四章 信息化环境下高校教学档案管理的现状与问题

第一节 高校教学档案管理现状

一、高校教学档案管理的主要内容及特点

高校教学档案是学院进行教学实践活动的真实记录，是衡量学院教学质量、教学管理水平的重要标准之一，也是学院教学管理工作的组成部分。学院教学档案的合理建立、科学管理、有效利用对促进高校教学的发展尤为重要。

（一）高校教学档案管理的主要内容

高校教学档案管理的主要内容包括上级教育主管部门及学校下达的政策性、指导性文件及有关规定；学校和学院教学基本建设的各种规划和计划；自编教材、教学参考资料、实验指导书、习题集、试题库（试卷库）、试卷分析以及各种声像资料等；学院学期教学工作计划、教学工作进程表、教学计划、教学大纲、学期教课教学总结、实习总结等；课程设计任务书、毕业设计（论文）任务书、优秀毕业设计（论文）；学院学生学业成绩、学籍变动情况、学生座谈会记录整理分析、毕业生质量跟踪调查、毕业资格考试审核等材料；学院教学改革进展情况，教学研究计划、总结，典型经验材料和教学研究刊物；学院教学业务档案，各种奖励及成果；学院教学工作评价材料、教学工作会议纪要等。

（二）高校教学档案管理工作的特点

（1）信息来源分散。教学档案信息来自教学活动的各个环节和教学活动的全过程，也包括来自上级各主管部门对教学工作、教学改革和人才培养等方面的指

令、规定、条例等。信息涉及的部门广、人员多，既涉及上级有关领导部门，又涉及本单位的教研室、实验室、实训基地、教学管理部门和学生工作部门等；人员涉及院、系的领导干部、教师、教辅人员、行政管理人员和学生等参与教学活动的全体人员。

（2）原始性材料多。教学档案要反映教学工作面貌和真实记录教学管理活动，必须依靠大量的原始性资料。没有数量充足、完整准确的原始资料就不能反映教学工作的真实面貌，因此教学档案资料的原始性和完整性是教学档案工作的又一主要特点。

（3）学科专业性强。高等院校是按学科专业设置的院系组织形式。院系教学工作既遵循人才培养成长的共性规律，又遵循不同学科专业属性的特殊规律。不同学科专业人才的培养采用不同的人才培养方案，实施不同的教学计划，设置不同的课程，安排不同的教学环节和教学活动，提出不同的培养要求，实现不同的培养目标。因此，不同学科专业院系的教学工作是不同的，具有很强的学科专业特性。

（4）周期性强。学校的教学工作一般以学期或学年为一个工作周期，教学活动和教学管理一般根据学期或学年制订工作计划，提出工作要求，并进行检查和总结。对不同届次学生的教学工作是以所学学制为一个周期制订工作计划、总结和检查的。因此，教学档案应按学期、学年或学制构建，形成周期性的档案，对教学管理工作更具有参考和指导价值。

（5）档案资料的形式多样。由于教学活动的多样性，记录活动的形式也是多样的。只有档案原始资料具有多样性，才能真实确切地反映多样性教学活动的面貌，才更具有档案的作用和价值。教学档案原始资料应包括纸面（质）、图片、音像、光盘等多种形式。

高校教学档案管理主要包括教务处和院系一级的教学管理机构。高校的院系作为独立的教学单位，在教学活动中担当着重要的角色。在教学活动过程中形成的教学资料作为高校教学档案的重要组成部分，通常由相应院系的教学秘书具体负责档案的保管工作。教学秘书在院系教学活动中起到上传下达与横向交流的作用，其工作与教学档案管理工作密不可分。但是，在绝大部分高校院系中，教学秘书并非都是专业的档案管理人员，对相关的档案管理法规、方式和手段的掌握水平参差不齐，在一定程度上说，教学秘书对档案管理的重视程度和技术水平影响甚至决定了所在院系的教学档案管理质量。

（三）院系级教学档案的主要构成

院系级教学档案作为高校基本的教学档案，包括一个院系教学单位在完成整个正常教学任务的过程中产生的各方面的详细资料。它源于日常教学活动，涉及的种类和人员繁多，因而其来源具有分散性强的特点。从其构成看，院系教学档案基本划分为以下几类：

（1）来自学校或上级主管部门的教学文件资料，如教务部门颁发的文件、教学计划、教学大纲、编制的课程表、实习计划、各类考试等内容。

（2）来自院系直接从事教学活动的教师提供的各类材料，如编写的教材、科研、发表的文章、各学期的授课计划、教学任务书等。

（3）来自院系内部各基层单位（如教研室、教学部、实验室等）的教学日志、计划、教研活动记录、教学工作量统计、考试及试卷分析等。

（4）来自院系各所属专业各年级学生的学籍、成绩、课程设计、实习报告、毕业论文等资料。

（5）教学管理工作中产生的其他各类档案资料。

从上述分类可以看出，院系级教学档案是院系教学单位教学实践活动的真实记录，也是教学经验的总结。它能够完整、准确、真实地反映院系教学管理的全过程，是维护教学历史的重要凭证，是评价教学效果和进行教学、科研决策的重要依据，它直接服务于广大师生的教学活动，是教学工作的重要组成部分。科学、系统、完整、规范的教学档案的存在，对加强教学管理、深化教学改革、提高育人质量有着极其重要的作用。

第二节　教学档案管理存在的问题

高校对学籍档案的管理工作在宏观上比较重视，许多高校不仅安排政治素质好、责任心强、学历高的同志从事档案管理工作，还在档案库房面积、档案柜数量、电脑、办公用品等硬件设施方面提供了比较完备的条件。但是，高校学籍档案在微观的具体管理上还存在不少问题。

一、档案自身的问题

（一）繁　杂

这是由目前高校自身的教育形式决定的。许多高校不仅有学历教育，还有非学历教育。学历教育分为脱产学习的全日制教育和业余学习的成人教育，成人教育又包括大专教育、专升本教育、远程教育。非学历教育的种类更多，如短期培训、单科教育、证书教育等。每位学员的档案又包括新生录取审批表、登记表、花名册（含照片）、学籍变动档案（如转学、休复学、转专业等）、在校各科成绩登记表、毕业生登记表、短期学员名册、成绩册、结业名册等。因此，学员从入学到毕业形成的学籍档案材料繁多复杂。

（二）缺　损

高校学籍档案缺损表现在两方面：一是材料不齐全，不完整。有些学院、分校在填写学籍档案材料时，图省事，没有逐一填全，甚至出现在毕业生名册上没有填写毕业证书号的情况。学员档案材料不齐，有录取名册或成绩册，却找不到毕业生名册，此种情况给日后的学历核实、查找带来了困难，也会因档案内容、材料不全贻误事情。二是档案材料破损，比较陈旧。高校实行学分制教育，学习年限为2～8年，学生在8年内获得毕业所需的学分即可毕业。各教学管理部门为便于管理，8年之后才统一将同一级（或同一届）学生的学籍档案移交至学校档案部门，即2002年移交1994级学生形成的学籍档案，2003年移交1995级学生形成的学籍档案，以此类推。这样的做法直接要求学籍档案必须在各学院、分校保存8年，而这些部门并没有符合档案保管条件的库房和设备，也没有专职人员从事保管工作。学籍档案得不到科学的管理、保护，势必导致档案纸张发霉、发潮、泛黄，容易破损，不利于档案的长期、永久保存。

（三）模　糊

学籍档案除漏填现象比较严重之外，另一个令人头痛的问题是填写不工整，字迹潦草，龙飞凤舞，而且多处有涂改的痕迹。有的用圆珠笔或铅笔填写，时间长了档案内容模糊不清，难以辨认；有的在正考、补考、补学分的考试成绩上随意涂改，无任何说明，或使用"○""×""√"等含糊的符号代替，客观上削弱了高校学籍档案的凭证效用。

二、档案管理上的问题

（一）整理不规范

整理不规范的情况主要有以下几种：一是时间编排混乱。比如，1986届的毕业生材料，可以在1985年、1986年、1987年、1988年等案卷里找到，杂乱无章。二是组卷、装订不规范。组卷没有严格规定，没有按一个学院（或分校）、一个系、一个专业的层级关系组卷，有时两三个系、好几个专业一起组卷。三是在装订时将学员的学号或某一项资料放进了装订线内，既影响查找，又不美观。

（二）管理不严肃

在学籍档案里竟然发现有假材料，出现篡改学籍的现象，严重违背了档案真实性的特点。全国开展干部学历、学位档案全面核查后，档案部门就发现了不少假毕业证书、假证明，虽然绝大多数是社会上不法分子的行为，但是与高校部门操作不当、管理不严也有一定的关系。

（三）检索不先进

高校自 2001 年实施《高等教育学历证书电子注册管理暂行规定》之后，1991年（含 1991 年）以后的学籍全部实行网络化管理，查询十分便利。但是，1991年前的学籍资料仍是手工查找，加上以前的档案资料杂乱、不规范，使查找相当困难，有时花大量时间也不一定能找到，犹如大海捞针，影响了档案的查准率。

三、其他问题

（一）教学档案管理制度不完善

高校院系处于教学、科研和管理的第一线，但就目前而言，学校及院系领导对档案管理在教学工作中的地位和作用认识不足、重视不够，无暇顾及日常档案管理工作。对教学档案的资料收集和整理没有一个系统有序的管理体制和统一的制度，管理上也没有统一的标准，存在随意性、零散性的问题，缺乏连续性、系统性，严重影响了院系级教学档案的管理质量。近年来，随着教学改革的深入，各学期的教学计划都有相应的改动，各专业都有新增减的课程，教学大纲也在实践中不断修订完善。与此同时，教学活动具备了较强的变化性，随时都会在教学管理、教学实践中产生许多教学材料，且分散在不同的教学部门、教学管理部门、教师、学生手中。如果没有相应严格的管理制度，很难保证这些原始教学材料的形成者、掌握者、收集者按照统一标准格式及时间要求，及时地把所有材料集中到档案管理人员处。这为后续的档案整理、归类和综合管理等工作带来不便，以致在后期查阅档案时，发现收集的教学档案是零散的，没有体现院系教学活动的连续性、完整性和系统性。如果重新收集整理，相应的原始资料可能已经缺失或损毁，工作量十分大。

（二）教学档案管理意义不明确

教学档案真实记录并客观反映了学校教学活动的全过程，算能使学校主管部门及时掌握教学活动的具体情况，了解各院系的实际教学水平，在分析高校整个教学环节的质量方面有不可替代的作用。在教学活动适应社会对人才的需求，主动调整专业教学方案的过程中，教学档案能够为决策者制订和修改教学计划节省大量的时间以及人力，并提供切实有用的基础性材料。同时，教学档案对提高本院系新进教师的教学水平能够起到积极的推动作用。新进教师通过借鉴其他优秀教师的教学计划、教学方法、教学成果等，能够快速提高自身的专业教学水平，尽快地适应高校教学要求。部分高校对院系级教学档案的作用和意义认识不足，重视程度不够，大多数高等学校的教学档案仍停留在收集、签字、保存阶段，轻视教学档案的利用价值。因此，教学档案管理的现状往往是成堆的纸质材料没有经过分类整理，没有使其信息化，便简单地堆放在档案柜中，没有用其服务于后续教学工作的意识和手段，难以达到为教学工作服务的目的。

（三）教学档案管理方法和手段陈旧

随着校园网络的建设，高校逐步采用现代化的技术手段管理教学档案，但由于认识不足和资金使用的限制，在教学档案管理方面还没有给予必要的重视和相应的人力、物力、财力的支持。在实际工作中，从事教学档案管理的人员往往是非专业的档案管理人员，因此他们有必要获得相关的培训及技术支持，特别是相应的档案管理信息化方面的支持。

正是由于院系级教学档案管理的意义不明确，目前绝大部分院系级教学档案管理仍停留在手工处理阶段，工作效率低，成效不明显。在现代化条件下，随着教学档案利用程度的提高，手工检索面对教学档案的数量与种类的不断增加，将会显得更加力不从心，这就在无形中增加了教学档案资源合理配置及充分利用的工作难度，与信息技术的迅速发展不匹配。

（四）教学档案管理交流不畅

教学档案管理方法的落后、纸制档案信息交流和反馈的劣势直接导致高校内部兄弟单位之间交流教学档案信息的困难。没有交流就无法取人之长，补己之短，与强调的各学科之间相互渗透、知识相互融合的教学背景格格不入。

（五）经费投入不足

由于经费投入不足，库房建设存在问题，教学档案缺乏安全性和保密性。学院教学档案有很大一部分放置在教学办公室或其他地方。缺乏必要的现代化信息检测系统，检索设备陈旧老化，检索手段原始，致使教学档案不能很好地为检查和评估服务。缺乏真正制作科学的、系统的、快捷的检索目录。一部分是完全靠大脑的记忆，一旦忘记，检索起来很困难；一部分是靠手工制定简单的只有个人知道的检索目录。

（六）监督机制不完善

主要表现在对教学档案工作人员所做的工作缺乏经常性的检查和监督，缺少对该工作提出指导性的建议和意见。另外，工作人员对教学档案利用者的监督不严格，如有的利用者会因各种原因将材料借出而不及时归还或丢失，致使教学档案的安全性和完整性不能得到保证。

第三节　高校教学档案信息化管理对策

一、进一步提高认识，切实加强领导

首先，成立学院档案管理工作领导小组，由行政一把手任组长，分管领导任副组长，成员由专职档案员及与学院档案工作密切相关的职能部门负责人组成，作为学院档案工作的行政机构。

其次，建立学院综合档案室，配备具有专业知识的专职档案管理人员，负责对教学档案建设与管理进行全面的业务指导。

再次，重视对教学档案工作的宣传，增强全员的档案意识，切实搞好档案公共关系。要加强宣传，不断增强全体员工的档案意识。可以通过各种途径，如采用会议、橱窗展览、参观学习、档案利用事例宣传教育等形式，向全体员工宣传《档案法》、教学档案管理规章制度，宣传教学档案的重要性及作用，使全体员工充分认识和了解教学档案，熟知教学档案的归档范围、归档原则、归档要求及归档时间，重视并支持教学档案工作，主动配合档案管理人员做好教学档案材料的收集归档工作，确保高质高效地完成教学档案管理工作。

二、提高专业管理人员的素质

首先,提高政治与思想素质。高校档案管理人员必须自觉执行党的各项方针、政策,同时遵守学校的各项规章制度,在政治上与党中央保持一致,在行动上要服从学校工作的管理,最大化地适应新形势下国家政策和发展的需要,为学校教育事业的发展提供服务。

其次,提高职业道德素质。高校档案管理人员必须树立一切为学生服务的指导思想,对档案工作具有高度的责任感与事业心,爱岗敬业,忠于职守,认真负责,脚踏实地,作风正派,处事公道。以学籍档案为例,教师在对学生进行考核时,一定要做到公平、公正,严格按考试大纲出题。

学生的考核成绩一旦上报,非正当理由,任何人无权更改。管理人员应按时统计并分类归档,严格按规定办事,确保学籍管理材料的真实、准确,切忌因为个人工作疏忽或外界干扰影响教学档案的质量,甚至造成不良后果和恶劣影响。

再次,提高知识素质。科学技术的飞速发展、信息技术的出现对档案管理人员的知识素质提出了更高的要求。作为高校档案管理人员,必须具备一定的档案管理专业理论知识,熟悉多学科的知识体系结构。除精通档案专业知识外,高校档案管理人员还要努力学好高等教育学、高等教育心理学、社会公共关系学、情报信息学、计算机科学、高等行政管理学等多门学科知识,时时更新自己的知识结构,以适应新时期高校发展的需要。

第四,加强教学档案管理人员的业务培训。当前,学院教学档案通常由学院教学行政部门负责收集、整理,这些兼职教学档案管理人员一般都不是档案专业出身,对档案管理的基本原则、方法不甚熟悉。因此,学校应考虑适当减少兼职档案管理员的其他工作,保证其有较充足的时间和精力完成教学档案的收集、整理工作。

最后,应创造条件,有计划、有目的地加强对兼职档案管理人员的业务培训,促使他们学习档案专业知识、专业理论,掌握档案工作的原则、方法,提高档案管理的工作水平;学习教学管理规范,了解教学活动过程,熟悉教学档案的范围及具体内容,熟悉教学文件材料形成的规律及特点,确保教学档案的完整、准确、系统、规范;学习计算机知识、网络知识,掌握信息化管理手段,实现教学档案管理工作的标准化、现代化。

三、完善制度,加强监督和管理

首先,把教学档案管理摆在重要位置。应投入一定的资金,加强硬件建设,配置必需的档案备用库房和柜架，并有防盗、防火、防潮等设施；配备专门的教学档案管理工作人员，并对其进行专业培训。要认真贯彻执行国家关于档案工作的政策法规，依据《档案法》制定学院教学档案管理规章制度和实施细则，明确归档范围及归档流程，监督、检查执行情况。建立教学档案工作的检查、考评制度。学院要充分认识到学院教学档案管理是教学管理的重要组成部分，并将其纳入教学工作计划之中，纳入教学管理制度当中，纳入各级管理人员的岗位职责之中，作为年度考核内容之一。

其次，建立教学档案立卷归档制度。凡是学校的教学文件、教师工作量、学科建设、考试安排、教学大纲、教学日历、学生成绩、学籍、课表等都要分类归档，教师的教学计划与总结、学术研究资料等要及时收集并归档。对归档文件要以件为单位进行科学有效的装订、分类、排列、编号、编目、装盒。

再次，实行档案管理人员岗位责任制。明确档案管理人员的职责、权限、任务、考核和奖励措施。档案管理人员应时刻铭记自己的岗位职责，树立高度的责任感；熟悉档案情况，开发档案的信息资源，做好利用工作；做好文件借阅登记工作，并督促借阅者按时归还文件，防止重要文件的流失；做好档案库房、设备的安全保护工作。

四、实现档案管理的系统化、现代化

实现档案管理系统化和现代化管理工作的基本任务就是把档案组成一个体系，通过分类使之固定下来，为使用提供方便，从而更好地服务于教学工作。因此，实现管理科学化，要树立先进的管理思想，学习科学的管理理论，继而采取与之相适应的组织结构、组织行为、管理方法和管理手段。

首先，要按照成果性和记录性并举的原则确定高校学术档案的归档范围，确保教学档案和其他学术档案的完整与安全；其次，要对收集的档案进行加工整理，做好科学分类和鉴定工作。高校要根据自身的规模，教学档案、学术档案的类型及数量，按照国家教委《高等学校档案实体分类法》的规定设置好二级类目，以便于档案的利用。

传统纸质档案的管理方式建立在手工操作的基础上，而现代电子档案、声像档案的管理，必须顺应计算机技术、声像技术、网络技术迅速发展的新形势，跟上现代化的步伐，更新长期以来形成的管理理念和方式。要把计算机的缩微技术引入档案管理和开发利用工作中，以便最大限度地满足社会对档案部门快速、准确提供档案信息的需求，为经济建设服务。

五、抓好各个环节，重视前期管理

高校学籍档案管理是对学生从入校到毕业全过程的管理，每一个环节都不能放松。

一般将档案管理分为两个阶段：一是进入档案库房前的保管，称为"前期管理"；二是进入库房后的保管，称为"入库管理"。档案入库后由专职档案人员负责保管，库房保存环境良好，管理有保障。前期管理涉及的部门较多，如各个院系临时学籍管理部门及分校的教务部门，如果中间的任何一个环节出现失误，都会影响学籍档案的完整性、真实性，所以要非常重视。前期管理一般要注意以下几点：

（1）填写。学籍档案材料一律要求用钢笔，禁止使用圆珠笔和铅笔；书写要规范，字迹清晰、工整、无涂改；必须将各个项目填满，不能有疏漏。

（2）验收。严格检查档案是否完整，学生录取名册、花名册、成绩册、毕业生名册是否配套，是否有造假行为。

（3）保管。由于高校学籍的特殊性，同一级学生中有些已毕业，有些仍在籍，档案必须在各院系或分校教务部门临时保存8年，在此期间一定要配置良好的保管环境，注意温湿度的调控、防霉、防火、防虫等。

六、讲究分类方法，便于检索利用

档案分类是学籍档案整理工作的一个重要环节，科学地选择分类方法，准确地归类，无论对学籍档案的有序整理还是对日后的检索利用都有意义。学籍档案的分类顺序主要是年度—问题—单位—专业。

年度：高校一个学年横跨两个自然年，即每年的9月1日至下一年的7月31日。但是，考虑到高校学籍档案繁多复杂以及档案材料之间的周期性，学籍档案所编的年度不能以学年计算，而是取学员录取或毕业的年度，即1999年录取的新生为1999级学生，其录取登记表、成绩登记表、转学、转专业等材料所编年度为1999年；该生于2002年毕业，为2002届毕业生，其毕业材料所编年度为2002年。如此编年度既简单又符合人的思维习惯。

问题：学籍是一个综合概念，包括录取名册、成绩册、毕业名册等一系列材料。按《高等学校档案实体分类法与高等学校档案工作规范》的要求，高校将录取材料归入JX13类；学生学籍卡、花名册、学籍变更等归入JX14类；学位管理归入JX16类；毕业生材料归入JX17类。然后，再进一步分三级类目，据学籍档案以往利用情况，将统计表、证明等材料与文件材料等分开装箱入库，方便调用。

单位：学校档案库房内保存了所有院系、分校历年的学籍资料，一般按总校的院、系、专业再到分校的院、系、专业的顺序，每个院系为一个单位立档，依次排序，编流水号。资料少的专业与属同一系的专业一起装订、入盒。这样排列便于对各院、各系的录取、考试、毕业情况做统计，提高了利用的查全率。

专业：同一院系的不同专业的学生按录取审批表或毕业生审批表的审批时间顺序编排。

分类的目的是为了保持学籍资料之间的有机联系以及便于档案的检索利用，只有达到这一目的，才可称为科学的分类。

七、运用电子注册，杜绝学历造假

高等教育学历文凭、学位证书是受教育者的学业凭证。学历文凭和学位证书的颁发是有国家法规依据的一项极为严肃的工作。针对社会上假证书泛滥的情况，教育部从2001年开始对普通高校、成人高校、自学考试的学历证书、毕业文凭实行学历证书电子注册，建立全国统一的学历档案信息库。为进一步保证高等教育学历证书电子注册后上网数据的完整性和有效性，教育部2002年又将高等教育毕（结）业生的相片、身份证号码、注册证书一同上网，实现全国联网。在网上，用人单位或其他用户可以方便快捷地查询人才信息，如入学、成绩记载、学籍变动、奖励处分、毕业审核、证书发放等。

目前，各高校从1992年至2002年的学籍资料全部实现了上网查询、统计分析及监管学历证书电子注册，不仅提高了学籍档案的管理水平，还有力打击了社会上一些不法分子伪造、买卖学历、学位证书的行为。规范文凭证书的管理，杜绝假的和名不副实的学历文凭的产生，坚决维护学历管理工作的严肃性和权威性。

第五章 关于高校教学档案管理的思索

第一节 柔性管理推进教学档案的建档

一、引 言

高校教学档案是指教学管理和实践活动中直接形成的具有保存价值的文字、图表及声像材料，是教师和科研人员进行教学活动和课题研究的成果。它不仅是教学实施过程及教学管理的真实记录，还是学校教学、管理、科研、专业建设等工作的重要依据，在提高教学质量和办学声誉方面发挥着重要的作用。但是，高校对教学档案的建档普遍比较难。因为教学档案涉及的范围较广，内容组成复杂，归档时间分散，最关键的原因是教学档案形成的主体较多，各个院系、教辅部门、专职教师、兼职教师及外聘教师等都是教学档案的形成者，而这些教师、教辅人员的管理体制不一样，导致教学档案收集不齐，收集效率差，建档工作很不顺利。针对这种情况，学校建立了一整套相应的教学档案建档管理制度，明确赏罚的条件。此种"刚性"管理机制带有强制的色彩，强调遵守和服从。但是，在实践中，人们发现将人性化的柔性管理理念贯穿到建档工作中效果会更好，更有利于建档工作的顺利开展。

二、柔性管理的提出

柔性管理是相对刚性管理提出的。高校现行的管理体制属于刚性的科学管理体制，其核心是以严格的规章制度、奖惩措施规范工作程序与教职工的行为，这种强制性的管理方式对约束教师行为、达到目标确实具有明显的效果，但对教职工心理与情感的感召力非常薄弱，无法形成持久的内在驱动力。在教师管理中仍要以人为本，实施人性化的柔性管理。高校知识分子云集，教师大多在精神上追求彰显个性，富于创新精神，注重自尊和荣誉，希望自己的知识、才干、能力得到充分的发挥，得到社会的承认与尊敬，并取得相应的职称、晋升、荣誉、地位、身份、权力。在具体实施中，应让高校教师在精神上得到自主管理、自我实现的满足，如通过专业的培训解决归档过程中的难题，开发利用教职工在教学、科研等方面的成果，并适当给予精神奖励，调动教师建档的积极性和创造性，从而达到高校教师自我实现与建档目标的和谐统一。

三、建立有效的柔性管理机制

（一）增强档案意识，培训建档知识

积极进行档案法律知识的学习和宣传，取得教职工的配合和支持是开展档案工作的必要条件，直接决定了教学档案的完整与否。学校领导、档案部门应从教学档案管理工作的意义出发，给全校教职工做思想工作，增强教师和教辅人员集中统一保管档案的意识，纠正他们对教学档案管理工作的偏见及错误认识，使教师认识到档案工作的重要性，用新的眼光审视档案以及档案工作的价值，从而自觉地将各自形成、保管的教学资料定期送到档案部门保管。此外，针对教学部门兼职档案员变动频繁、业务生疏的状况，档案部门、教学与评估部门要加强档案工作的业务指导，对教职工、新上任的兼职档案员进行文件材料的形成、积累、收集和立卷等方面的培训，及时帮助解决教职工在文件档案管理工作中存在的问题。

（二）定期检查抽查，领导率先垂范

教研和评估部门建立教学档案的监督与评估体系，定期检查和抽查，督促各院系做好教学过程档案的建档工作。结合每次学校的教学检查，定期检查、考核和评估，不定期抽查教学过程档案，如对其中的课程表、专业教学计划、专业教学大纲、形成性考核册、社会调查、毕业作业等资料进行检查，发现问题及时解决，以查促建，以查促发展。同时，建立有效的激励机制，实行奖惩分明的考核制度。将教学档案的建档好坏与年度考核、职称评聘挂钩，如对教师的创新教学成果进行评估和开发，对及时、系统、完整移交档案的教职工进行表扬和鼓励，对在教学档案管理和建设中成绩突出的教职工给予表彰，而对不配合的教职工要给予惩罚，以促进教学档案建设工作的持续发展。

学校领导能否执行规章制度，决定了规章制度是否具有有效性。因此，学校领导在档案建设中扮演了很关键的角色。学校领导作为学校的管理者，其行为规范、

言谈举止直接或间接地影响教师，是一种无形的力量。因此，应说服学校领导将个人档案归档，凡是要求教师做到的，校长要先做到，以实实在在的行动为教师树立榜样。人格的魅力是无穷的，校领导率先垂范，会对教师形成强大的感召力。

（三）推广教研成果，健全服务机制

档案部门提供档案利用水平的高低直接影响了教职工移交档案的积极性。学校没有组织专人负责教学档案的开放利用，致使大量教学档案收集后只能成为束之高阁的档案室样品，不能推广转化，造成教学科研资源的浪费。这也导致大部分教师对自己的讲义、教案、科研成果、教学总结等的归档持抵触情绪，不仅使档案收集效率低，还造成教学成果转化难、推广难的局面。

教学研究评估部门与档案部门合作，以教师发展为本，努力为教师搭建展示才华的平台。利用校园信息网络的辐射作用，建立教学档案信息服务网，把重要的教学档案信息编制成专题材料，把存放的档案信息及时提供给利用者。网络内容包括课程主页、学习指导、网上教学平台（含教学大纲、教学辅导、课堂教学案例期末总复习、考核说明、历届试题及答案等若干教学资料）、交互式直播课以及网上答疑等，这些网络资源与课堂相互补充、相互配套，将教学档案信息的产生、传递、存储与利用建成全面、完整的信息网络系统。除开发利用常规的教学管理、教学实践档案外，学校还应鼓励教师从事科研活动，特别是重视对原创性的科研成果的利用，建立健全每位教师发表专业论文、从事科研、获奖情况以及指导学生毕业论文等方面的教学档案，同时主动搜集国家、地方、各学科的需求项目或当前重点科研信息等资料供教师和学生利用。此外，教学档案建档较好的部门和个人具有档案的优先借阅权。

建立健全教学档案的开发利用服务，一方面有利于实现档案资源共享，充分发挥教学档案的作用；另一方面通过宣传推广教职工的教学、科研成果可提高教师的荣誉感，促进教学、科研的进步和人才的培养，也可以争取到教职工对档案的支持和配合，形成教学档案管理的良性循环，使教学档案更好地为学校教学、管理、科研等工作服务。

教学档案的建档必须坚持档案集中统一管理和开发利用的有机结合，将制度规范约束的管理与培训、推广成果、调动人的积极性为主的人性管理相结合，把物质激励和精神鼓励结合起来，两者相辅相成、互有长短、互为补充，以实现"依法治档"和"以德治档"的统一，使教学档案建档科学、规范，充分发挥教学档案的作用。确保教学档案系统、完整、准确和有效的利用，发挥教学档案的参考凭证作用。

第二节　落实督查催办制度，优化档案收集管理

　　高校档案收集工作是档案部门从各院系、处室部门取得和积累档案的一项档案业务工作，是档案工作极为重要的环节。档案收集工作做得好坏、质量高低，直接影响其他环节的工作乃至整个档案工作的开展。

　　要完成高校档案收集工作绝非易事，在档案收集的过程中存在许多人为的阻碍因素。比如，一些部门领导、兼职档案员责任心不强，档案意识淡薄，没有及时把该归档的资料收集、保存，没有意识将资料移交给档案室归档，以致遗失，直接影响了档案收集的齐全性、完整性；有些部门只图自己工作方便，不愿把公务活动中形成的公务材料、教学、科研、基建、设备、声像等相关材料送档案部门集中统一管理；还有些兼职档案人员工作拖沓，不整理或不按时移交档案或资料，延误全校档案统一整理、协调、归档的时间，造成档案收集工作时间拉长，效率降低。针对这些不正常现象，档案工作人员需采取相应的措施予以解决。从 2003 年开始，结合学校实行的督查催办制度，建立了档案收集工作的督查催办实行方案。

一、督查催办制度的做法

　　督查催办制度是为了进一步增强学校各部门的全局观念，规范管理，有效地提高工作效率而制定的监督约束机制。学校的督查催办制度促进了档案法规的实施，加强了档案执法监督检查，并对不能按时移交的档案和文件的收集做出细致而具体的规定，具体做法如下：

　　（1）在档案（馆）室发出收集移交档案通知的同时，发出一份《工作任务信息反馈表》，将移交工作分解到学校各院系、部门，注明表格发出时间、要求交回时间，并请承办部门按时将有关内容填好后交回办公室，以了解工作的进展情况，提醒承办部门落实。

　　（2）在发出《工作任务信息反馈表》后，如果承办部门没有按照要求完成工作，办公室将发出《工作任务催办通知》，请该部门将落实的情况（如未完成，计划何时完成）填好后交回档案（馆）室。如果第一次催办无效果，将进行第二次催办。第二次催办无效，档案（馆）室将情况反馈至档案分管领导，由分管领导再落实。

　　（3）为了加强部门工作的诚信建设，引进群众监督机制，档案室应在适当的时候，向学校办公监督部门反馈工作的进展情况，通过学校发文或办公自动化系

统公布《完成交办工作时间公示表》，反映各部门信用、完成交办任务的情况。

二、确保档案督查催办制度的顺利实施

建立督查催办制度使部门兼职档案人员树立一种不甘人后、积极主动的工作态度，使各部门领导更加重视档案收集工作，从而保证档案收集工作的顺利开展。督查催办制度对各部门加强计划性，抓紧组织落实，加强部门之间的协调合作发挥了良好的作用。

为了在全校有效地推行档案督查催办制度，发挥督查催办的作用，提高档案收集的效率，必须解决以下问题。

（一）建立督查催办工作体系

整个体系分为三个层次：上层为学校的主要领导和主管领导，负责督查催办工作的安排部署；中层为各院系、处室主要负责人，负责本院系、处室的督查催办工作，落实承办的督办任务，防止出现疏漏、脱节和推诿现象；基层为部门兼职档案人员，负责本院系、处室文件的收集、整理、立卷归档工作。学校档案部门对全校各院系、处室的档案工作进行监督、指导，负责做好督查催办事项的登记、交办、跟踪，并将情况反馈和档案整理工作汇报给领导，在全校建立起自上而下的档案督查催办网络，有领导、有监督、有分工、有合作，职责明确，组成一个严密有机的工作体系，便于档案收集工作的有序进行。

（二）规范督查催办工作程序

明确督查催办工作的范围、要求，落实督查催办各个环节的工作责任。建立督查催办工作检查和汇报制度，档案部门对所有立项的督查催办事项在时限内严格进行督促检查，了解工作进展情况和存在的问题，及时向领导反馈，会同办公监督部门等有关职能科室，每月底对各院系、部门工作任务的完成情况进行检查，对存在的困难和问题，进行深入细致的分析，提出解决和改进的措施及建议，促进全校各项工作任务的全面完成。完善督查催办工作的考核制度，每月对学校督查催办工作情况进行统计和小结，并在校园网上进行通报，将督查催办工作任务完成情况纳入年度部门考核。

（三）实事求是地搞好情况反馈

督查催办工作以督促检查、催办和收集反映情况为主，不直接处理问题。因此，档案部门应充分尊重有关职能部门，经常性地、主动地深入承办部门了解档

案的收集整理情况，客观公正地向领导进行反馈，切实做到已落实的报结果、正落实的报进度、未落实的报原因，为领导掌握情况、正确决策提供依据，把督查催办制度落到实处，提高档案的收集效率。

在实行档案督查催办制度后，档案收集困难、收集不齐和收集效率低下的状况较之前有很大的改观。教职工的档案意识增强了，能及时把工作中形成的档案资料收集、保存下来，并积极配合档案部门按时移交档案。档案收集数量比以前增加了，部门归档质量也提高了。实行档案督查催办制度是提高档案收集效率的途径之一。更重要的是，高校档案工作人员要细心、耐心，要有锲而不舍的精神，要积极主动，善于发现档案收集的线索，不厌其烦地进行收集，使馆（室）藏档案数量充足、结构合理、质量优良并富有特色，有足够的资格发挥档案部门信息中心、社会教育和学术研究的功能。只有这样，档案收集工作才能真正为学校管理、教学、科研等的发展打下坚实的基础。

第三节　学校档案数字化建设的建议

学校档案工作是学校的一项重要基础性工作，档案信息化是一个庞大的系统工程：实现档案信息的数字化和网络化；实现档案信息管理和提供利用的一体化；实现档案信息的全社会共享。档案信息数字化是系统组织的基础部分和核心内容，没有档案信息数字化，档案信息化建设就无从谈起，积极开展档案信息的数字化已是当务之急。

一、校园网建设和数字化大学建设的现状

现代化校园网络是建设数字化大学、实施教育信息化的硬件基础，校园网已覆盖了校区，校区之间的通信链路带宽升级，保证了校区间连接的可靠性。光缆连接到每个办公楼、教学楼、排练楼、音乐厅和学生宿舍等。校园网的建设为学校教学、科研和管理提供了良好的条件，使广大师生能以最快的速度获得最新的信息，大大方便了国内外的学术交流，也大大提高了工作效率，为高等教育的信息化奠定了基础。

网络教育系统相继建成运行，管理信息系统、数字图书馆建设、数字化大学的建设，对校园教学环境，学校的管理理念、管理方式、手段和机制产生了很大的影响，发生了明显的变化，主要表现在以下方面：

第一，校园内计算机普及，建立了覆盖全校各个区域的高性能网络，构筑了

以校办公室、教务处、科研处、各院系、学生宿舍及校区公共场所为主的网络系统，使学生、教师方便快捷地上网学习、办公和查询，实现了信息传输网络化、资源数字化、用户端智能化的发展。

第二，借助 OA 办公自动化，办公人员不再为一份报告走遍若干职能部门，通过网络进行文件提交、传送和回复；传统的各种通知、消息被基于网络的信息发布系统和办公邮件所取代。

第三，各类应用系统对学校档案管理理念的影响。OA 办公自动系统、本科教育管理系统、学生事务管理系统、就业管理信息系统、财务信息管理系统、校园导航系统、科研项目信息检索系统等应用系统的建成和运行，在为业务部门提供优质、高效的业务管理和事务处理的同时，自动地产生了各个门类的档案实体凭证。另外，系统及时、准确、可靠地采集和传输信息，建立了完备、可靠的各类信息资源库，使学校的各类资源实现了数字化，给传统的各门类的档案实体提供了视野更为广阔、深入的信息源。

第四，资源共享。除了信息设施的共享外，各部门之间也进行信息共享，把各类应用信息集成起来，通过单一的访问点，访问跨门类、跨系统的信息，使之获得多元化的信息服务。学校建立的信息网络中心数据库为全校的信息共享和分析决策服务。经过综合的全局共享信息，是一种综合性、持久性信息，其重要性已在数字资源建设者（包括档案工作者）中达成共识。

第五，数字化建设推进了公共服务体系。无论服务内容还是服务形式都在很大程度上实现了计算机化、网络化和智能化。公共服务体系是为学校教学科研提供的支撑性服务体系，包括网络服务、信息服务、教育技术服务、图书馆服务、艺术管理服务等。学校档案馆、室不仅是档案的保管地，还可提供有效的信息服务。

综上所述，数字化大学建设改变了学校管理的方式和理念，同时对学校档案馆、室的建设也提出了新的要求。

二、促进学校档案数字化建设的做法

以数字化大学建设为契机，档案数字化建设除了要解决档案馆、室业务处理的自动化和数字化外，更要重视档案信息资源建设，提高档案信息的可利用度。档案的数字化、网络化、信息化是档案工作发展的必然趋势。

（一）建立统一的档案数据库

建立统一的档案数据库，是网络时代对档案现代化管理的新要求。目前，学校档案馆、室档案的数据管理，整理编目、检索查询、辅助实体的管理，安全保密、系统维护等功能要求使用的软件没有统一的基础标准。设计程序与档案部门实际应用脱节，缺乏电子文件归档理念，检索功能无法满足工作的需要，未能为档案管理人员提供适应信息社会发展需要的新工作机制和业务模式，导致各校应用软件自成一体的现象。各校要建立统一标准的数据库，更新相应的技术和设备，选定可靠而实用的技术平台，采用更先进的技术系统，开发利用档案数据库资源，保证档案始终能满足不断发展的网络化信息服务的需要。在建立数据库基础应用系统时，应选用适于标准数据库且多媒体功能较强的语言平台进行开发，将数据库系统建设工作与常规的档案处理工作有机结合。要在数据处理程序开发及数据处理组织等方面做好处理完整数据入库工作，要将数据标引选择与数据处理标引紧密结合，将数据库系统建设工作与档案日常业务工作结合起来，从而确保数据库建设的实用性与延续性。

（二）加快档案馆、室局域网络环境建设

档案馆、室网络环境是指通过网络交换机将网络服务器与处理档案信息资源的计算机网络连接。只有建设先进的网络环境，才能充分发挥档案信息化的作用，实现档案信息资源共享。网络环境分为局域网和广域网。

档案馆、室局域网是指在档案馆、室范围内将多个具有独立工作能力的计算机系统按照一定的方法连接起来，通过通信设备、通信线路和功能完善的网络软件实现资源共享和数据通信的系统。局域网络环境采用客户机／服务器工作模式，通过星型网络拓扑结构将档案馆、室内分散设置的多台计算机及相应的输入输出设备（打印机、扫描仪等）、软件、数据库集合成统一的系统，实现馆、室内部办公的自动化、网络资源的共享化和对外信息服务的网络化。

世界范围内的计算机通信和资源共享属于广域网的范畴。广域网使人们发布检索信息、获取所需信息和资源共享更加便利。档案馆、室计算机通过局域网、校园网与互联网连接，将用户和分散在各地的档案信息资源连接起来，为用户提供更广泛的服务。比如，建立"发布策略"档案网站，可以实现以下功能：①通过"发布策略"使馆藏、职能、服务、机构简介对校内外展示；②通过"发布策略"使档案业务在校内各部门间推广。档案业务管理工作可以覆盖全校的兼职档案员，档案利用者范围扩大到学校的教职工，而对兼职档案员的业务指导、归档规范和章程以及利用权限、密码设定都需要发布系统这一平台的支持；③通过"发布策略"提供快捷的档案利用及档案馆、室服务方针，对档案数据资源主动提供利用，不同数据资源可以直接发布给经常或需要利用它们的用户，使档案利用更充分和简便，同时让全校教职工全面认识和了解档案馆、室的服务。④通过

"发布策略"提供专业查询库。档案数据库是一个完整的资源库，是学校的历史记录，也是一些历史事迹的唯一考证来源，因此需要提供一种查询的方法，形成一些专业的查询库，如职称认定查询、教学科研成果查询，基建图纸查询等，都可以引导和推广档案的利用；⑤通过"发布策略"对精品档案进行展示。档案室都保存了相关的文献资料，通过档案网站这个展示的平台，档案利用者都能很便捷地看到，这种效果根本无法用金钱来衡量。

（三）档案管理与学校 OA 办公自动化联网

档案管理与 OA 办公自动化联网，可以将单机存检发展为联网传输，建立高容量存储计算机检索系统，便于档案资料的开发，使档案工作各业务环节形成统一的整体，实现在严密分工和广泛协作基础上的资源共享。

（1）有利于归档文件材料的齐全完整。档案管理与 OA 办公自动化联网，使文书处理与档案管理融为一体。收发文件及应用归档的文件材料由各立卷部门将著录信息输入微机，既可提供日常查询，又可为文件归档后组卷编目奠定基础，不仅能提高文书部门的办公效率，也有效防止归档文件的遗漏。由于文件已著录了页数，如在借阅和整理过程中遗漏附件和散页，可及时发现追回，使归档文件材料的齐全完整得到有效保证。

（2）提高了组卷编目的质量。立卷部门只需在平时将本部门的文件材料输入计算机，经过相应程序处理后，调送有关人员传阅。年终立卷时，档案管理系统帮助用户自动立卷、编目，并打印出卷内目录，既减少了立卷人员的繁重劳动，又使组卷文件材料在基层得到控制。

（3）有利于部门立卷制度的落实。档案管理与 OA 办公自动化联网后，由工作人员将本部门的材料输入计算机，档案馆（室）档案人员给立卷部门编一个密码，当部门需查询管辖范围内的档案时，输入密码即可调阅，无关部门不能查看，既符合保密规定，又从根本上保证了部门立卷制度的落实。

学校档案数字化建设要主动融入学校的数字化大学建设，除做好档案实体的管理工作外，丰富和完备档案信息也是一项重要工作。学校有十几个档案门类，面向不同的部门，要有效地采集信息，单凭某一单位是不够的，必须统筹安排，各部门通力合作。随着数字化大学建设的发展，数字化为档案信息资源的科学保管和开发利用创造了前所未有的契机。加强档案数字化建设，是档案事业适应时代和社会发展的必然选择，是加速档案管理现代化的客观要求，是提高档案信息服务水平的必由之路。人们要进一步解放思想，更新观念，站在科技发展的高度，全面推进档案数字化建设，实现档案工作的跨越式发展。

第四节　数字化背景下档案管理模式研究

一、高校传统档案管理模式分析

（一）高校档案管理模式内涵

高校档案管理模式是组织管理高校档案工作的方式，合理的档案管理模式可以充分发挥档案工作的效益，实现档案的价值，促进档案事业的发展。高校档案管理模式的建立需要树立档案管理理念。档案最本质的属性就是原始记录性，高校档案形成的目的是给学校各项工作提供记录和依据，为各项工作的开展提供保障，是一项服务于保存历史记录的工作，因此档案管理理念应以用户为中心，为用户着想，为用户做好服务工作。高校档案管理理念能反映历史档案的收集、管理程度，为做好收集、管理档案工作，需要设立相应的档案管理机构，配备足够的管理人员，制定各项规章制度，选择顺应本校发展特色的档案管理模式。

（二）高校传统档案管理模式类型

高校传统档案管理模式通常是针对纸质档案管理而言，其模式类型主要有三种：集中管理模式、分散管理模式、集中分散结合管理模式。

1.集中管理模式

高校档案集中管理模式是通过档案管理机构（通常是档案馆或综合档案室），对建设、教学、科研等各类档案进行集中统一管理。在机构设置方面，集中式的档案管理模式通常采取独立型的档案管理机构，不依附任何部门，直属学校管理。实行这种管理模式的高校通常办学规模较大、校史悠久，参与学校管理程度较高。

在人员配备方面，采用集中管理模式的高校会建立专业化的档案管理团队，其职责范围包括负责全校档案资源的收、管、用。档案人员通常是专职管理人员，因此在人员配置过程中应高标准、严要求，选择专业素质好、业务技能高的档案管理人员。

在规章制度方面，档案管理机构需要制定适用全校档案工作的管理办法，以《中华人民共和国档案法》和《高等学校档案管理办法》为依据，完善档案管理制度，针对各类档案的特点，结合学校档案工作情况，制定符合本校档案工作现状、益于档案事业发展的管理方案。

档案集中管理的优点有：第一，节约成本，提高效率。采用集中管理模式，设有专职人员负责日常管理工作，配有专门库房接收档案，不但节约管理成本，避免资源浪费，而且由统一人员进行管理有利于提高管理效率。第二，方便档案专职人员培训。采用集中管理模式，档案管理人员在完成本职工作的同时，可以有更多的机会参加业务技能培训，提升专业技能，提高管理水平。第三，方便资源开发利用。集中管理模式不仅方便档案资源的统一保管，还方便档案机构集中开发档案的价值，特别是针对热门话题的档案资源，或多领域研究的档案信息资源的开发。在高校教学评估时，可作为特色优势为学校增加亮点。第四，方便档案资源安全维护。档案集中管理模式有利于专职人员对档案资源进行安全维护，保障了档案资料的完整性。

但是，采用档案集中管理模式的高校，在具体的档案管理过程中，受到高校规模的制约，对高校档案管理水平要求较高。具体体现为：第一，由于集中管理所有档案资源，在管理过程中对档案机构软硬件要求较高，特别是随着档案数量逐年增加，需要档案管理机构不断增加管理人员、购置相应管理设备以解决日益增加的工作压力和存储空间紧张等问题。第二，集中管理模式对档案的安全防护工作要求高。所有档案集中在一起，不仅要避免档案信息的泄露，还要做好档案的应急预案措施，避免遇到紧急情况造成档案资源的损坏或丢失。第三，集中管理模式不方便各档案形成部门利用档案，由于档案都统一保存在档案管理机构，因此各部门在查阅本部门档案时需要向档案管理机构提出申请，程序烦琐。

2.分散管理模式

档案分散管理模式是高校根据各部门或各院系将各种门类的档案分别保存。例如，学生档案保存在学生处，科研档案保存在科研处，各个门类的档案分别保存在各相关业务管理部门。

分散式的档案管理模式，其档案管理机构多为隶属型，即档案管理机构隶属于学校某个部门，多数为档案形成部门。这种类型的档案管理机构属于独立型，其在档案工作建设方面参与程度较低，部分领导不是档案专业出身，没有系统的档案管理工作知识，容易造成管理过程不规范等问题，不利于档案工作的长远发展。在人员配置方面，分散式管理模式多配置档案兼职人员，分管多项工作，通常这些人员没有经过专业化的档案管理工作培训，专业技能方面相对较弱。在规章制度方面，由于是分散管理，因此档案形成部门对本部门的档案有较高的管理权，根据本部门的特点，以方便本部门管理利用为原则制定档案相关规章制度，由此导致部门之间档案管理办法不统一，对以后档案资源的统计、利用造成很大不便。

高校采用分散管理模式主要有以下优点：第一，采用分散管理模式有利于高校各管理部门做好档案分类、统计工作，每一部门管理某一类档案，方便各部门以后统计整理档案资源。第二，分散管理模式方便各部门借阅利用档案。第三，分散管理可降低档案移交过程中的出错率，档案形成部门不再向档案机构移交档案资源，由此降低了档案移交过程中出错的概率，同时避免了集中管理带来的空间紧张等问题。

档案分散管理模式存在以下弊端：第一，由于档案资源分布在各部门，破坏了档案的完整性，无法保障档案资源的完整性和规范性。第二，分散管理模式为高校管理部门带来更大要求，各部门需配有标准的档案库房，严格遵守档案库房要求，妥善保管档案，不仅成本较高，而且在保管档案的安全性方面存在较大的隐患，一般高校很难达到专业标准。第三，由于不同档案有不同的保管期限，档案管理机构需要依据不同类型的档案定期进行检查，而分散式的管理模式不便于档案管理机构进行统一鉴定或销毁工作。

3.集中分散结合式

由于档案集中式管理与分散式管理各有利弊，因此一些高校采用两种模式的结合体，建立集中分散结合式的档案管理模式。该模式是指档案管理机构对档案工作整体把控，实际管理过程中由档案形成部门负责。各档案形成部门将本部门归档资源进行分类统计，将统计好的档案目录交于学校档案管理机构备份，档案形成部门与档案管理机构进行目录交流。但是，形成部门只能保管一定年限，超过一定时间需要将本部门档案资源移交档案管理机构。在这种模式下，大大促进了各部门对档案的利用率，保证了档案管理机构对全校档案资源的整体把控。

档案集中与分散相结合的管理模式是为了方便高校各个部门利用档案而建立的。由于档案管理机构需要保障档案资源的完整性，并且每所高校的档案资源内部有密不可分的联系，为了保障其完整性，各档案形成部门依据档案管理机构相关规定，将本部门的档案保留一定时间后移交给档案管理机构保管，由档案管理机构控制资源的开发利用。

集中管理与分散管理相结合的档案管理模式的优点有：方便利用，管理灵活，便于综合控制，既方便档案管理机构对档案工作的统一领导，有利于档案管理机构对档案工作的监督指导，又方便各部门对档案资源的利用。但是，这种模式对高校的综合管理实力要求较高，特别是对总的档案管理机构的宏观管理能力有更高的要求，档案实施保管时不能过度分散，过度分散会对档案的完整性、安全性带来较大挑战。高校档案管理机构要保管各部门档案管理内容目录，做到对全校档案资源的宏观管理。但是，不能过早或过度集中，因为过早、过度集中管理不便于现实工作的开展，所以这种模式对高校要求较高，实施难度较大。

二、数字化校园背景下档案管理模式分析

（一）数字化校园概述

数字化校园建设的基础是校园网络，学校通过信息技术手段，将在管理过程中形成的各方面信息资源进行数字化、信息化建设，使各项工作突破时间及空间的限制，实现所有资源的整合与集成，提高工作效率，提升教学管理水平。

数字化校园共分为五个层次。

网络基础层：网络是建设数字化校园的基础，没有网络支撑，就无法实现数字化空间，数字化校园也就无法建成。因此，数字化校园建设的首要任务是建立完善的校园网络体系。

网络基本服务层：该层是信息流动层，主要用于信息文件传输，在信息传输的基础上，建立各个类型的信息资源数据库。

应用支持系统层：该层是数字化校园建设的重点内容，应用支持系统包括OA系统、数字图书馆、数字档案馆、教学管理系统等各类管理系统。

信息服务系统层：它是校园用户的主要用户界面，提供各种查询服务。

虚拟大学层：该层是虚拟大学数字化校园建设的顶层，它基于校园网络的前几层，真正突破极限，建设成一个全覆盖、无边界的大学网络。

（二）数字化校园建设与档案工作的关系

数字化校园是通过技术手段将学校资源进行整合与集成。档案工作是记录性、服务性的工作，记录学校的各项事务，为各项活动的决策提供凭证依据。数字化校园的建设离不开档案工作的支持，档案工作的开展又促进了数字化校园的实现。

1.包含关系

数字化校园的建设覆盖了高校各个部门及各类资源，囊括了教学、科研、管理和服务等各个方面，其中包含了数字档案馆的建设。数字档案馆能实现档案工作数字化、网络化、智能化，完成数字信息的实时管理。数字档案馆是数字化校园建设的一部分，是应用系统层的子系统，二者属于包含关系，因此在制定数字化校园建设方案时必须将学校档案工作考虑在内。

2.促进关系

档案工作是学校建设发展的基础，关系各个部门的发展。一方面，在数字化校园背景下，高校各部门几乎趋向网上办公，网上办公打破了部门之间的壁垒，使高校所有部门联系到一起，建立最便利的工作平台，实现最大化的资源共享。在资源共享的同时，必然产生大量的电子文件，如何及时鉴定归档重要的电子文件便是档案部门在数字化校园背景下的重要任务。要实现这一目标，档案部门必须建立数字化、网络化的工作模式，建立统一的档案管理系统，以此保证档案工作与其他部门工作的对接，实现重要信息资源实时保存。因此，数字化校园的建设促进了档案工作数字化、信息化、网络化进程，促进了档案事业的发展。

另一方面，档案工作建立统一、标准的档案管理系统，实现该系统与学校其他应用系统科学合理的对接，由此保证了生成的重要信息资源能及时有效地实现快速保存，这些重要的电子资源是各部门重要活动的真实记录，为今后部门发展带来重要的凭证价值。档案工作与其他部门的工作对接，不但打破过去复杂的业务流程，实现数字化信息的实时管理，而且为学校其他部门提供信息资源的保障，为各部门之间的信息交流奠定基础，同时促进了数字化校园的实现。

（三）数字化校园背景下三种档案管理模式分析

在数字化校园背景下，高校通常采用以下三种档案管理模式，即生成的电子文件由生成机构保管，或者由档案机构保管，又或者由生成机构负责文件归档，档案机构享有文件控制权。

1.文件生成机构保管模式

这种模式是指电子文件由文件生成机构保管，生成机构将需要归档的数据文件，根据档案管理机构著录信息的标准，将数据信息实时保存，归档到档案数据库中。在保管的过程中，生成机构拥有对电子文件的收集、鉴定、归档、保管和销毁的权利，不用向档案管理机构移交档案资源。

采用这种类型的档案管理模式，对文件生成机构而言，由于其对信息资料有较大的控制权，因此在人员配置方面，生成机构需要配置专职档案管理人员负责档案信息的著录、鉴定、归档和管理工作，严格遵守档案管理机构制定的相关规章制度。在权限控制方面，生成机构对本部门档案资源有较大的控制权，即可以拥有归档、保管、查阅、利用和销毁的权利，负责所保管电子文件的可靠性、真实性和完整性，但对其他生成机构的数字资源只有查阅和利用的权利。

对档案管理机构而言，其拥有的权限较小，只有查阅和利用的权利。但是，档案管理机构需要制定符合学校档案事业发展的档案管理办法和相关规章制度，负责制定全校档案工作发展规划，对文件生成机构的业务工作有监督实施的权利。档案管理机构需要统一著录信息过程的标准，包括数据信息的著录项、格式，还要做好鉴定工作，保障信息的完整。档案管理机构要负责档案数据库的运行维护工作，保障数据库的安全，及时了解数据库资源信息，掌握学校档案工作发展动态，对出现的问题及时做出相应调整。

对普通用户而言，其享有查阅和利用档案资源的权限，可以直接向档案机构提出查阅需求，也可找相关部门进行查阅。

这种模式类型对高校各方面要求较高，不仅要有完善的档案管理机构，而且对文件生成机构要求较高，文件生成机构需要制定系统的档案管理流程，配置专业的档案管理人员，采用科学的档案管理办法以及购置完善的硬件设施，成本较高，难度较大，对高校各方面的要求极高，一般高校很难达到要求。

2.档案管理机构保管模式

这种类型的档案管理模式是指文件生成机构将需要归档的电子文件移交给档案管理机构，档案管理机构经过鉴定、著录后进行归档、分类、统计、保存或销毁，归档的电子文件保存在档案数据库中，档案管理机构负责数据库的运行实施和维护，保障数据库的安全。

在这种模式下，档案管理机构拥有的权限较大，对生成的电子文件资料有绝对的控制权。一方面，负责整个管理资源的业务流程，保障归档电子文件的真实有效和完整，负责全校档案工作；另一方面，档案管理机构需要建立统一的档案规章制度、管理办法和相关文件，制定全校档案工作发展规划，严格管理学校档案工作涉及的各个方面。同时，在人员配置方面，档案管理机构需要配置足够的专业档案管理人员，维护日常档案管理工作。

对文件生成机构而言，其拥有的权限较小。文件生成机构需要根据档案管理机构的相关要求，将需要归档的电子文件及时移交给档案管理机构，移交后失去对本部门电子文件资源的管理权，只有查阅和利用档案资源的权限，并且在利用电子文件之前，需要向档案管理机构发出申请，予以批准后才能使用。

对普通用户而言，其查阅利用档案的唯一途径就是向学校档案管理机构提出申请，档案管理机构同意后方可进行查阅利用。

这种类型比较适合有完善的档案管理机构的高校，档案管理机构在硬件和软件方面都有能力负责全校的档案工作，并制定统一的档案管理办法和相关规章制度，因此这类模式对高校档案管理机构要求较高。

3.联合管理模式

这种模式是指档案管理机构制定统一的档案管理办法和相关规章制度，文件生成机构严格遵守档案管理机构制定的各项管理办法和相关工作条例，依据归档要求将需要归档的电子文件录入档案数据库，文件归档后由档案管理机构负责管理和维护档案数据库。

在这种模式下，文件生成机构拥有的权限相对较小，即享有收集、鉴定、归档和利用的权限，文件生成机构一旦将数字资源归档后，便失去了文件控制权，只有查阅和利用的权利。对本部门生成的电子文件，生成机构可以向用户提供查阅档案服务，但没有修改和销毁的权限。

档案管理机构权限较大，不仅需要制定相关档案工作政策，配备专业的档案管理人员，还要负责档案数据库的管理，即控制归档后的档案信息资源，对这些资源有查阅、保管、统计、利用和销毁的权限，负责档案信息的安全保管。另外，档案管理机构对档案数据库的控制权还表现在，档案管理机构需要制定文件生成机构著录信息标准，保证归档文件格式、内容的统一，对各部门归档工作实施监督检查。

普通用户有查阅和利用档案资源的权限。利用方式有两种，一种是直接向档案机构发出利用申请，档案机构给予用户相关文件资源；另一种是向生成机构发出申请，生成机构将本部门相关文件交由用户使用。

这种模式相较于前面两种模式而言，比较适合大多数高校，该模式需要档案管理机构和文件生成机构共同负责全校档案资源，档案管理机构控制归档后的档案资源，实施难度相对较低，成本不高，可行性较高，比较适合一般普通高校。

第五节　基层部门的档案信息化建设

档案信息化建设是新时期档案部门的一项基础性业务工作，是档案工作迈向现代化的必由之路。近年来，各级档案部门对档案信息化建设给予了高度重视和大力支持，有力地促进了档案信息化建设工作的开展。但是，在一些基层档案部门，一方面，档案信息化建设滞后于档案其他业务工作，与办公自动化不能同步协调发展；另一方面，受档案信息化建设标准不一、各自发展、互不相通等外部因素的影响，档案部门推进档案信息化建设，显得无从下手。下面结合工作实际，具体介绍基层档案部门档案信息化建设的实施方法。

一、制定档案信息化建设方案

根据实际情况，基层部门应建立一个全面的、系统的、有效的、适合档案部门发展的档案信息化建设方案。方案应以档案信息资源开发利用为核心，加快推进档案资源数字化、信息管理规范化、信息服务网络化的进程，从而提高档案工作效率，拓宽档案工作服务领域，全面提升档案管理的整体水平。建设方案要阐述档案信息化的意义和当前的行业背景，确立信息化建设的指导思想、基本原则和发展目标，分析本单位档案工作的实际情况、主要的改善措施和条件保障等。通过本方案的具体实施，争取单位领导的支持和单位全体员工的配合，提高档案信息化建设的可行性和实效性。

二、推进档案信息化建设的工作流程

（一）购置档案网络管理系统

档案网络管理系统面向整个单位，利用先进的计算机技术、网络技术与数据库管理技术，实现单位内部档案管理工作的系统化、快捷化，切实降低工作强度、提高管理效率，为各部门全面、准确、及时地收集和利用档案信息提供了强有力的技术支持。考虑到人员和技术等方面的因素，基层部门最好借助外力，直接购买成熟的网络版档案管理系统，再根据本单位实际情况，推进档案管理系统与单位内部其他业务管理系统的对接与整合，实现档案信息数据的收集、交换、归档、管理和利用，为档案信息化建设打好基础。

（二）目录数据库建设

基层部门应加快档案目录数据库建设，完成室藏档案文件级、案卷级目录的录入，全部档案门类 100% 建立电子目录。同时，制定电子文件收集、整理、归档、存储、应用的业务流程，实施部门立卷信息化管理，最终实现全部室藏档案目录的计算机检索和管理。

（三）全文数据库建设

根据新形势下档案管理的要求，基层部门应加强对单位电子文件收集、鉴定、著录、归档等工作的监督指导，部门兼职档案员在移交整理年度档案文件资料时，需要同步移交纸质文件和电子文件，实行电子文件和纸质文件"双套制"归档。

对以往的纸质档案进行数字化扫描，对照片、录音录像档案进行数字化转化，建立相关的全文数据库。在档案数据处理上先完成重要的、利用率高的档案，再处理一般的档案，逐步推进档案全文信息数据库建设。

（四）备份管理

档案部门应定期对目录数据库、全文数据库进行备份管理，确保电子文档的真实性、完整性、安全性和可识别性。如果有条件，可多套备份、异地备份，实现档案的安全保存。

（五）档案利用与宣传

在档案目录数据库和全文数据库建设取得阶段性成效后，档案部门可深化档案管理软件系统的二次开发和利用，开展网上档案检索利用服务工作，实现档案信息资源共享。同时，依托单位网络制定档案工作专栏，使之成为宣传档案工作、开展档案信息服务的窗口，以便多渠道发挥档案信息资源的服务作用。

三、档案信息化建设的保障措施

（一）经费保障

档案部门要争取领导的支持，将档案信息化建设所需经费纳入单位预算，边投入边建设，从部分信息化到全部信息化。购置与信息化建设相配套的服务器、计算机、扫描仪、光盘刻录机等基础设备，提供档案信息化专业知识培训经费。

（二）制度保障

严格执行标准规范，依照《档案法》和《电子公文归档管理暂行办法》，制定具体的操作办法和措施，规范和指导学校档案信息化建设的运行、管理和维护工作；保障学校档案信息化建设规范化、标准化和制度化；加强对电子文件归档工作的监督和指导，保证归档电子文件的真实、完整、有效。

此外，逐步完善档案信息安全管理制度。严格遵守《档案法》和《计算机信息系统保密管理暂行规定》等相关法律法规，加强管理，恰当处理开放与保密的关系，确保档案数据库安全。

（三）业务培训保障

加强档案信息化业务培训，特别是电子文件归档、档案数字化加工等技术内容的培训。专兼职档案员要转变传统档案实体管理的观念，积极参加档案信息化专业知识的培训，加强与其他单位的交流和学习。

　　档案信息化建设是一项长期、全面而又具体的工作任务，需要领导的支持，经费、制度、人员等方面的保障，需要全体专兼职档案人员、单位技术人员以及用户的积极参与和配合。当然，基层档案部门也要克服困难，根据实际情况制定切实可行的方案和对策，做到总体规划、分步实施、注重实效，使档案信息化与单位信息化建设同步发展，与档案事业大发展相协调，适应社会和时代发展的需要，更好地服务社会。

第六章 高校教学档案的信息化建设

近年来，随着计算机技术的广泛应用，学校大量的教学档案载体迅速被磁盘、录像带、光盘等取代，而数字化校园平台的建立，电子文件、数据库和计算机软件的大量使用，使越来越多的教学档案以数字化的形式存在，从而使教学档案信息化建设被提上了议事日程。

第一节 高校教学档案信息化建设概述

信息化是在国家统一规划组织下，在农业、工业、科学技术、国防及社会各个方面应用现代信息技术，深入开发和广泛利用信息资源，加速适应国家现代化的进程。它是一个以信息技术广泛应用为主导，信息资源为核心，信息网络为基础，信息产业为支撑，信息人才为依托，法规、政策、标准为保障的综合体系。我国的信息化建设起步于"金桥""金卡""金关""金税"等重大工程的实施。随着"金"字工程的启动，全民信息化的意识和技能全面提高。各行各业都加快了信息化建设，并在国家信息化建设的引导带动下，取得不同程度的进展。

2000 年 12 月 19 日，国家档案局和中央档案馆联合印发的《全国档案事业发展"十五"计划》，明确把"加快档案信息化建设"列入其中，档案信息化建设成为未来相当长一段时期内我国档案事业发展的战略重点。档案信息化建设是档案事业应对迅猛发展的信息社会的必然选择。信息社会的发展促使信息的需求与日俱增。档案就是信息，是社会信息资源中的基础性资源，被誉为"信息资源之源"。适时开展档案信息化建设是档案部门直面时势变化，顺应社会发展要求的重大举措。

一、档案信息化建设的内涵

档案信息化是在国家总体规划和系统组织下，采用现代信息技术改造传统档案业务，不断适应数字环境下档案活动的发展变化，最大限度地满足社会档案需求的建设过程。它是国家信息化体系的有机组成部分，是国家信息化战略在档案领域的具体体现。它是在国家总体规划和系统组织下，全面应用现代信息技术，对档案信息资源进行处置、管理和提供利用服务，其建设内容十分丰富并不断变化，具有时代性和社会性。

对档案信息化概念进一步剖析可以发现，档案信息化建设的内涵包括以下几方面。

（一）统筹规划，精心组织

档案信息化工作是国家信息化工作体系的有机组成部分，是国家信息化在档案领域的具体体现，服从国家信息化全局，在整个战略规划框架下系统、有序地展开。档案信息化的目标、任务、内容取决于国家信息化全局的发展需要，必须在国家各级档案行政管理部门的统筹规划和组织下实施，不能各自为政、各行其是。

（二）全面应用现代信息技术

信息技术是指完成信息的获取、加工、传递和利用等技术的总和。而现代信息技术是以计算机与通信技术为核心，对各种信息进行收集、存储、处理、检索、传递、分析与显示的高技术群。档案实体是档案信息的具体表现形式，而档案信息自身是内核。当前，档案信息的发展以多媒体化和数字化为主要特征。大量档案信息以比特的形式存在和传递，因此在档案信息化建设时要全面应用现代信息技术，并综合应用各种信息技术，将其应用普及到档案工作的各个环节和与档案工作有关的各业务技术部门，不断跟踪技术更新，在适用的前提下尽量应用先进技术。

（三）合理配置和科学管理

档案信息化建设的最终目的就是要切实加强档案信息资源的合理配置和科学管理，使档案信息资源实现数字化、标准化、系统化、网络化，实现档案信息资源真实、完整的采集和保管，安全与合理的使用，以满足社会各方面日益增长的利用档案信息的迫切需要。

（四）档案管理模式的变革

档案信息化建设的开展，使以面向档案实体保管为重点的档案管理模式，向以档案实体的数字化信息这种主要形式向社会提供服务为重点转变。这是一个长期发展的过程，要不断采用现代信息技术装备档案部门，从而提高档案管理和利用的现代化水平。档案信息化是政府、企业和其他各种产生电子文件和电子档案的社会活动信息化的延续，强调对档案信息的前端控制、全过程管理、资源化管理、知识化管理、集约化管理，确保档案数据的质量和数量同步增长，确保电子文件的真实、完整、有效。

二、教学档案信息化建设的必要性

教学档案信息化建设是根据学校的实际情况，以计算机、网络、信息技术为手段，以档案资源为对象，以纸质档案数字化及现行电子文件管理为重点，开展教学档案收集、管理、保管、开发、利用的现代化管理过程。它是建设数字化校园的重要组成部分，是利用信息技术工具获取、处理、传输、应用教学档案资源，提高档案管理效率，实现教学资源共享，逐步实现学校档案资源数字化、信息服务网络化、电子文件和电子档案管理规范化的重要途径。由此可见，教学档案的信息化建设是非常有必要的。

首先，教学档案管理需要顺应时代发展。随着现代信息技术、网络技术在教学工作中的应用，学校教学活动的模式发生了很大的变化，选课、排课、成绩、学籍、教材管理等教务管理系统软件已经普及，电子文档、光盘、多媒体等成为存储教务信息的重要渠道，教学档案的收集、加工已逐步走向自动化和多媒体化。现代信息技术和网络的发展不仅改变了教学档案的产生方式、管理手段，还改变了借阅利用方式，改变了人们对档案需求的形式。人们利用教学档案，需要的不再仅是纸质档案，而是更有利于检索和储存的数字化档案信息资源。因此，教学档案管理要适应数字化校园建设的新要求，适应信息化时代的发展，必须加快信息化建设步伐。

其次，这是学校档案信息化建设的要求。信息化时代的到来促使信息技术渗透到各个领域，《全国档案信息化建设实施纲要》明确提出全国档案信息化建设的目标和主要任务：本着统筹规划、统一标准、分级建设、安全保密的原则，加强电子文件归档和电子档案的规范化管理，推动馆藏档案的数字化和数据库建设，开展公众档案信息网上查询服务，加快推进档案信息化标准体系、安全保障体系和信息化建设。国家对高校档案信息化建设工作越来越重视，《高等学校档案管理办法》第三十八条明确规定：高等学校应当设立专项经费，为档案机构配置档案管理现代化、档案信息化所需的设备设施，加快数字档案馆建设，保障档案信息化建设与学校数字化校园建设同步进行。

再次，充分发挥教学档案的利用价值。教学档案信息资源具有非常大的潜在利用价值，将现有的教学档案进行数字化处理，利用现代化的技术和设施，形成各种专题信息资源库，学校各部门便可以通过网上检索到自己需要的档案信息，避免了翻阅、查找实体档案的烦琐。在网络环境下档案信息可被多人在不同地域同时访问、浏览、下载，同一份档案信息可同时为不同用户使用，扩大了教学档案的利用范围，提高了利用效率，从而实现信息资源共享。

最后，提高办公效率。学校招生计划、专业设置、教学计划、学生成绩、学籍管理、师资、教室资源等教学档案与日俱增，单靠手工操作，不仅烦琐、工作量大，而且占用空间较大，需不断增加箱柜、专用库房。实行教学档案信息化建设，档案管理可通过教学档案管理网络平台完成档案的收集、整理、归档和提供利用，将提高教学档案管理的整体水平。纸质档案转变为数字化电子档案后，档案的使用更加安全，尤其是学生学籍档案，数字化处理后无疑是对其原件更好的保护。

第二节　高校教学档案的数据信息化

教学档案信息化建设主要包括档案基础数据信息化、档案管理工作信息化两个方面。这里主要阐述档案基础数据信息化。档案基础数据信息化是档案信息化建设的基础工作，包括文档数字化加工与处理和建立基础数据库。

一、教学档案数字化加工与处理

教学档案数字化是指采用扫描仪或数码相机等数码设备对现有纸质或声像教学档案进行数字化加工，以统一、规范的数据格式转化为存储在磁带、磁盘、光盘等载体上并能被计算机识别的数字图像或数字文本的处理过程。符合国家档案开放规定且应永久或长期保存的、社会利用价值高的档案，一般列入数字化加工与处理的范围。

（一）数字化加工与处理范围

教学档案数字化要有规划、有目的地进行。在数字化加工前，要对学校全部教学档案进行认真分析，根据教学档案的具体价值，研究制定数字化加工范围，确定哪些档案应当优先数字化，哪些可以逐步实现数字化。一般而言，教学档案中招生管理、学籍管理、学位工作、毕业生工作等永久和长期保存的档案应优先数字化。比如，学生录取名册、成绩表、毕业资格审核表、学位档案等，是教学档案数字化加工的重点。利用率较高的教学档案则采用边用边数字化的方式，只要有利用者提出需求，即可进行扫描加工，形成数字信息，边用边扫描对档案利用而言是较有效的数字化方式。破损或老化的档案也要列入数字化处理范围，在修复的同时进行数字化加工，以保护档案信息资源的留存。

确定好数字化加工的范围和对象后，学校要制定教学档案数字化的标准和制度。制定统一的数字化标准和规范，特别是要规范数字化加工的过程管理，在扫描、图像处理、数据录入、图文编辑和质量检查等工作流程上严格按照标准进行。在数字化建设中，对不同介质数字档案的存储、参数指标和载体形式必须遵照国家规定的统一标准格式，形成的数字化教学档案要注意保持其元数据和背景信息的完整性。

（二）数字化加工和处理的流程

纸质档案数字化的基本流程主要包括案卷整理、目录建库、批量扫描、数据处理、信息存储、检索利用等工序。

（1）案卷整理：对需要扫描的案卷进行适当整理，做出标识。

（2）目录建库：为数字化的档案检索而建立必要的目录数据库。

（3）批量扫描：按照档案数字化具体任务的整体安排按计划、分批次进行扫描。

（4）数据处理：先对扫描图像进行校对，确保图像完整无误，并视需要对有问题的扫描图像进行纠偏、去污、拼接等技术处理。然后对扫描数据进行验收前的相应处理，包括文件的格式转换、逻辑分盘处理、添加说明性文件以及数据的挂接、检验、质量检查和备份。

（5）信息存储：根据不同的扫描图像选择适当的数据格式、编码方式和存储介质对信息进行保存。

（6）检索利用：按用户需求提供检索利用。

（三）纸质文件数字化的转换过程操作

1.文件扫描

文件资料按要求先立卷后扫描，扫描的内容包括案卷封面、卷内目录、卷文件材料、备考表。

2.扫描文件的技术要求

（1）文件选用 JPG 或者 GIF 等通用图片格式。

（2）分辨率一般大于或等于 200 DPI，彩色深度 24 位以上。

3.扫描文件的质量要求

（1）图像清晰、完整，无偏斜、失真。

（2）扫描图像的排列顺序与档案原件一致。

（3）对一份文件进行分区扫描的，应进行图像拼接处理。

4.文件存储要求

（1）建立项目级文件夹。项目级文件夹的命名规则：项目名称（中文）。

（2）在"项目级文件夹"之下建立案卷级文件夹。

（3）在"案卷级文件夹"下存放扫描文件。扫描文件的命名规则：序号。序号采用三位半角数字格式，不足三位时用前置补足三位。

5.归档保存

扫描整理好的电子文件可以刻录成 DVD 光盘或者使用 U 盘等进行保存。保存整理方法参照归档电子文件的整理方法。

在选择教学档案数字化加工方法上，应针对不同部分的档案内容分别采用计算机键盘手工录入、机器扫描输入、计算机多媒体输入三种方式。建立基础目录数据库、学籍数据、成绩数据等索引部分的文本数据均采用手工方式输入。对原件和全文，如教学综合文件、学籍档案中的录取表、学籍表、成绩单、毕业生照片等则采用扫描或数码相机拍照以图形方式存入相应数据库中。对多媒体教学录像等，则采用计算机多媒体处理方式转换为数字化文件。在选择数字化数据库格式标准方面，尽量采用统一、常用的文件格式。

教学档案数字化加工的主体也因校而异，目前有两种方式。一是实行档案扫描外包，即学校委托其他数字化专业单位加工，其优点是时间短、见效快、质量高，学校方面不必购买许多数字化设备，但费用一般较高。学籍档案量大，一般采用这种外包形式扫描处理。这种方式对安全和保密工作的要求较高。二是学校组织人员分工合作，自己完成。教务部门负责学籍、教学计划、课程、毕业审查、学位授予等数据的数字化工作，学生处负责学生注册、选课、排课、考试、成绩等数据的数字化工作，档案部门负责以往纸质教学档案的数字化工作。在整个过程中，多个业务部门相互配合，协同合作，完成教学档案的数字化以及审核工作。许多学校都是采用两者结合的方式，即部分工作量大、急需数字化的档案外包，教学行政类档案以及零星档案文件自己加工，促使档案人员加强现代化管理意识和熟练掌握数字化加工与处理工作，熟悉工作流程，以便工作的持续开展。

档案数字化加工与处理是一项长期的积累性工作，人力、财力和物力的投资较大，对档案原件也会有不同程度的损害。所以，最好做到一次加工处理、多次和多用途使用。

二、建立基础数据库

教学档案的数字化建设实际上是大规模的档案资源在数字状态下的重组和再建。数字化后的教学档案信息需要重新整理、分类、合并，才能进行深入的开发和利用。因此，有效地对数字档案进行整合是提供利用的前提。建立多个具有专题性质、大容量、高速度、安全稳定的教学档案数据库，是信息整合的基础。

数据库是信息系统的核心和基础，把信息系统中的大量数据按一定模型组织起来，提供存储、维护、检索数据的功能，使信息系统可以方便、及时、准确地从数据库中获得所需的信息。

（1）教学档案目录数据库：档案信息资源建设的开展，一般从档案目录数据库的建设开始，随着信息化程度的深化，逐渐充实与完善现有档案目录数据库建设。在进行档案目录数据库建设时，要严格按照统一的标准，对档案进行著录标引，把教学档案案卷目录和卷内目录的分类号、档号、题名、文件编号、责任者、形成时间、数量、主题词等基本情况录入数据库，形成目录信息。数据库建好后，再采用相关技术，使已有各类专题数据库、全文数据库、多媒体数据库与目录数据库实现互联，方便检索利用。争取实现只对资源内容进行一次加工标引即可适应档案管理系统功能不断扩展升级的要求。

（2）教学综合类档案全文数据库：包含教学综合管理所有永久和长期保存的档案全文信息，方便用户查阅全文。

（3）学生成绩档案数据库：通过各类教学管理系统把学生各科成绩按专业、班级、科目等以中英文名称对照形式录入计算机管理系统，形成成绩档案数据库。其目的是以学生姓名、学号和班级等为条件进行查询并出具规范的中英文成绩单、学籍证明表等，为毕业生求职、留学提供快捷方便的证明服务。

（4）学位论文专题数据库：主要是利用每年毕业生提交学位论文电子版的机会，将纸质论文和电子论文数据库一并归档，并采用扫描等方式补录以往学位论文全文，建立齐全的学位论文数据库。

（5）各类试题数据库：主要是把历年各类考试试卷按学科、专业、年代建立数据库。如果是数字化试卷，则直接分类转入数据库，而纸质类试卷可用扫描方式形成图形或 PDF 格式，存入数据库，供师生参考。

（6）多媒体课件数据库：把多媒体教学录像、各类精品课程、讲座等通过数字化设备处理，存入档案管理数据库中，并链接到校园网供学生下载使用。

此外还有实践教学数据库、教师成果数据库、教学评估数据库等。根据每个学校的实际情况，建立各种类型的教学信息数据库，其目的就是充分发挥档案的价值，方便用户利用档案信息。

第三节　高校教学档案的工作信息化

教学档案管理工作信息化是对传统教学档案管理工作的一次创新，能实现对档案信息资源收集、鉴别、整理、保管、转递、统计、查阅等日常工作的数字化、信息化管理，并可通过网络发布系统实现教学档案的网上浏览和远程借阅功能。管理工作信息化的关键是电子文件管理和档案管理系统建设。

一、电子文件管理

信息技术的飞速发展和应用，使电子文件成为人们记录、保存信息的重要工具。在办公领域和档案管理工作中，电子文件的使用越来越广泛，有可能成为未来档案工作的主导形态。加强对现有电子文件和电子档案的管理，是加快教学档案现代化建设的有效途径。

（一）电子文件概述

电子文件是在计算机及网络中生成的社会活动记录，即以数码形式记录于磁带、磁盘、光盘等载体，依赖计算机系统阅读、处理，并可在通信网络上传送的文件。

电子文件是档案文件的一种，具有所有文件的基本属性，其自身的特点还决定了它的与众不同。电子文件是计算机文件的简称，它由计算机创建及管理，由数字"0"和"1"构成。

1.电子文件的生命周期

"文件生命周期"指的是文件从产生直至因丧失作用而被销毁或因具有长远历

史价值而被档案馆永久保存的整体运动过程。引入"周期"概念的目的是强调文件运动的一种时间跨度，表明文件具有从最初形成到最终销毁或永久保存的整体运动过程。

"文件生命周期"分为三部分内容。第一部分：文件从其形成到销毁或永久保存，是一个完整的运动过程；第二部分：由于文件价值形态的变化，这一完整过程可划分为若干阶段（文件的整体运动过程具有阶段性特征，文件运动过程的各阶段具有不同特点，引起文件阶段性变化的根本原因是文件价值形态的规律性变化）；第三部分：文件在每一阶段因其特定的价值形态而与服务对象、保存场所和管理形式之间存在一种内在的对应关系。

电子文件生命周期理论是对以文件价值变化为基础的文件生命周期理论的继承和发展，是电子文件全过程管理的理论基础。正确认识电子文件的生命周期是确保电子文件真实可靠的需要，是确保电子文件完整归档的需要，是确保电子文件安全利用的需要。

2.电子文件的种类

如同大多数事物的种类划分一样，电子文件的种类也有不同的划分标准。电子文件按照生成方式可以分成两种，一种是由计算机系统创建生成的原始文件；另一种是由纸质或其他载体（如胶片、图片等）文件转换而来的电子文件。

3.电子文件的管理原则

电子文件从形成时就应有严格的管理制度和技术措施，以确保其真实性、完整性、有效性。真实性指按规定对电子文件的内容和显示形态进行鉴定后，确认其与形成时的原始状况一致。完整性指电子文件的内容信息、背景信息、元数据等无缺损。背景信息是描述电子文件形成的原因、作用、办理过程、结果、上下文关系以及对其产生明显影响的历史环境等信息。元数据是描述电子文件数据属性的数据，包括文件的格式、编排结构、硬件和软件环境、文件处理软件、字处理和图形工具软件、字符集等数据。有效性指电子文件在保管期限内应具备可理解性和可利用性，包括载体的完好性、存储系统的可靠性、载体的兼容性等。

同时，要对电子文件的形成、收集、积累、鉴定、归档实行全过程管理，保证管理工作的连续性。

4.电子文件登记表

与纸质档案类似，电子文件有电子文件登记表。每份归档的电子文件都应在电子文件登记表中登记。电子文件登记的管理有几点要求：

（1）电子文件登记表如果制成电子表格，应与电子文件一同保存。永久保存的电子表格应将纸质登记表扫描成电子文件并与相应的电子文件一起保存。

（2）在登记表中使用代码代表电子文件。性质代码：D—草稿性电子文件；U—非正式电子文件；F—正式电子文件。类别代码：T—文本文件；I—图像文件；G—图形文件；V—影像文件；A—声音文件；M—多媒体文件；P—计算机程序；D—数据文件。

（二）电子文件的收集、积累

1. 记录了重要文件的主要修改过程和处理情况，有查考价值的电子文件及其电子版本的定稿均应被保留。如果正式文件是纸质的，且保管部门已开始进行电子文件的转换工作，则最后与正式文件定稿内容相同的电子文件应当保留，否则可根据实际条件或需要，确定是否保留。

2. 保存与纸质文件等内容相同的电子文件时，应在彼此间建立准确、可靠的标识关系。

3. 在档案管理信息系统中产生的电子文件，应采取严格的安全措施，保证电子文件不被非法改动。必须定期备份，存储于能脱机保存的载体上。

4. 对由单位各部门形成、暂时无法确定保管价值的电子文件，须及时采取收集措施，集中存储在符合安全要求的存储器中，以防丢失。

5. 对使用各种软件设计或设备扫描形成的图文电子文件，应注明软件的名称、版本、设备的型号。

（三）电子文件的鉴定

电子文件的鉴定比一般纸质文件的鉴定复杂，对系统环境的依赖、文件信息的易逝、存储载体的性质等原因在一定程度上加大了鉴定的难度。

1. 电子文件的鉴定内容

电子文件的鉴定包括以下内容：

（1）电子文件的真实性、完整性和有效性鉴定。归档前应由电子文件形成部门按照规定的项目对电子文件的真实性、完整性和有效性进行检验，并由负责人签署审核意见，检验和审核结果填入《电子文件移交检验表》。如果文件形成部门采用某些技术方法保证电子文件的真实性、完整性和有效性，则应把其技术方法和相关软件一同移交档案保管部门。

（2）电子文件保管期限表的制定。电子文件保管期限的划分可参照纸质文件保管期限的有关规定执行。

（3）电子文件鉴定过程的记录。在鉴定过程中，为保证操作合乎规范，遵守相关政策和法规，需要监督鉴定过程，对鉴定过程做记录。对电子文件内容鉴定及部分处理工作（如销毁）的过程及结果会产生系统日志，自动记录到系统中。另外一些处理工作（如纸质档案转电子文件）的过程及结果应人工记录在册。

2.电子文件的鉴定方法

目前，使用较多的鉴定方法是"职能鉴定法"和"内容鉴定法"两种。

内容鉴定法通过审阅电子文件的内容判断电子文件价值；职能鉴定法以形成电子文件的职能活动为中心，通过确定职能活动的重要性判断相关电子文件的价值。

职能鉴定法是电子文件鉴定的基本方法，内容鉴定法是电子文件鉴定的辅助方法。职能鉴定法可以确定有保存价值和无保存价值文件的界限，重要职能活动及具代表性的次要职能活动中形成的文件一般具有保存价值，而一般事务性工作活动形成的文件通常没有保存价值，或保存价值较小；内容鉴定法对有保存价值的文件进一步筛选，因为同一职能活动形成的不同文件保存价值也不同。

（四）电子文件的归档

电子文件的归档分为逻辑归档和物理归档。逻辑归档指在网络上进行，不改变原存储方式和位置而实现的电子文件向档案部门移交的过程。物理归档指把电子文件脱机保存到存储设备上，移交档案部门的过程。

1.归档范围

确定教学类电子文件的归档范围是归档的首要任务，也是保证电子档案质量的关键。

文件形成部门应定期把经过鉴定符合归档条件的电子文件向档案部门移交，并按规定的格式把文件存储到符合保管期限要求的脱机存储器中。

归档电子文件同时存在相应的纸质或其他载体形式的文件时，应在内容、相关说明及描述上保持一致。若具有永久保存价值的文本及图形电子文件没有纸质等拷贝件，必须制成纸质文件或缩微品，归档时必须同时保存文件的电子版本、纸质版本或缩微品等。

凡是在单位公务活动中产生的，具有保存价值的电子文件都属于归档的范围，归档时应留存相应的支持软件。

教学档案的电子文件归档范围如下所示。

（1）文本文件：各种学籍、学历、学位管理与继续教育方面形成的电子文件；招生、教学评估、学科或实验室评估、学生社会实践、专项比赛等活动中形成的有归档保存价值的电子文件；学校教师编写的各种教材、专著、译著、字典或词典、教学计划、教学大纲、试题、典型教案、辅导材料、实验或实习指导书等电子文件；教学类纸质档案归档范围中形成的电子文件；本科、硕士、博士毕业生论文及在校期间发表的论文电子版；教师自己制作的有保存价值的教学演示文稿。

（2）数据库及相关程序文件：全校教师成果信息数据库及其数据库管理软件；全校本科生、自考招生录取学生基本信息数据库，学生入学考试成绩数据库，新生电子照及其有关数据库管理软件；本科生、自考生学籍数据库，学习成绩数据库，奖助学金数据库及其相关数据库管理软件；本科、硕士、博士毕业生就业信息数据库、电子毕业照及其数据库管理软件。

（3）多媒体文件：教学部门制作的多媒体课件或有保存价值的数字化录音、录像盘片。

（4）图形、图像文件：教学部门用数码相机拍摄或扫描的有归档保存价值的重要教学活动或人物照片。

（5）网页文件：教学部门制作的网页上属纸质档案归档范围的有网页内容全文、报表及数据库等。

2. 归档方式

电子文件归档和管理是一项技术性较强的信息管理工作，分为逻辑归档和物理归档。

（1）逻辑归档的处理。逻辑归档是指在计算机网络上进行的、不改变原存储方式和位置的将电子文件管理权限向档案部门移交的过程。在进行逻辑归档之后，文件依然保存在形成单位的机器上，为确保电子文件的真实性、完整性和有效性，要进行以下处理操作。

①在电脑硬盘中选择一个非操作系统所在分区（如 D 区、E 区或 F 区），建立一个文件夹，把文件夹改名为"单位逻辑归档电子文件"作为总文件夹，在移入所有逻辑归档电子文件后，设置该文件夹内的文件属性为只读，或者使用软件锁定编辑操作。

②在总文件夹下建立若干子文件夹，用于存放不同年度的归档电子文件，分别将文件夹改名为"单位 200X 年度逻辑归档电子文件"。

③在每个年度文件夹下，根据相应的纸质文件分类方案，再建立若干个子文件夹。主要有以下三种情况：

一是采用保管期限分类法。建立四个文件夹，分别将文件夹改名为"永久""长期""短期""其他"。

二是采用机构（问题）—保管期限分类法。先按机构（问题）数建立文件夹，分别将文件夹改名为"机构"或"问题"；在每个机构（问题）文件夹下，再分别建立四个文件夹，并分别将文件夹改名为"永久""长期""短期""其他"。

三是采用保管期限—机构（问题）分类法。先建立四个文件夹，分别将文件夹改名为"永久""长期""短期""其他"；在每个文件夹下，再根据机构（问题）数分别建立文件夹，并将文件夹改名为"机构"或"问题"。

无论采取哪一种分类方案，在每个年度文件夹下还须建立三个文件，即"说明文件""类目表文件"和"著录文件"。这三个文件其实就是三个文档，可以是WORD 文档、WPS 文档或 EXCEL 文档等。

逻辑归档文件夹建立后，即可进行逻辑归档操作。将须要进行逻辑归档的电子文件存放在相应的文件夹内。

"其他"文件夹用于暂存逻辑归档过程中由于随办随归而未确定保管期限或机构（问题）的文件，或存放其他需要归档的电子文件，如数码照片、CAD 软件等。

"说明文件"用于存放相关归档文件的说明信息，如文件形成的软硬件环境、编号、归档单位等。一个文件夹内只有一个说明文件。

"类目表文件"用于存放文件的分类信息。一个文件夹只有一个类目表文件。

"著录文件"用存放文件的目录信息。一个文件夹只有一个著录文件。

（2）物理归档的处理。物理归档是指把电子文件集中下载到可脱机保存的载体上并向档案部门移交的过程。因元数据的不同，不同环境产生的电子文件归档方法也不同。在物理归档前，要编写归档文件的"说明文件""类目表文件"和"著录文件"。一般是在逻辑归档和纸质文件归档工作完成后，即可着手进行物理归档工作。

物理归档时应把带有归档标识的电子文件拷贝至耐久性的载体上，存储电子文件的载体或包装盒上应贴有标签，标签上注明载体编号、密级、保管期限、存入日期等，电子文件的载体应设置成禁止写操作的状态。将相应的电子文件相关软件、归档文件的"说明文件""类目表文件"和"著录文件"等一同归档，并附归档电子文件登记表。

物理归档是把电子文件脱机（不联网）保存，常用的存储方式有 DVD 光盘、U 盘、计算机磁盘、磁盘阵列柜存储等。由于 DVD 光盘的存储量较大，并具有价格便宜、容易保管读取等优点，所以常将电子文件刻录到 DVD 光盘上进行归档。一般情况下，凡在计算机中形成的各类应归档的材料均应实行物理归档，以确保文件材料的真实与安全。

3. 归档时间

电子文件的归档时间分为两种：实时归档和定期归档。实时归档是指电子文件生成后立即归档。定期归档是指电子文件形成后经过一段时间再进行归档并向档案部门移交。逻辑归档可实时进行，物理归档应按照纸质文件归档的规定进行。双套制的电子文件和纸质文件的归档时间应一致。

4. 电子文件归档要求

（1）真实有效。归档的电子文件应如实地记录和反映社会活动过程，为文件形成机构提供现行参考价值及依据凭证价值。同时，电子文件应具有可理解性、可被利用性、载体的完好性、信息可识别性、存储系统的可靠性、载体的兼容性。为确保归档电子文件的真实有效、与形成时的原始状况一致，应采用电子文件签章技术、加密技术。

（2）完整规范。归档电子文件的完整性包括两个方面的内容：一是电子文件内容信息的完整。二是电子文件相关的支持软件和背景信息、元数据的完整性，并将电子文件转换成一种标准存储格式。

5. 归档电子文件的整理方法

电子文件归档整理与纸质文件的归档整理方法类似，按照如下步骤进行。

（1）归档电子文件以件为单位进行整理。

（2）同一全宗内的电子文件按照年度—保管期限—机构（问题）或保管期限—年度—机构（问题）等分类方案进行分类。按电子文件类别代码分别组织存储，即不同类型的电子文件分类存储。

（3）电子文件著录应参照《档案著录规则》进行归档，同时按真实性、完整性、有效性的要求补充电子文件特有的著录项目和其他标识。

（4）将著录结果制成机读目录。

（5）每一个保存电子文件的存储中，应同时保存相应的机读目录。

（6）特殊格式的电子文件应在存储中同时保存相应的浏览软件。

6. 电子文件归档份数

脱机下载的电子文件要求一式三套，一套封存保管，一套供查阅使用，一套异地保存。

7. 归档手续

归档电子文件应按有关规定如期移交档案部门集中保管。为确保信息的安全性、真实性、完整性、有效性，档案保管部门在接收移交的电子文件时要进行项目检测。

（1）安全检测。由于计算机文件会感染病毒，所以接收部门在接收过程中要使用最新的杀毒软件进行文件病毒检测，确保文件安全。否则，存储的文件被病毒感染，造成大量的归档文件不能使用，后果不堪设想。

（2）移交检测内容。接收时应核实归档电子文件的真实性、完整性、有效性检验及审核手续，查看登记表、软件、说明资料等是否齐全，并将检验结果填入归档电子文件接收检验登记表，检验不合格的应退回形成单位，重新制作。在移交手续验收合格后，档案保管部门应在归档电子文件接收检验登记表上签字盖章。登记表一式两份，一份交电子文件形成单位，一份自存。

（五）电子文件的保管

归档电子文件的保管除应具备纸质档案一般的要求外，还应符合下列条件。

1. 归档存储应做防写处理，尽量避免归档文件被编辑修改。

2. 库房温度 17 ~ 20℃；相对湿度 35% ~ 45%。库房内应有空调设备和温、湿度测量仪器，以便记录和调整温湿度。

3. 存放时应注意远离强磁场，计算机存储一般是以磁介质为主，磁场强，会导致存储的磁性受到干扰，造成数据丢失或者存储损坏。

4. 每年对归档电子文件的形成部门和档案保管部门的设备更新情况进行一次检查。设备更新时应确认库存电子文件与新设备的兼容性，若不兼容，应进行归档电子文件的格式转换工作，原文件同时保留时间不少于 3 年。

5. 对磁性载体每满 2 年、光盘每满 4 年进行一次抽样机读检验，抽样率不低于 10%，如发现问题应及时采取恢复措施。

（六）电子文件的利用

电子文件跟纸质文件一样，存档的目的都是提供利用。由于电子文件的特点，利用时应当注意以下问题。

1.归档电子文件的存储不得外借。利用时应使用拷贝件，未经批准任何单位或人员不得擅自复制电子文件。

计算机存储信息具有密度小、存储量巨大、传输迅速的特点。如果存储外借，极易造成信息外泄，在短时间内就会在网络上传播，造成不可估量的后果，因此提供利用的计算机设备不可以联网，不允许利用人员进行拷贝。

2.利用时要遵守保密规定。对满足保密要求的归档电子文件采用联网的方式利用时，必须符合国家或有关部门的保密规定，要有稳妥的安全保密措施。

3.利用者应在权限规定范围之内使用归档电子文件。电子文件管理信息系统使用列表式、目录树的方法显示文件，只要具备相关的读写权限，就可以方便地进行编辑、浏览、借阅。所以，要对相关利用者谨慎开放权限，杜绝普通利用者的编辑、修改权限，只开放相关的文件读取、浏览权限，以免造成档案信息的丢失或更改。

二、档案管理系统建设

档案管理系统建设作为档案信息资源开发利用和档案信息网络建设的技术保障，关系着档案信息化建设的速度与质量，体现着档案信息化建设的效益。因此，学校根据自身情况配备一套实用的教学档案管理系统是非常必要的。

档案管理系统是学校对档案信息和档案实体进行辅助管理的各种类型的计算机档案管理应用软件。由国家档案局立项或组织开发的各种类型档案管理软件，如档案信息化加工系列软件、数字档案馆系列软件、通用型文档一体化软件、综合档案馆档案业务管理软件等，为档案信息化建设提供了基本的技术支撑。

档案管理系统应具备档案的综合管理功能。系统涉及的范围应涵盖档案管理活动中需要用计算机进行管理或处理的所有环节，根据国家档案局 2001 年发布的《档案管理软件功能要求暂行规定》的要求，档案管理软件的功能设置包括教学档案数据（目录和全文）管理、整理编目、检索查询、辅助实体管理、安全保密监控、系统维护等六大要素，并能根据用户特殊需求增扩其他相应功能。

1.数据管理模块：应具备对教学档案目录、原文信息、数据资料进行管理的功能，主要包括数据库的建立、修改、删除以及档案数据的输入、存储、修改、删除等。

2.整理编目模块：具备数据采集、类目设置、分类排序、数据校验、目录生成、数据统计、打印输出等基本功能，并能根据用户需要增设主题词或关键词及分类号的自动标引功能。

3. 检索查询模块：具备对档案信息数据进行多种途径检索查询的基本功能，并具备借阅管理等辅助功能。设置档号、文件编号、题名、责任者、形成时间、主题词、分类号等检索项，能根据用户需要设置目录检索、全文检索、图文声像一体化检索，并能对常用检索途径进行优化，满足用户对查全率、查准率的要求。

4. 辅助实体管理模块：具备对档案征集、接收、移交、鉴定、密级变更等进行相应管理的功能。

5. 安全保密监控：具备系统访问控制、数据保护和系统安全保密监控管理等基本功能。按照国家有关保密规定进行档案数据的采集、存储、处理、传递、使用和销毁，并依据相应的密级识别对系统中各种操作进行严格的监控并加以记录。

6. 系统维护模块：具备用户权限管理、系统日志管理、数据的备份与恢复等基本功能。用户权限管理包括系统各部分的操作权限管理和数据操作的权限管理，初步设置用户类型为系统管理员、授权用户、一般用户等；系统日志管理提供独立于操作系统的电子文件、档案查询日志记录功能。

此外，档案管理系统还可拓展到档案数字化工作中的扫描、数据转换、修版、文字识别、正文录入、校对、著录、审核等处理环节的管理功能、文件或材料收集、借阅管理、档案编研等。档案管理系统的主要功能主要通过如下途径实现：一是通过与公文管理子系统的连接实现综合办公系统的收、发文，在流转结束后进行预归档，通过系统提供的数据接口，将需要归档的信息传输至档案管理系统。二是通过对已有馆藏文书档案、科技档案、财务档案、声像档案、照片档案、人事档案和实物档案等的数字化，实现档案的全面自动化管理，提供不受用户站点限制的网络查询利用服务。

根据适用技术环境的不同，档案管理系统一般分为单机版和网络版。单机版管理系统只适合在一台计算机上录入、查阅；而网络版的功能则强大很多，其设计一般是浏览器 / 服务器（B/S）结构，只要安装一台档案服务器，其他部门或个人就可以根据权限设定浏览、著录以及查询档案信息，犹如 Internet 网站一样方便快捷。基于对档案信息资源共享的考虑，学校都侧重用网络版档案管理系统软件。至于档案管理系统软件的开发和设计，学校可通过购买、委托开发或自行开发等途径解决。综合考虑，一般购买已经开发得比较成熟的档案软件较实际，再根据学校具体情况修改，省时省力见效快。

三、档案信息网络建设

近年来，各高校都建立了完善的校园网络，实现了教学档案管理软件辅助管理，这为高校档案信息网络建设提供了一个强有力的支撑平台。教学软件和数据库的应用提供了大量的"标准化"电子数据信息，便于实现密集存储和快速检索；以网络技术为主体的信息技术应用为教学档案的网内和网际共享、传递打下了良好的交流基础。这些都为教学档案的资源共享创造了便利条件。

网络是档案信息传输、交换和资源共享的必要手段。高校教学档案的信息化建设，必须充分利用校园网，将档案管理系统同办公自动化管理融为一体，以实现档案信息资源存储的数字化、传递的网络化、管理的自动化、服务的远程化。只有建设完善的档案信息网络，才能充分发挥档案信息化的整体效益。

建立教学档案信息服务网页时，要针对学校服务的对象、性质和任务设立向用户宣传的窗口，其内容一般包括教学情况介绍、档案规章制度、教学档案管理系统软件、电子文件全文索引、特色馆藏、用户指南等。教学档案信息服务网页的服务范围是有限制的，主要为学校的师生以及学校的管理、教学、科研等服务。经过系统管理员的授权，对不同职务的工作人员赋予不同的访问权限，全体师生都可以查阅所需的档案信息，外来查档单位可以通过校园网查阅相关的档案资料，实现远程阅档。

第四节　高校教学档案信息化保障体系建设

一、档案信息化人才队伍建设

人才是信息化建设的成功之本，是保证档案信息化建设持续发展的关键。重视信息化人才的培养，提高档案从业者的信息素养和信息技能，造就一支适应档案信息化建设需要的人才队伍，是档案信息化建设的重要内容。《全国档案信息化建设实施纲要》专门强调了档案业务人员的培训工作，要求"坚持各级档案部门领导干部进修制度，把档案信息化建设相关的计算机应用基础知识、数字化技术知识、网络技术知识、现代管理技术知识等列入指导性教学计划；加强对档案业务人员应用新技术、新设备、新方法的培训，普及信息技术知识，提高档案业务人员掌握和运用现代化技术的技能"。通过加大培训力度，有针对性地进行各种形式的业务培训，特别要加强对计算机知识与技术、信息开发技术、网络技术等方面的培训，不断提高信息技能，培养一批既懂档案业务管理，又掌握自动化、网络化技术等现代信息技术的复合型人才，以适应教学档案信息化建设的需要。

教学档案工作是学校辅助岗位，档案信息技术方面的人才尤为紧缺。学校档案部门可以通过继续教育和岗位培训，加强对专、兼职教学档案人员的信息化培训，尤其是档案业务管理与信息安全技术应用的交叉培训，使现有人员掌握现代化技能，以保证档案信息的安全运行。同时，针对档案部门普遍存在的计算机及网络专业人员缺乏的情况，应采取倾斜政策，适当引进一些计算机及相关专业人才，负责管理档案网络、数据库、电子文档等，确保教学档案信息化建设的顺利开展。

二、档案信息化标准规范建设

标准规范建设是档案信息化快速、有序、健康发展的保障。它从管理、法制和技术等方面规范和协调档案信息化各要素之间的关系，也是档案信息化建设的重要基础之一，是不可或缺的必要条件。对于档案信息化标准规范建设，《全国档案信息化建设实施纲要》要求"加快研究和制订电子公文归档、电子档案管理、档案信息公开和上网安全、网站建设与管理等方面的行政规章，形成有效的档案信息化建设激励约束机制"。同时提出"集中力量研究制订一批急需的档案信息化标准，采取切实措施进行宣传与贯彻""优先制订电子文件归档、档案信息采集、整合和安全管理等方面的标准，加快建立、健全档案信息化标准实施机制"。档案信息化法规、标准应涵盖信息化建设的所有方面，包括计算机档案管理系统的管理、电子文件归档、档案数字化、档案信息上网等，保证档案信息数据的真实、完整、有效。此外，还要制定严格的安全保密制度，针对自然灾害、非法访问、非法操作、病毒侵害等制订与系统安全和保密等级相符的防范对策，签署网络设备安全责任保证、数据安全保证、操作安全保证等，加强对各部门电子文件工作的监督和指导，确保档案信息内容和计算机软硬件设备的安全，确保档案信息和网络运行的安全、畅通。

三、安全保障体系建设

档案信息不同于一般信息，记录着社会活动的历史过程。教学档案中有相当部分内容，如学籍档案、成绩、学位论文等敏感信息，具有保密性和利用限制性。这些信息一旦泄露或被非法利用，后果不堪设想。因此，必须建立安全保障体系严格管理档案信息。而数字网络环境的不稳定、不安全及数字档案载体脆弱、易变等特点，使安全措施更为复杂，如何构筑可靠的档案信息安全保障体系、提高档案信息的安全系数，成为档案信息化建设一项重要而艰巨的任务。

《全国档案信息化建设实施纲要》对构建档案信息安全保障体系框架、完善档案信息安全管理体系提出了具体要求：各级档案部门要加强对计算机档案管理系统的管理，确保档案数据库安全；加强对电子文件归档工作的监督和指导，保证归档电子文件的真实、完整、有效；档案部门的内部局域网要切实与一切外网实行物理隔离，加强身份认证和密钥管理，确保档案信息网络传输的安全。

当前档案信息安全保障体系建设的主要任务是根据国家有关法律法规，妥善解决电子档案的信息安全保密问题，积极探索网络环境下安全保密与保护隐私、保障公民权利的合理途径。学校在大力推进教学档案信息化建设的同时，应对其安全问题给予足够的重视，加强计算机信息网络系统安全保护，及时了解信息网络系统安全领域的新进展、新技术，提高档案工作人员的安全保护意识，推动档案信息化建设健康、快速发展。

（一）安装防病毒软件

对档案部门来说，计算机病毒防护是非常重要的。在档案信息管理系统的服务器、工作用机上应安装公认质量好的、服务升级及时的、对新病毒响应和跟踪最迅速有效的防病毒软件，实施桌面防病毒、服务器防病毒、邮件防病毒、网关防病毒等，以确保系统具备最强的防病毒能力。同时，档案信息化系统不允许随便使用外来磁盘、光盘等，必要时应对外来存储设备严格进行病毒检测，确认无病毒后方可使用。

（二）配置防火墙系统

在档案数字信息建设全面启动之前，计算机必须配置防火墙系统。防火墙通过控制和监测网络之间的信息交换和访问行为，实现对计算机和网络安全的有效管理。防火墙系统越来越多地用于专用网络与公共网络，是大型网络系统与Internet 互联的第一道屏障。档案信息管理系统配置防火墙有助于保护档案管理的网络，控制非法用户自由出入档案管理系统网络，以确保高校档案数字信息系统的安全。本质上讲，防火墙是存在于内部网和外部网边界的安全产品。因此，防火墙是信息系统必需的安全设备。

（三）采用漏洞扫描技术

对计算机系统进行漏洞扫描可帮助档案系统管理员发现入侵者潜在的进入点。其原理是通过模拟黑客攻击的形式，对工作站、服务器、交换机、数据库应用等目标可能存在的已知安全漏洞和弱点进行逐项扫描和检查。根据扫描结果，向系统管理员提供周密可靠的安全性分析报告，提示管理员及时安装安全补丁、更新程序、减少漏洞，以提高系统整体安全水平。

档案部门工作人员如发现不能清除的病毒或受到网络攻击，应对档案数据采取保护措施，追查病毒或攻击的来源，并通知学校信息网络部门协助解决。除做好计算机网络系统的病毒防范、漏洞扫描和补丁升级工作外，档案部门还要保证计算机网络系统的实体安全，主要是环境和设备的安全。做到有专人负责管理应用，每天调控机房温、湿度，保证电子档案有良好的室内环境。机器设备和磁介质应避开污染源和强电场等不良环境，配置基本的自动火灾报警消防系统、干粉灭火器、空调、良好的接地线等保护装置，做到防火、防湿、防尘、防静电等，为档案信息数据系统营造良好的外部环境。

（四）及时维护管理系统，做好档案数据的备份

首先，学校应设计开发或购买符合档案工作业务规范、档案管理软件基本要求和档案信息化建设规范标准的优秀档案管理软件，加强档案管理应用系统建设，为档案信息交换、实现档案信息资源共享创造条件。其次，设置用户访问权限。档案部门的内部局域网要与一切外网实行物理隔离，加强身份认证和密匙管理，确保档案信息网络传输的安全。对档案信息管理系统所涉及的人员设置相应的权限，包括档案系统管理员、数据录入人员、用户，明确各类人员的操作权限，设定登录限制和文件使用权限，在一定范围内对文件与数据实施保护。第三，做好档案数据备份。定期备份数据是目前保障学校档案信息网络系统和数据安全最简单、最有效的技术措施，数据备份可为硬盘中的数据保留一份后援数据，以便在硬盘数据遭破坏时，对数据进行恢复。通常对重要的档案数据进行双套或多套备份。备份载体的选择应多样化，可采用在线、离线相结合的方式实现多套备份，也可以利用不联网的计算机、移动硬盘或光盘等存储备份数据，最好异地保存，以保证数据安全。

教学档案信息化建设是一项需要大量人力、财力、物力投入的复杂系统工程，学校应正确分析具体情况，设定科学的信息化目标，采用行之有效的方法开展信息化建设，实现教学档案信息资源的共享。档案工作者也要紧跟信息技术发展的步伐，积极学习先进计算机网络技术，深入挖掘教学档案信息资源，不断实现教学档案的数字化建设，更好地为学校的教学、科研服务，为社会服务。

第七章　高校教学档案的信息化管理

第一节　高校教学档案信息化管理概述

随着社会信息化的日益发展，高校教学档案管理活动面临着前所未有的机遇和挑战。

各个高校教学档案管理工作者在教学档案工作中纷纷运用现代信息技术，实现教学档案信息化管理。那么究竟什么是高校教学档案信息化管理呢？笔者在定义这个概念之前，先解释一下档案信息化和档案信息化管理。

一、档案信息化和档案信息化管理定义

信息化是一场革命，它带来档案管理变革的同时，一些新的名词也应运而生，如档案信息化和档案信息化管理。

2000 年，国家档案局在全国档案工作会议上，正式提出了"档案信息化"。之后，档案信息化建设开始在全国各类档案馆（室）中开展。这个概念的提出也在档案学界掀起了探讨档案信息化定义的浪潮。虽然学者莫衷一是，但都从某个侧面揭示了档案信息化的内涵。现将部分学者对档案信息化的内涵一一进行陈述。

《档案信息化导论》一书中这样解释："所谓档案信息化，就是在国家档案行政管理部门统一规划和组织下，在档案管理活动中全面应用现代信息技术，对档案信息资源进行处置、管理和提供利用服务。"定义强调了档案信息化的形式目的和组织要求。

《论档案信息化内涵及相互关系》一文认为："档案信息化是档案管理部门运用现代信息技术，加强档案信息资源的收集、整理、开发和利用。档案信息化的基本内涵包括档案信息利用的网络化、档案信息存贮的数字化和档案信息管理的

标准化。"它把档案信息资源的网络化、数字化和标准化总结为档案信息化的核心内容，这一总结深刻、凝练，抓住了档案信息化建设的核心内容。

覃兆刿对档案信息化概念做了抽象性定义，他在《理论上的意义与实践中的困惑——论档案信息化之"化"》一文中把档案信息化的表述为"档案在不改变其实质的情况下，其结构与存在方式符合信息原则的转变。"

综上所述，笔者认为档案信息化就是运用现代信息技术，将档案管理模式从以档案实体保管为重点转向以档案实体的数字化信息保管为重点，并以数字化信息的形式向社会提供服务的转变过程。档案信息化管理就是以档案资源信息化为核心内容，将现代信息技术和先进的管理理念融合起来运用到档案管理的各个环节中，以实现档案信息资源社会效益最大化的过程。

二、高校教学档案信息化管理

高校教学档案信息化管理是一项系统工程，陶碧云在《论档案信息化内涵及相互关系》一文中将档案信息化的主要内容总结为网络化、数字化和标准化。高校教学档案信息化管理的主要内容是什么呢？笔者将这些内容概括为以下五点。

第一，科学的教学档案管理方法。科学的教学档案管理方法是指高校教学档案管理部门，依据信息社会的特点和教学档案管理工作的客观规律，把教学档案管理工作进行合理的组织和有机的结合，是新形势下高校教学档案信息化管理的基础。把社会科学和自然科学的最新研究成果运用到高校教学档案管理之中，如在控制论、系统论等指导下对教学档案的信息化管理做出正确的决策。此外，科学的教学档案管理方法还包括正确地运用行政手段和经济手段，按照高校教学档案管理的实际情况和高校教学档案固有的规律决定采用哪种管理手段，最终运用法律形式保障这些管理手段得以实现。

第二，高校教学档案信息资源建设。教学档案信息资源是指存贮于各种介质中的、处于不同阶段的在线或脱机的数字档案信息，包括电子文件和数字档案。简单地说，教学档案信息资源建设就是通过现代信息技术手段，建立起各类教学档案标准化、规范化和可共享的目录数据库。教学档案信息资源建设是高校教学档案信息化管理的核心要素，信息化管理的终极目标就是提高教学档案的管理效率和教学档案资源的充分共享。如果离开了数字化的教学档案信息资源，高校教学档案信息化管理就成了无水之源。

第三，拥有现代信息技术和设备。现代信息技术和设备是支撑档案信息化管理的现代信息技术及基于现代信息技术的物化手段，包括数据处理技术、网络通信技术等。因此，信息技术和现代设备是高校教学档案信息化管理的物质基础。

第四，高校教学档案管理人员素质现代化。信息时代下高校教学档案种类和载体的多样化及教学档案管理方法的不断改革，要求高校教学档案管理人员要具有信息化专门知识和专业技能，对其在科学技术知识、业务知识和管理操作等方面的能力提出了新的更高的要求。高校教学档案信息化人才是推动教学档案信息化管理的动力。

第五，社会化的高校教学档案服务。随着人们档案意识的增强及档案效益的显现，高校教学档案利用对象正发生着明显的变化，非本校师生与社会公众对教学档案的利用不断增长。随着教学档案的进一步开放和电子档案的实行，教学档案利用将突破时空界限，真正实现教学档案信息资源的共享。

第二节　信息化对教学档案管理的影响

随着信息社会的发展，现代信息技术在国民经济和社会发展中扮演着关键角色。信息化已经成为人类社会发展的一个至关重要的标志。高校教学档案作为高校教学实践活动的产物，必将随着社会的发展和人类的进步而不断发展和进步。长期以来，以纸质档案管理为基础建立的传统教学档案管理思想和理念、管理原则和方法、管理技术和人才等都受到了严峻的挑战。与此同时，信息化为高校教学档案工作和教学档案事业的发展带来了前所未有的机遇。

一、信息化为高校教学档案管理带来新机遇

（一）高校教学档案管理工作的效率和质量得到不断提高

现代信息技术在高校教学档案管理中的运用，使传统的教学档案管理工作中的各个环节为现代管理手段所代替。传统的高校教学档案管理工作以档案的实体管理为主，档案管理人员需要花费大量的时间，进行手工收集、整理、保管、编研和向利用者提供服务。然而，如果把现代信息技术运用到高校教学档案管理工作的各个环节中，那么教学档案管理人员通过运用计算机，便可以进行档案立卷、档案目录信息和内容信息的存储与检索等，而且各业务环节无时间顺序，打破了传统教学档案的管理方式，提高了高校教学档案工作的效率和质量。

（二）教学档案纸质载体得到保护

传统的查阅方式是到相关档案保管部门或学校综合档案馆进行纸质档案的查

阅，并从中摘录自己所需的信息或复印相关内容。由于高校各部门职能不同，尤其是在每年的教学评估期间，各部门会对同样的教学档案信息进行多次的重复查阅。这种利用方式不仅浪费了大量的人力和时间，影响了教学档案的利用效率，而且加快了纸质档案的磨损。纸质载体的教学档案是最原始的证据材料，它的客观性是毋庸置疑的，因此保护教学档案的纸质载体就显得尤为重要。

如果教学档案保管部门将现代信息技术运用于教学档案管理之中，实现教学档案信息的数字化存贮、管理和索引，使用者便可以直接从数据库中获得有关教学方面的信息资源。这种教学档案管理的方式可以降低教学档案原件的使用频率，减少工作人员与原始纸质材料的接触，从而减少了教学档案原始材料的人为磨损，使教学档案的纸质载体得到保护。

（三）教学档案管理人员的业务水平得到提高

现代信息技术运用于高校教学档案管理中，能够使档案管理人员从烦琐的手工劳动中解脱出来，减少档案管理人员的手工工作时间和在库房中逗留的时间，使档案管理人员可以把大量的时间用来钻研业务，学习相关的科学管理知识和业务知识，以便不断地提高自己的档案管理水平，开拓自己的研究领域。

二、信息化对高校教学档案管理提出了新的挑战

（一）对高校教学档案管理观念的挑战

传统的高校教学档案管理观念是"重藏轻用"。而信息时代的今天，社会对信息资源的评价标准是信息资源向经济转变。高校教学档案工作者只有将所掌握的档案信息和资源转化为生产力，教学档案的价值和对教学档案的管理工作才能得到社会的认可。因此，高校教学档案工作者要改变"重藏轻用"的观念，积极主动地开发档案信息资源，变"死档案"为"活信息"，大力开发教学档案信息资源，积极、主动地为学校和社会提供服务。

（二）对高校教学档案管理手段和管理方式的挑战

目前，大部分高校教学档案工作依然沿用传统的教学档案管理手段和方式。笔者在调研中发现，许多高校教学档案管理部门依然以纸质档案保管为主，虽然有的教学档案管理部门使用了计算机，部分也实现了网络化，但是只有很少的部门实现了"目录全文一体化"管理，网络上并没有多少可以传输的教学档案信息资源，难以实现社会共享和为知识经济发展提供服务。因此，变革高校教学档案

管理手段和管理方式、加速教学档案管理现代化进程是高校教学档案工作在信息化时代所面临的重大课题。

（三）对高校教学档案管理人员业务素质和技能的挑战

现代信息技术在高校教学档案管理工作中的应用，以及教学档案管理工作新理念、新方法和新管理模式的提出，使教学档案管理工作的环境发生了革命性的变化，而高校教学档案管理人员原有的专业知识、操作技能和服务模式，已不再适应时代的需求。因此，面对教学档案管理新模式和新技术的挑战，高校教学档案管理人员必须努力优化自己的知识结构，在钻研档案理论的同时，学习和掌握运用现代信息技术进行档案管理的各种知识和技能，否则将为时代所淘汰。

第三节　高校教学档案信息化管理

经过多年的探索和发展，我国高校教学档案信息化管理的各个方面均已取得很大的进步。目前，各个高校信息基础设施发展迅速，数字教学档案信息资源日益丰富，教学档案服务功能也不断完善。然而，由于受传统观念和管理制度等因素的影响，我国高校教学档案信息化管理依然存在着信息化程度不高、标准规范滞后、人才短缺等问题。

一、制约高校教学档案信息化管理的主要因素

目前，高校教学档案信息化管理工作中依旧存在着信息化建设滞后、档案信息资源利用率低等问题。笔者认为，其原因主要是教学档案管理部门和管理者思想观念陈旧，没有真正树立信息观，社会服务意识淡薄，管理技术手段落后，规范化管理程度不高等。

（一）思想观念因素

随着信息社会的发展和现代信息技术的广泛运用，人们已经认识到开发利用档案信息资源的重要性，但陈旧的传统观念和思维定式对人们的思想仍有着很大的束缚和影响，使人们对高校教学档案信息化管理认识不足甚至轻视。

这种认识不足和轻视主要来自两个方面：

一方面是高校主管教学档案的领导在思想上的不重视。笔者在某一高校调研时向学校主管教学档案的领导说明来意，此领导甚是吃惊："现在还有档案管理这

个专业？我们学校的会计档案在财务处，人事档案在人事处。档案管理不需专门人才，临时工便可胜任。我们学校档案馆的工作人员就是在年终订文件便可，没听说教学档案，更没听说过教学档案信息化管理。"试想这一高校的教学档案如何实现信息化管理？

另一方面是高校教学档案管理工作者的思想观念落后。在他们的思想意识里，教学档案管理依然停留在"重保管轻利用"的陈旧思想观念上。他们认为只要按时接收、完善保管、提供凭据即可，很少考虑如何积极主动地收集相关的教学档案、开发教学档案信息、优化教学档案管理、提高教学档案利用率。领导的不重视和工作者落后的思想观念阻挠着高校教学档案信息化的进一步深入，制约了高校教学档案信息化管理的发展。

（二）教学档案管理模式因素

目前，高校教学档案的管理模式依然以传统的封闭式管理为主。在这种管理模式下，教学档案主要存放于高校内部相关的组织和教学档案管理部门，实行封闭式管理，仅供相关部门和本校师生使用。然而，提供利用则是教学档案工作永恒的主题，教学档案提供利用是档案部门、档案工作者与学校和社会联系的桥梁。随着信息社会的发展，信息网络的高效便捷使用户对教学档案的利用方式及需要也发生了很大的变化，传统的管理方式不再被用户接受。因此，转变传统封闭式教学档案管理模式为开放式，是现代信息社会对档案工作的热切呼唤和必然要求，也是激发教学档案信息化管理焕发生机与活力的关键所在。

（三）服务技术因素

从前面的数据统计中，人们了解到目前高校教学档案管理部门大部分配备了计算机等设备，但由于管理人员的技术水平较低，大多数计算机仅用于办公文字处理和打印，教学档案信息的输入、存储和开发利用仍处于手工操作阶段。缺乏对信息的开发利用，导致教学档案信息资源的利用效率低，这是当前高校教学档案信息开发利用中的一个重要问题。要解决这一问题，就必须尽快引进现代信息技术，并将其应用到高校教学档案管理中。同时，学校领导要对教学档案信息化管理高度重视，加大对教学档案管理各方面的投入，这样才能不断地促进教学档案工作的现代化建设，为高校教学档案实现信息化管理提供有利的条件和可靠的保障。

（四）标准化、规范化管理因素

高校教学档案管理标准化、规范化是实现教学档案信息资源共享的重要前提和基础，也是教学档案信息化管理的重要内容。然而，由于历史和社会等因素的制约和影响，目前高校教学档案管理部门收藏的教学档案在管理规范上标准不统一，教学档案材料的收集、整理和立卷等质量不高。今后，越来越多需归档的教学文件材料可能是电子文件、磁盘和光盘，这就要求教学档案的管理技术和管理程序标准统一，因此高校教学档案现行的收集、整理、编研等有关标准需要进一步标准化和规范化。

（五）管理人员因素

人是更快更准地实现高校教学档案信息化管理的关键因素。这就要求管理人员不仅要有较高的知识层次，还要掌握一定的现代信息技术，不能仅会一般的计算机操作。

当前，许多高校教学档案部门缺乏现代化技术过硬的人才。笔者在调查中了解到，教学档案管理人员大部分是兼职或半路出家，专业素质较低。其中，10%的人员依然不熟悉计算机，60%的管理人员虽然已经能够应用日常文档，但在计算机的系统程序、数据管理等方面与专业人才还存在一定的差距。

（六）经费投入不足，设备有待改善

经费是一切工作的基础保障，教学档案信息化管理也是如此。领导不够重视，造成教学档案管理办公条件欠佳、环境较差、设备陈旧，因此教学档案信息化管理难以正常开展。笔者在调研中了解到，许多高校由于经费不足、教学档案管理信息化所需的软件落后，只能实现目录信息化，不能实现文档一体化。

二、实现高校教学档案信息化管理的具体措施

信息时代的到来及现代技术的应用，必然为高校教学档案工作的开展注入新的活力和生机。制约高校教学档案信息化管理的因素既有传统保守的思想因素，也有技术应用及管理水平的因素。

因此，为了适应新时期高校改革发展的需要，教学档案管理部门要进一步强化教学档案的信息化管理水平，重视管理人员队伍的培训，不断增强管理者的社会服务意识，提高教学档案利用效率，为高校的发展提供有力的保障。

（一）转变思想观念，加大宣传力度以争取领导支持

高校教学档案信息化管理需要现代化的信息技术，更重要的是教学档案管理部门和管理者要树立现代管理思想和管理理念，并在教学档案管理过程中运用现代化的信息管理技术和管理手段。然而，用现代信息技术取代传统的手工操作是一个日积月累、循序渐进的过程，在这个改变的过程中更需要现代管理思想和管理理念的指引。因此，在目前高校教学档案管理的过程中，转变落后的思想观念尤为重要。

当然，在转变思想观念时，教学档案工作者并不能全盘抛弃已往的思想观念，而是在坚持优良的传统教学档案管理方式和管理理念的同时，敢于引进现代档案管理思想和管理理念。只有圆满地实现了现代信息技术与先进管理理念在教学文件、教学档案管理领域的合理契合，才可能实现教学档案信息化管理，高校教学档案工作才能更好地适应新时期的要求。

另外，高校教学档案工作者在转变思想观念的同时，还要加强对教学档案的宣传力度，提高全校师生的档案意识，尤其是要借宣传之机，转变一些领导"重教学轻档案"的观念。要适时地向领导汇报教学档案信息化管理工作的进展情况和在教学档案信息化管理过程中遇到的问题，在政策和经费上争取领导的大力支持，为推动教学档案信息化管理奠定基础。

（二）高校教学档案管理的标准化和规范化建设

目前，高校教学档案的管理思想、管理手段和管理办法等存在着许多问题，这些问题制约着高校教学档案信息化管理的发展。为了促进高校教学档案信息化管理，实现教学档案信息的最大社会效益，高校教学档案管理部门必须加强教学档案管理的标准化和规范化建设。作为档案事业系统中的一部分，我们要将高校教学档案管理纳入整个档案事业系统中，接受国家档案管理标准化和规范化的宏观指导。因此，国家档案管理标准化和规范化的要求对高校教学档案管理具有同样的指导作用。

档案管理标准化和规范化是指为了管理档案工作而制定、批准和实施的有关档案形成、归档和档案信息资源标识、描述、存储、查询、交换、网上传输和管理等方面应遵循的政策、规定、准则、方法等。档案管理的标准化和规范化相当于信息化高速公路上的"交通规则"，档案信息化管理工作要时刻遵守这些规则。否则，档案信息内容在档案管理系统和网络中就不可能安全畅通地运行。

教学档案管理标准化和规范化是实现教学档案信息化管理的重要前提。要实

现教学档案信息化管理，要先统一档案信息的输入格式、输入项目、输入代码符号和输入代码的转换规则。由于标准化是分层次的，有国家标准和地方标准，因此要在高层次上制定相关的档案管理标准和规范，这样才能利于高校教学档案的信息化管理，利于教学信息更为广泛地交流和共享。

笔者在广泛阅读有关档案信息管理标准化和规范化建设的基础上，将教学档案管理的标准化和规范化总结为以下三个方面的内容：

第一，教学档案管理性标准化和规范化。

教学档案规范化管理是指高校行政部门和档案部门根据现实要求，由档案部门管理人员对教学档案进行科学的、系统的、动态的管理，以便教学档案发挥更大社会效能，更好地为高校教学和社会发展服务。它包括计算机安全法规与标准、数字档案信息资源合法性的确认等，需要国家档案行政管理部门统一制定并推广实施，以保证电子文件/档案信息的统一规范和资源共享。

目前，由国家相关部门颁布制定的有关计算机安全和档案信息资源管理的法规与标准有《中华人民共和国信息系统安全保护条例》《计算机信息系统保密管理规定》《中华人民共和国档案法实施办法》《计算机信息系统保密管理暂行规定》等。

第二，教学档案业务性标准化和规范化。

业务性标准规范是对档案管理业务处理的规范，包括档案的术语标准及管理规范。高校教学档案管理业务的规范根据《中国档案分类法》《中国档案主档词表》《高等学校档案工作规范》《高等学校档案管理办法》等制度规定，先剔除重复及无保管价值的教学文件材料，再对案卷按标准进行规范组合，最后结合实际和相关法规对教学档案进行规范著录，这也是教学档案信息化管理中的重要基础工作。总之，教学档案业务性标准化和规范化要求教学档案管理人员在管理档案时做到教学文件材料收集的完整性、文件材料鉴别的准确性、文件材料整理的有序性、档案保管的安全性和用户利用时的方便性等。

第三，教学档案管理技术性标准化和规范化。

教学档案管理技术性标准和规范主要有电子文件和档案的数据存储压缩格式规范、数据交换标准规范、数据加密、水印技术规范和系统软硬件设施技术标准等。

随着信息技术的飞速发展、计算机和网络技术体系不断升级，教学档案管理技术性标准和规范也不断变化，这加大了教学档案信息化管理的风险。为了保证教学档案信息化管理的顺利进行，在对教学档案进行管理时，教学档案工作者必须按照国家有关的法律规定实行标准化和规范化的工作程序和科学的工作方法。

目前，有些技术性标准和规范是所有电子信息在管理时共用的标准，如《信息交换用汉字编码字符集》《数字水印标准》《档案信息应用系统技术标准》等。

（三）运用前端控制理念，加强电子文件和电子档案的管理

毛福民在 2000 年全国档案工作会议上指出："'十五'期间，档案信息化建设的重点是加强电子文件和电子档案的管理，目前的关键在于落实。"毛福民还指出加强电子文件和电子档案管理的好处："一是有利于档案信息化管理工作与办公自动化快速接轨，这样既能使档案管理工作立竿见影地为社会提供有效服务，又能抓住机遇利用电子政务平台推进档案信息化的进程，把档案信息资源建设移至文件形成部门，卓有成效地把档案工作融入信息化的潮流。二是在缺乏相关技术标准的情况下对大量的纸质档案进行数字化处理，后患较多。稍缓一步把有限的人力投放在前期基础工作上，如档案数字化鉴定、著录标引、信息组织、系统设计、已有格式的转换等，待条件成熟时再一并规模地展开，可以收到更好的效果。"因此，作为档案事业中的一部分，高校教学档案信息化建设也必须加强电子文件和电子档案的管理。电子文件是电子档案的前身，因此加强电子文件的管理是重中之重，做好了电子文件的管理，电子档案的管理也就水到渠成。

高校如何加强有关教学类电子文件的管理呢？笔者认为，可以运用前端控制理念加强教学类电子文件管理。

1. 前端控制理念

前端控制理念是根据文件的生命周期理论提出的。文件与档案是处于不同阶段的同一事物，因此文件的管理质量直接影响、甚至决定着以后的档案管理质量。

基于此，中外档案学者纷纷提出了"前端控制"理念。"前端控制"就是要求档案部门及其管理者从文件形成的源头进行控制，以确保文件管理的质量，并使文件在形成阶段的管理成果为后期的档案管理所利用，从而对文件和档案实施一体化管理。

2. 前端控制理念在教学类电子文件中的运用

由于教学类电子文件主要是在电子校务管理系统中生产、运转和处理的，因此高校电子校务管理信息系统的设计阶段便是电子文件实施前端控制的开始。在这一阶段，设计者把电子文件生成后的管理要求尽可能地体现在系统设计的过程中，如预先设计采集电子文件元数据、加盖电子签名或印章功能；预先确定文件归档范围、归档时间和归档方式；预先设置文件利用权限控制、文件加密等。正

如冯惠玲所说："设计阶段是确定电子文件归档范围的最佳时机。因为在无形的流动中，不再用于日常活动的电子文件随时都可能被用户出于各种原因而删除。事先确定归档范围，判定保存价值，确定采集时间和采集方式，明确哪些文件需要保存'草稿'、哪些动态文件需要定期拷贝，对于保证归档文件的完整性、准确性，具有决定性意义。"

因此，只有在这一阶段实施前端控制理念才能真正地管理好教学类电子文件，为后续电子档案的管理提供优化的物质资源，也只有这样才能促进教学档案信息化管理的顺利推行。

（四）加大资金投入，加强软硬件设施建设

高校教学档案信息化管理的基础和前提是相关硬件和标准化管理软件的建设。所谓标准化的档案管理软件是指符合国家档案管理标准规范的政府机关、企事业单位和各级各类档案馆用于对档案信息和档案实体进行辅助管理的各种类型的计算机应用软件系统。

目前市场上的档案管理软件名目繁多，各种软件的开发者水平高低不同，档案管理软件质量参差不齐。不少档案管理软件在功能设置方面存在缺陷，导致应具备的功能短缺，很少用到的功能又过于繁多，甚至有的采用了一些不成熟的技术，为以后系统运行埋下较大的隐患。因此，高校教学档案管理部门在购买档案管理软件时，要选择标准化的教学档案管理软件。什么样的管理软件才是标准的教学管理软件呢？笔者认为具备以下几个主要功能的教学档案管理软件可称为标准的管理软件。

第一，标准化的教学档案管理软件能实现文档一体化管理。

文档一体化管理就是以文件生命周期理论为基础，把前端控制理念和全程控制思想运用于电子文件管理之中，把文件管理和档案管理看成一个统一的系统工程，并从整体上对文件信息和档案信息进行组织和控制。

文档一体化管理模式的实现主要依赖于生成文件和处理档案相统一的管理信息系统，并运行于相同结构的网络、服务器和数据库管理平台之中，同时采取相同的数据和文件存储格式，其中不同的只是文件管理人员和档案管理人员对信息系统的操作权限。例如，在文件生成、处理和会签等各项业务处理阶段，业务工作人员拥有对文件的修改、增加和删除等权限，而档案管理人员则只有查看和浏览的权限。因此，标准的教学档案管理软件要设置合理的工作流程，将文件管理和档案管理的需求一同嵌入教学档案管理系统中，即实现电子文件的前端控制，这一教学档案管理系统能够记录电子文件从形成到归档的所有活动过程和处理情

况。同时，教学档案管理软件所设置的 OA 等预留接口，不仅能与高校文书部门连接，而且还能同高校教务处、各院系等相关教学部门的计算机管理信息系统相连接，实现网上接收、整理、鉴定和确定电子文件的密级及保管期限，并正式进入档案数据库。这样可以避免大量的手工重复劳动，加快了高校教学档案信息管理的进程。

第二，标准化的教学档案管理软件应拥有灵活的数据库管理系统。

教学档案信息管理系统要对所需的信息进行数据汇集，数据库的建立是教学档案信息化管理的前提。要实现教学档案的网络检索，就要建立教学档案信息数据库，包括建立案卷目录数据库、卷内文件目录数据库及全文信息数据库等，实现目录管理和全文管理一体化。由于不同类别的教学档案需要著录的项目各不相同，因此标准的教学档案数据库管理系统应具有一定的扩展性和灵活性，以便根据用户的实际需求构建档案信息数据库，并实现对存贮在数据库中数据的灵活访问和统一管理，充分挖掘档案信息资源的潜力，满足不同档案类型的需要，实现档案信息数据聚集的最大化，为教学档案信息化管理奠定基础。

第三，标准化的教学档案管理软件能实现教学档案全文存储与检索。

通过应用标准化的教学档案管理系统，高校各相关部门可以随时将形成的有参考利用价值的文件归档存储到服务器上，教学档案部门也可以随时将原有纸质的教学档案原件通过扫描仪扫描后存储到服务器上。当用户需要查找和利用教学档案时，通过身份认证便可以直接运用高校局域网的任何终端进行检索和浏览所需要的教学档案信息，不必到档案管理部门信息。标准化的教学档案管理也为高校的信息化发展和建设提供了高质量的服务。

第四，标准化的教学档案管理软件能实现教学档案业务管理自动化。

高校教学档案业务工作主要包括教学档案的统计、鉴定、借阅、催还及编研等。

传统的教学档案管理工作主要依靠教学档案管理人员定期或不定期地进行教学档案基本情况统计、档案借阅归还统计、超期档案催还统计等。档案管理人员还要对归档的教学文件进行分析，以便为学校的发展和领导的决策提供依据。如果应用标准化的教学档案管理软件，就可以随时随地对系统中存储的各种数据进行统计和打印。

（五）提高高校教学档案管理人员的综合素质

人才是信息化建设的成功之本。重视信息化人才的培养，提高高校教学档案从业者的职业道德素养、信息素养和信息技能等，造就一支教学档案信息化管理需要的人才队伍，是教学档案信息化管理的重要内容。因此，高校教学档案信息化管理人员的素质要求有以下几个方面。

第一，教学档案管理人员要具有良好的职业道德素养。

具有良好的职业道德素养是教学档案管理者做好教学档案工作的重要保证。教学档案涉及教学检查、评估和各级优秀教学质量评奖材料、学生几年来的成绩和奖惩记录等，这些材料关乎教师和学生的荣誉，因而教学档案工作人员要具有高度的责任感和事业心，忠于职守，认真负责，作风正派，处事公道。以学籍档案为例，一旦上报学生的考核成绩，非正常理由，任何人无权更改。管理人员应按时分类归档，严格按规定办事，确保学籍管理材料真实、准确，切忌因为自己工作上疏忽或外界干扰影响教学档案的质量，甚至造成不良后果。

第二，教学档案管理人员要具有良好的信息素养和运用信息技术的技能。

与其他行业相比，档案信息化人才资源短缺严重地制约着档案信息化管理的发展。以人为本、加强档案管理人才队伍建设已成为档案信息化建设的当务之急。为此，《全国档案信息化建设实施纲要》专门强调档案工作者的培训工作，要求坚持各级档案部门领导干部进修制度，把与档案信息化建设相关的计算机基础知识、数字化技术知识、网络技术、现代管理技术知识等列入指导性教学计划；加强对档案管理人员应用新技术、新设备、新方法的培训；普及信息技术知识，提高档案业务人员掌握和运用现代化技术的技能。

第三，教学档案管理人员要具有信息化管理理念和团结协作的精神。

树立信息化管理理念是做好高校教学档案管理的关键。以往"看摊守堆"等错误思想极大地制约了高校教学档案信息化的发展。因此，高校教学档案管理人员要不断增强创新意识，改变传统落后的思想观念，牢固地树立起教学档案信息服务思想和观念，形成"信息档案和信息服务"的管理理念。教学档案信息化建设绝非一人之力所及，需要各高校教学档案部门之间和高校教学档案部门内部的档案管理人员精诚团结协作，取长补短，实现教学信息的互通有无、资源共享，也只有这样才能真正实现高校教学档案信息化管理。

附　录

中华人民共和国档案法

《中华人民共和国档案法》于 1987 年 9 月 5 日第六届全国人民代表大会常务委员会第二十二次会议通过，于 1988 年 1 月 1 日起施行。根据 1996 年 7 月 5 日第八届全国人民代表大会常务委员会第二十次会议《关于修改〈中华人民共和国档案法〉的决定》，第一次进行了修订；根据 2016 年 11 月 7 日全国人民代表大会常务委员会第二十四次会议《关于修改〈中华人民共和国对外贸易法〉等十二部法律的决定》，第二次进行了修订。

第一章　总　则

第一条　为了加强对档案的管理和收集、整理工作，有效地保护和利用档案，为社会主义现代化建设服务，制定本法。

第二条　本法所称的档案是指过去和现在的国家机构、社会组织以及个人从事政治、军事、经济、科学、技术、文化、宗教等活动直接形成的对国家和社会有保存价值的各种文字、图表、声像等不同形式的历史记录。

第三条　一切国家机关、武装力量、政党、社会团体、企业事业单位和公民都有保护档案的义务。

第四条　各级人民政府应当加强对档案工作的领导，把档案事业的建设列入国民经济和社会发展计划。

第五条　档案工作实行统一领导、分级管理的原则，维护档案完整与安全，便于社会各方面的利用。

第二章　档案机构

第六条　国家档案行政管理部门主管全国档案事业，对全国的档案事业实行统筹规划，组织协调，统一制度，监督和指导。

县级以上地方各级人民政府的档案行政管理部门主管本行政区域内的档案事业，并对本行政区域内机关、团体、企业事业单位和其他组织的档案工作实行监督、指导。

乡、民族乡、镇人民政府应当指定人员负责保管本机关的档案，并对所属单位的档案工作实行监督和指导。

第七条　机关、团体、企业事业单位和其他组织的档案机构或者档案工作人员，负责保管本单位的档案，并对所属机构的档案工作实行监督和指导。

第八条　中央和县级以上地方各级各类档案馆是集中管理档案的文化事业机构，负责接收、收集、整理、保管和提供利用各分管范围内的档案。

第九条　档案工作人员应当忠于职守，遵守纪律，具备专业知识。

在档案的收集、整理、保护和提供利用等方面成绩显著的单位或者个人，由各级人民政府给予奖励。

第三章　档案的管理

第十条　对国家规定的应当立卷归档的材料，必须按照规定，定期向本单位档案机构或者档案工作人员移交，集中管理，任何个人不得据为己有。

国家规定不得归档的材料，禁止擅自归档。

第十一条　机关、团体、企业事业单位和其他组织必须按照国家规定，定期向档案馆移交档案。

第十二条　博物馆、图书馆、纪念馆等单位保存的文物、图书资料同时是档案的，可以按照法律和行政法规的规定，由上述单位自行管理。

档案馆与上述单位应当在档案的利用方面互相协作。

第十三条　各级各类档案馆，机关、团体、企业事业单位和其他组织的档案机构，应当建立科学的管理制度，便于对档案的利用；配置必要的设施，确保档案的安全；采用先进技术，实现档案管理的现代化。

第十四条　保密档案的管理和利用、密级的变更和解密，必须按照国家有关保密的法律和行政法规的规定办理。

第十五条　鉴定档案保存价值的原则、保管期限的标准以及销毁档案的程序和办法，由国家档案行政管理部门制定。禁止擅自销毁档案。

第十六条　集体所有的和个人所有的对国家和社会具有保存价值的或者应当保密的档案，档案所有者应当妥善保管。对保管条件恶劣或者其他原因被认为可能导致档案严重损毁和不安全的，国家档案行政管理部门有权采取代为保管等确保档案完整和安全的措施；必要时，可以收购或者征购。

前款所列档案，档案所有者可以向国家档案馆寄存或者出卖。严禁卖给、赠送给外国人或者外国组织。

向国家捐赠档案的，档案馆应当予以奖励。

第十七条　禁止出卖属于国家所有的档案。

国有企业事业单位资产转让时，转让有关档案的具体办法由国家档案行政管理部门制定。

档案复制件的交换、转让和出卖，按照国家规定办理。

第十八条　属于国家所有的档案和本法第十六条规定的档案以及这些档案的复制件，禁止私自携运出境。

第四章　利用和公布

第十九条　国家档案馆保管的档案，一般应当自形成之日起满三十年向社会开放。经济、科学、技术、文化等类档案向社会开放的期限，可以少于三十年，涉及国家安全或者重大利益以及其他到期不宜开放的档案向社会开放的期限，可以多于三十年，具体期限由国家档案行政管理部门制定，报国务院批准施行。

档案馆应当定期公布开放档案的目录，并为档案的利用创造条件，简化手续，提供方便。

中华人民共和国公民和组织持有合法证明，可以利用已经开放的档案。

第二十条　机关、团体、企业事业单位和其他组织以及公民根据经济建设、国防建设、教学科研和其他各项工作的需要，可以按照有关规定，利用档案馆未开放的档案以及有关机关、团体、企业事业单位和其他组织保存的档案。

利用未开放档案的办法，由国家档案行政管理部门和有关主管部门规定。

第二十一条　向档案馆移交、捐赠、寄存档案的单位和个人，对其档案享有优先利用权，并可对其档案中不宜向社会开放的部分提出限制利用的意见，档案馆应当维护他们的合法权益。

第二十二条　属于国家所有的档案，由国家授权的档案馆或者有关机关公布；未经档案馆或者有关机关同意，任何组织和个人无权公布。

集体所有的和个人所有的档案，档案的所有者有权公布，但必须遵守国家有关规定，不得损害国家安全和利益，不得侵犯他人的合法权益。

第二十三条 各级各类档案馆应当配备研究人员，加强对档案的研究整理，有计划地组织编辑出版档案材料，在不同范围内发行。

第五章 法律责任

第二十四条 有下列行为之一的，由县级以上人民政府档案行政管理部门、有关主管部门对直接负责的主管人员或者其他直接责任人员依法给予行政处分；构成犯罪的，依法追究刑事责任：

（一）损毁、丢失属于国家所有的档案的；

（二）擅自提供、抄录、公布、销毁属于国家所有的档案的；

（三）涂改、伪造档案的；

（四）违反本法第十七条规定，擅自出卖或者转让属于国家所有的档案的；

（五）将档案卖给、赠送给外国人或者外国组织的；

（六）违反本法第十条、第十一条规定，不按规定归档或者不按期移交档案的；

（七）明知所保存的档案面临危险而不采取措施，造成档案损失的；

（八）档案工作人员玩忽职守，造成档案损失的。

在利用档案馆的档案中，有前款第一项、第二项、第三项违法行为的，由县级以上人民政府档案行政管理部门给予警告，可以并处罚款；造成损失的，责令赔偿损失。

企业事业组织或者个人有第一款第四项、第五项违法行为的，由县级以上人民政府档案行政管理部门给予警告，可以并处罚款；有违法所得的，没收违法所得；并可以依照本法第十六条的规定征购所出卖或者赠送的档案。

第二十五条 携运禁止出境的档案或者其复制件出境的，由海关予以没收，可以并处罚款；并将没收的档案及其复制件移交档案行政管理部门；构成犯罪的，依法追究刑事责任。

第六章 附 则

第二十六条 本法实施办法，由国家档案行政管理部门制定，报国务院批准后施行。

第二十七条 本法自 1988 年 1 月 1 日起施行。

高等学校档案管理办法

（中华人民共和国教育部令第 27 号，2008 年 8 月 20 日发布）

第一章 总 则

第一条 为规范高等学校档案工作，提高档案管理水平，有效保护和利用档案，根据《中华人民共和国档案法》及其实施办法，制定本办法。

第二条 本办法所称的高等学校档案（以下简称高校档案），是指高等学校从事招生、教学、科研、管理等活动直接形成的对学生、学校和社会有保存价值的各种文字、图表、声像等不同形式、载体的历史记录。

第三条 高校档案工作是高等学校重要的基础性工作，学校应当加强管理，将之纳入学校整体发展规划。

第四条 国务院教育行政部门主管全国高校档案工作。省、自治区、直辖市人民政府教育行政部门主管本行政区域内高校档案工作。

国家档案行政部门和省、自治区、直辖市人民政府档案行政部门在职责范围内负责对高校档案工作的业务指导、监督和检查。

第五条 高校档案工作由高等学校校长领导，其主要职责是：

（一）贯彻执行国家关于档案管理的法律法规和方针政策，批准学校档案工作规章制度；

（二）将档案工作纳入学校整体发展规划，促进档案信息化建设与学校其他工作同步发展；

（三）建立健全与办学规模相适应的高校档案机构，落实人员编制、档案库房、发展档案事业所需设备以及经费；

（四）研究决定高校档案工作中的重要奖惩和其他重大问题。

分管档案工作的校领导协助校长负责档案工作。

第二章 机构设置与人员配备

第六条 高校档案机构包括档案馆和综合档案室。

具备下列条件之一的高等学校应当设立档案馆：

（一）建校历史在 50 年以上；

（二）全日制在校生规模在 1 万人以上；

（三）已集中保管的档案、资料在3万卷（长度300延长米）以上。

未设立档案馆的高等学校应当设立综合档案室。

第七条 高校档案机构是保存和利用学校档案的专门机构，应当具备符合要求的档案库房和管理设施。

需要特殊条件保管或者利用频繁且具有一定独立性的档案，可以根据实际需要设立分室单独保管。分室是高校档案机构的分支机构。

第八条 高校档案机构的管理职责：

（一）贯彻执行国家有关档案工作的法律法规和方针政策，综合规划学校档案工作；

（二）拟订学校档案工作规章制度，并负责贯彻落实；

（三）负责接收（征集）、整理、鉴定、统计、保管学校的各类档案及有关资料；

（四）编制检索工具，编研、出版档案史料，开发档案信息资源；

（五）组织实施档案信息化建设和电子文件归档工作；

（六）开展档案的开放和利用工作；

（七）开展学校档案工作人员的业务培训；

（八）利用档案开展多种形式的宣传教育活动，充分发挥档案的文化教育功能；

（九）开展国内外档案学术研究和交流活动。

有条件的高校档案机构，可以申请创设爱国主义教育基地。

第九条 高校档案馆设馆长一名，根据需要可以设副馆长一至二名。综合档案室设主任一名，根据需要可以设副主任一至二名。

馆长、副馆长和综合档案室主任（馆长和综合档案室主任，以下简称为高校档案机构负责人），应当具备以下条件：

（一）热心档案事业，具有高级以上专业技术职务任职经历；

（二）有组织管理能力，具有开拓创新意识和精神；

（三）年富力强，身体健康。

第十条 高等学校应当为高校档案机构配备专职档案工作人员。

高校专职档案工作人员应列入学校事业编制。其编制人数由学校根据本校档案机构的档案数量和工作任务确定。

第十一条 高校档案工作人员应当遵纪守法，爱岗敬业，忠于职守，具备档案业务知识和相应的科学文化知识以及现代化管理技能。

第十二条 对高校档案机构中的专职档案工作人员，实行专业技术职务聘任制或职员职级制，使其享受学校教学、科研和管理人员同等待遇。

第十三条 高等学校对长期接触有毒有害物质的档案工作人员，应当按照法律法规的有关规定采取有效的防护措施防止职业中毒事故的发生，保障其依法享有工伤社会保险待遇以及其他有关待遇，并按照有关规定予以补助。

第三章　档案管理

第十四条 高等学校应当建立、健全档案工作的检查、考核与评估制度，定期布置、检查、总结、验收档案工作，明确岗位职责，强化责任意识，提高学校档案管理水平。

第十五条 高等学校应当对纸质档案材料和电子档案材料同步归档。文件材料的归档范围如下。

（一）党群类：主要包括高等学校党委、工会、团委、民主党派等组织的各种会议文件、会议记录及纪要；各党群部门的工作计划、总结；上级机关与学校关于党群管理的文件材料。

（二）行政类：主要包括高等学校行政工作的各种会议文件、会议记录及纪要；上级机关与学校关于人事管理、行政管理的材料。

（三）学生类：主要包括学生的高中档案、入学登记表、体检表、学籍档案、奖惩记录、党团组织档案、毕业生登记表等。

（四）教学类：主要包括反映教学管理、教学实践和教学研究等活动的文件材料。按原国家教委、国家档案局发布的《高等学校教学文件材料归档范围》（〔87〕教办字016号）的相关规定执行。

（五）科研类：按原国家科委、国家档案局发布的《科学技术研究档案管理暂行规定》（国档发〔1987〕6号）执行。

（六）基本建设类：按国家档案局、原国家计委发布的《基本建设项目档案资料管理暂行规定》（国档发〔1988〕4号）执行。

（七）仪器设备类：主要包括各种国产和国外引进的精密、贵重、稀缺仪器设备（价值在10万元以上）的全套随机技术文件以及在接收、使用、维修和改进工作中产生的文件材料。

（八）产品生产类：主要包括高等学校在产、学、研过程中形成的文件材料、样品或者样品照片、录像等。

（九）出版物类：主要包括高等学校自行编辑出版的学报、其他学术刊物和本校出版社出版物的审稿单、原稿、样书及出版发行记录等。

（十）外事类：主要包括学校派遣有关人员出席国际会议、出国考察、讲学、合作研究、学习进修的材料；学校聘请的境外专家、教师在教学、科研等活动中形成的材料；学校开展校际交流、中外合作办学、境外办学及管理外国或者港澳台地区的专家、教师、国际学生、港澳台学生等的材料；学校授予境外人士名誉职务、学位、称号等的材料。

（十一）财会类：按财政部、国家档案局发布的《会计档案管理办法》（财会字〔1998〕32号）执行。

高等学校可以根据学校实际情况确定归档范围。归档的档案材料包括纸质、电子、照（胶）片、录像（录音）带等各种载体形式。

第十六条　高等学校实行档案材料形成单位、课题组立卷的归档制度。

学校各部门负责档案工作的人员应当按照归档要求，组织本部门的教学、科研和管理等人员及时整理档案和立卷。立卷人应当按照纸质文件材料和电子文件材料的自然形成规律，对文件材料系统整理组卷，编制页号或者件号，制作卷内目录，交本部门负责档案工作的人员检查合格后向高校档案机构移交。

第十七条　归档的档案材料应当质地优良、书绘工整、声像清晰，符合有关规范和标准的要求。电子文件的归档要求按照国家档案局发布的《电子公文归档管理暂行办法》以及《电子文件归档与管理规范》（GB/T 18894—2002）执行。

第十八条　高校档案材料归档时间：

（一）学校各部门应当在次学年6月底前归档。

（二）各院系等应当在次学年寒假前归档。

（三）科研类档案应当在项目完成后两个月内归档，基建类档案应当在项目完成后三个月内归档。

第十九条　高校档案机构应当对档案进行整理、分类、鉴定和编号。

第二十条　高校档案机构应当按照国家档案局《机关文件材料归档范围和文书档案保管期限规定》，确定档案材料的保管期限。对保管期限已满、已失去保存价值的档案，经有关部门鉴定并登记造册报校长批准后，予以销毁。未经鉴定和批准，不得销毁任何档案。

第二十一条　高校档案机构应当采用先进的档案保护技术，防止档案破损、褪色、霉变和散失。对已经破损或者字迹褪色的档案，应当及时修复或者复制。对重要档案和破损、褪色修复的档案应当及时数字化，加工成电子档案保管。

第二十二条　高校档案由高校档案机构保管。在国家需要时，高等学校应当提供所需的档案原件或者复制件。

第二十三条　高等学校与其他单位分工协作完成的项目，高校档案机构应当至少保存一整套档案。协作单位除保存与自己承担任务有关的档案正本以外，应当将复制件送交高校档案机构保存。

第二十四条 高等学校中的个人对其从事教学、科研、管理等职务活动所形成的各种载体形式的档案材料，应当按照规定及时归档，任何个人不得据为己有。

对于个人在其非职务活动中形成的重要档案材料，高校档案机构可以通过征集、代管等形式进行管理。

高校档案机构对与学校有关的各种档案史料的征集，应当制定专门的制度和办法。

第二十五条 高校档案机构应当对所存档案和资料的保管情况定期检查，消除安全隐患，遇有特殊情况，应当立即向校长报告，及时处理。

档案库房的技术管理工作应当建立健全有关规章制度，由专人负责。

第二十六条 高校档案机构应当认真执行档案统计年报制度，并按照国家有关规定报送档案工作基本情况统计报表。

第四章　档案的利用与公布

第二十七条 高校档案机构应当按照国家有关规定公布档案。未经高等学校授权，其他任何组织或者个人无权公布学校档案。

属下列情况之一者，不对外公布：

（一）涉及国家秘密的。

（二）涉及专利或者技术秘密的。

（三）涉及个人隐私的。

（四）档案形成单位规定限制利用的。

第二十八条 凡持有合法证明的单位或者持有合法身份证明的个人，在表明利用档案的目的和范围并履行相关登记手续后，均可以利用已公布的档案。

境外组织或者个人利用档案的，按照国家有关规定办理。

第二十九条 查阅、摘录、复制未开放的档案，应当经档案机构负责人批准。涉及未公开的技术问题，应当经档案形成单位或者本人同意，必要时报请校长审查批准。需要利用的档案涉及重大问题或者国家秘密，应当经学校保密工作部门批准。

第三十条 高校档案机构提供利用的重要、珍贵档案一般不提供原件。如有特殊需要，应当经档案机构负责人批准。

加盖高校档案机构公章的档案复制件与原件具有同等效力。

第三十一条 高校档案开放应当设立专门的阅览室，并编制必要的检索工具，著录标准按《档案著录规则》（DA/T 18—1999）执行，提供开放档案目录、全宗指南、档案馆指南、计算机查询系统等，为社会利用档案创造便利条件。

第三十二条 高校档案机构是学校出具档案证明的唯一机构。

高校档案机构应当为社会利用档案创造便利条件，用于公益目的的，不得收取费用；用于个人或者商业目的的，可以按照有关规定合理收取费用。

社会组织和个人利用其所移交、捐赠的档案，高校档案机构应当无偿和优先提供。

第三十三条 寄存在高校档案机构的档案归寄存者所有。高校档案机构如果需要向社会提供利用，应当征得寄存者同意。

第三十四条 高校档案机构应当积极开展档案的编研工作。出版档案史料和公布档案，应当经档案形成单位同意，并报请校长批准。

第三十五条 高校档案机构应当采取多种形式（如举办档案展览、陈列、建设档案网站等），积极开展档案宣传工作。有条件的高校应当在相关专业的高年级开设有关档案管理的选修课。

第五章　条件保障

第三十六条 高等学校应当将高校档案工作所需经费列入学校预算，保证档案工作的需求。

第三十七条 高等学校应当为档案机构提供专用的、符合档案管理要求的档案库房，对不适应档案事业发展需要或者不符合档案保管要求的馆库，按照《档案馆建设标准》（建标103—2008）的要求及时进行改扩建或者新建。

存放涉密档案应当设有专门库房。

存放声像、电子等特殊载体档案，应当配置恒温、恒湿、防火、防渍、防有害生物等必要设施。

第三十八条 高等学校应当设立专项经费，为档案机构配置档案管理现代化、档案信息化所需的设备设施，加快数字档案馆（室）建设，保障档案信息化建设与学校数字化校园建设同步进行。

第六章　奖励与处罚

第三十九条 高等学校对在档案工作中做出下列贡献的单位或者个人给予表彰与奖励：

（一）在档案的收集、整理、提供利用工作中做出显著成绩的。

（二）在档案的保护和现代化管理工作中做出显著成绩的。

（三）在档案学研究及档案史料研究工作中做出重要贡献的。

（四）将重要的或者珍贵的档案捐赠给高校档案机构的。

（五）同违反档案法律法规的行为做斗争，表现突出的。

第四十条 有下列行为之一的，高等学校应当对直接负责的主管人员和其他直接责任人员依法给予处分；构成犯罪的，由司法机关依法追究刑事责任。

（一）玩忽职守，造成档案损坏、丢失或者擅自销毁档案的。

（二）违反保密规定，擅自提供、抄录、公布档案的。

（三）涂改、伪造档案的。

（四）擅自出卖、赠送、交换档案的。

（五）不按规定归档，拒绝归档或者将档案据为己有的。

（六）其他违反档案法律法规的行为。

第七章 附 则

第四十一条 本办法适用于各类普通高等学校、成人高等学校。

第四十二条 高等学校可以根据本办法制定实施细则。

高等学校附属单位（包括附属医院、校办企业等）的档案管理由学校根据实际情况自主确定。

第四十三条 本办法自 2008 年 9 月 1 日起施行。国家教育委员会 1989 年 10 月 10 日发布的《普通高等学校档案管理办法》（国家教育委员会令第 6 号）同时废止。

高等学校教学文件材料归档范围〔87〕教办字016号

（1）上级教育主管机关下达的指令性、指导性文件：教育改革、教学计划、专业和课程设置、招生、毕业生分配等方面的计划、指示、规定、办法等。

（2）综合性教学文件材料：学校制定的各种教学制度、办法、规定、条例，教学工作的各种统计表。

（3）招生工作的材料：招生计划、简章、专业介绍、新生名册、代培计划、合同、招生工作总结等。

（4）学籍管理材料：新生登记表、学生学籍卡片及成绩卡、在校学生名册、学生学籍变更（升级、留级、休学、转学、复学、退学）的材料。

（5）学生奖惩材料。

（6）教学计划、方案和教学大纲，教学改革方案、总结。

（7）教材方面的材料：自编、主编教材的正本，各系各专业教材使用目录。

（8）教学实习、生产实习方面的材料：教学实习和生产实习的计划、大纲、总结，实习指导书，实习讲义，实习结果鉴定，有代表性的实习报告，等等。

（9）课堂教学材料：课程安排表，课程进度表，教师任课安排，典型讲义、教案，各系各专业的考试题。

（10）优秀、典型的毕业论文、毕业设计及评审意见。

（11）研究生及硕士、博士学位获得者的名册、学位论文及有关审批文件。

（12）毕业生分配材料：毕业生分配计划、方案、报告、总结，分配名单，毕业证书存根，供需见面的计划、合同。

（13）毕业生质量调查材料：学校对毕业生质量调查的计划、总结、调查表，使用单位对毕业生质量的评审意见等。

（4）师资培训的计划、考核和总结，出国进修等文件。

（5）教研室的教学总结、教师教学经验总结、教师教学质量奖励材料、教学情况调查表。

（16）教师工作量的规定及执行情况。

（17）夜大学、函授部和各类培训班、进修班形成的文件和材料。

电子公文归档管理暂行办法
（国家档案局令第 6 号 2003 年 7 月 28 日发布）

第一条 为了加强对电子公文的归档管理，有效维护电子公文的真实性、完整性、安全性和可识别性，根据《中华人民共和国档案法》《中华人民共和国档案法实施办法》和《国家行政机关公文处理办法》，制定本办法。

第二条 本办法所称的电子公文，是指各地区、各部门通过由国务院办公厅统一配置的电子公文传输系统处理后形成的具有规范格式的公文的电子数据。

第三条 电子公文形成单位应指定有关部门或专人负责本单位的电子公文归档工作，将电子公文的收集、整理、归档、保管、利用纳入机关文书处理程序和相关人员的岗位责任。

机关档案部门应参与和指导电子公文的形成、办理、收集和归档等各工作环节。

第四条 副省级以上档案行政管理部门负责对电子公文的归档管理工作进行监督和指导。

电子公文的真实性、完整性、安全性和可识别性，移交前由形成部门负责，移交后由档案部门负责。

第五条 电子公文参照国家有关纸质文件的归档范围进行归档并划定保管期限。

第六条 电子公文一般应在办理完毕后即时向机关档案部门归档。

第七条 电子公文形成单位必须将具有永久和长期保存价值的电子公文制成纸质公文,与原电子公文的存储载体一同归档,并使两者建立互联。

第八条 需要永久和长期保存的电子公文,应在每一个存储载体中同时存有相应的符合规范要求的机读目录。

第九条 电子公文的收发登记表、机读目录、相关软件、其他说明等应与相对应的电子公文一同归档保存。

第十条 电子公文的归档应在"全国政府系统办公业务资源网电子邮件系统"平台上进行,各电子公文形成单位档案部门应配置足够容量和处理能力及相对安全的系统设备。

第十一条 电子公文形成单位应在运行电子公文处理系统的硬件环境中设置足够容量、安全的暂存存储器,存放处理完毕应归档保存的电子公文,以保证归档电子公文的完整、安全。

第十二条 电子公文形成单位应在电子公文处理系统中设置符合安全要求的操作日志,随时自动记录对电子公文实时操作的人员、时间、设备、项目、内容等,以保证归档电子公文的真实性。

第十三条 电子公文形成单位应在电子公文归档时对相关项目进行检查,检查项目包括与纸质公文核对内容、签章,审核电子公文收发登记表、操作日志及相关的著录条目,等等,确认电子公文及相关的信息和软件无缺损且未被非正常改动,电子公文与相应的纸质公文内容及其表现形式一致,处理过程无差错。

第十四条 归档电子公文的移交形式可以是交接双方之间进行存储载体传递或通过电子公文传输系统从网上交接。

第十五条 通过存储载体进行交接的归档电子公文,移交与接收部门均应对其载体和技术环境进行检验,确保载体清洁、无划痕、无病毒等。

第十六条 归档电子公文应存储到符合保管要求的脱机载体上。归档保存的电子公文一般不加密,必须加密归档的电子公文应与其解密软件和说明文件一同归档。

第十七条 归档的电子公文,应按本单位档案分类方案进行分类、整理,并拷贝至耐久性好的载体上,一式 3 套,一套封存保管,一套异地保管,一套提供利用。

第十八条 档案部门应加强对归档电子公文的管理，提供利用有密级要求的归档电子公文，应严格遵守国家有关保密的规定。采用联网的方式提供利用的，应采取稳妥的身份认定、权限控制及在存有电子公文的设备上加装防火墙等安全保密措施。

第十九条 超过保管期限的归档电子公文的鉴定和销毁，应按照归档纸质文件的有关规定执行。对确认销毁的电子公文可以进行逻辑或物理删除，并应由档案部门列出销毁文件目录存档备查。

第二十条 其他类型电子公文的归档管理可参照本办法。

第二十一条 本办法未尽事宜，参照国家其他有关电子文件的标准和规定。

第二十二条 本办法由国家档案局负责解释。

第二十三条 本办法自 2003 年 9 月 1 日起施行。

电子文件归档与电子档案管理规范（GB/T 18894—2016）

1 范 围

本标准规定了在公务活动中产生的，具有保存价值的电子文件的收集、整理、归档与电子档案的编目、管理与处置的一般方法。

本标准适用于机关、团体、企事业单位和其他组织在处理公务过程中产生的电子文件归档与电子档案管理，其他活动中产生的电子文件归档与电子档案管理可参照执行。

2 规范性引用文件

下列文件对本文件的应用是必不可少的。凡是注日期的引用文件，仅注日期的版本适用于本文件。凡是不注日期的引用文件，其最新版本（包括所有的修改单）适用于本文件。

GB/T 2828.1—2012 计数抽样检验程序 第 1 部分：按接收质量限（AQL）检索的逐批检验抽样计划（ISO 2859-1：1999，IDT）

GB/T 7156—2003 文献保密等级代码与标识

GB/T 9704—2012 党政机关公文格式

GB/T 11821—2002 照片档案整理规范

GB/T 11822—2008 科学技术档案案卷构成的一般要求

GB/T 12628—2008 硬磁盘驱动器通用规范

GB/T 17678—1999 CAD 电子文件光盘存储、归档与档案管理要求

GB/T 20988—2007 信息安全技术 信息系统灾难恢复规范

GB/T 26163.1—2010 信息与文献 文件管理过程 文件元数据 第1部分：原则（ISO 23081-1，IDT）

GB/T 29194—2012 电子文件管理系统通用功能要求

DA/T 13—1994 档号编制规则

DA/T 15—1995 磁性载体档案管理与保护规范

DA/T 18—1999 档案著录规则

DA/T 22 归档文件整理规则

DA/T 28—2002 国家重大建设项目文件归档要求与档案整理规范

DA/T 31 纸质档案数字化技术规范

DA/T 32—2005 公务电子邮件归档与管理规则

DA/T 38—2008 电子文件归档光盘技术要求和应用规范

DA/T 46—2009 文书类电子文件元数据方案

DA/T 47—2009 版式电子文件长期保存格式需求

ISO 13008：2012 信息与文献 数字档案转换和迁移过程（Information and documentation Digital records conversion and migration process)

ISO/TR 13028：2010 信息与文献 档案数字化实施指南 (Information and documentation Imple– mentation guidelines for digitization of records)

ISO 16175.2:2011 信息与文献 电子办公环境中档案管理原则和功能要求 第2部分：数字档案管理系统指南与功能要求（Principles and functional requirements for records in electronic office en vironments — Part 2：Guidelines and functional requirements for digital records management systems)

ISO 16175.3:2010 信息与文献 电子办公环境中档案管理原则和功能要求 第3部分：业务系统中档案管理指南与功能要求（Information and documentation — Principles and functional requirements for records in electronic office environments — Part 3：Guidelines and functional requirements for records in business systems)

3 术语和定义

下列术语和定义适用于本文件。

3.1 电子文件（electronic document）

国家机构、社会组织或个人在履行其法定职责或处理事务过程中，通过计算机等电子设备形成、办理、传输和存储的数字格式的各种信息记录。电子文件由内容、结构、背景组成。

3.2 电子档案（electronic records）

具有凭证、查考和保存价值并归档保存的电子文件（3.1）。

3.3 元数据（metadata）

描述电子文件和电子档案的内容、背景、结构及其管理过程的数据。

注：改成 GB/T 26162.1—2010，定义 3.12。

3.4 组件（component）

构成电子文件、电子档案且独立存在的一个比特流。

[ISO 16175.2—2011,3 术语和定义]

示例：文书类电子档案的组件包括电子公文正文、若干附件、定稿或修改稿、公文处理单等。

3.5 真实性（authenticity）

电子文件、电子档案的内容、逻辑结构和形成背景与形成时的原始状说相一致的性质。

3.6 可靠性（reliability）

电子文件、电子档案的内容完全和正确地表达其所反映的事务、活动或事实的性质。

3.7 完整性（integrity

电子文件、电子档案的内容、结构和背景信息齐全且没有破坏、变异或丢失的性质。

3.8 可用性（useability）

电子文件、电子档案可以被检索、呈现或理解的性质。

3.9 业务系统（business system）

形成或管理机构活动数据的计算机信息系统。

示例：办公自动化系统、电子商务系统、财务系统、人力资源系统、产品数据管理系统、网站系统、电子邮件系统等促进机构事务处理的应用系统。

3.10 电子档案管理系统（electronic records management system）

对电子档案 (3.2) 进行采集（3.11）、归档（3.12）、编目、管理和处置的计算机信息系统。

3.11 采集（capture）

对电子文件、电子档案及其元数据进行收集和存储的方法与过程。

3.12 归档（archiving）

将具有凭证、查考和保存价值且办理完毕、经系统整理的电子文件（3.1）及其元数据（3.3）管理权限向档案部门提交的过程。

3.13 移交（transfer）

按照国家规定将电子档案（3.2）的保管权交给国家档案馆的过程。

3.14 登记（registration）

电子档案进入电子档案管理系统（3.10）时赋予电子档案唯一标识符的行为。

注：改写 GB/T 26162.1—2010，3.18。

3.15 转换（conversion）

在维护真实性、完整性和可用性的前提下，将电子档案从一种载体转换到另一种载体或从一种格式转换成另一种格式的过程。

注：改写 GB/T 26162.1—2010，3.7。

3.16 迁移（migration）

在维护真实性、完整性和可用性的前提下，将电子档案从一个系统转移到另一个系统的过程。

注：改写 GB/T 26162.1—2010，3.13。

4 总　则

4.1 电子文件归档与电子档案管理应遵循纳入单位信息化建设规划、技术与管理并重、便于利用和安全可靠的原则。

4.2 应对电子文件、电子档案实施全程和集中管理，确保电子档案的真实性、可靠性、完整性与可用性。

4.3 应建立严格的管理制度，明确相关部门电子文件归档和电子档案管理的职责与分工，主要包括以下四类部门的职责与分工：

a）档案部门负责制定电子文件归档与电子档案管理制度，提出业务系统电子文件归档功能要求，负责电子档案管理系统的建设与应用培训；负责指导电子文件形成或办理部门按归档要求管理应归档电子文件；负责电子文件归档和电子档案编目、管理和处置等各项工作。

b）电子文件形成或办理部门负责电子文件的收集、整理、著录和移交归档等工作。

c）信息化部门负责依据标准建设业务系统电子文件归档功能，参与电子档案管理系统建设，为电子档案管理提供信息化支持。

d）保密部门负责监督涉密电子文件归档和电子档案的保密管理。

4.4 应明确各门类电子文件及其元数据的归档范围、时间、程序、接口和格式等要求。

4.5 应执行规范的工作程序，采取必要的技术手段，对电子文件归档和电子档案管理全过程实行监控。

4.6 应基于安全的网络和离线存储介质实施电子文件归档和电子档案管理。

5 业务系统与电子档案管理系统

5.1 业务系统电子文件归档功能

5.1.1 应能按 6、7、8.1 ~ 8.4 给出的相关要求形成、收集、整理、归档电子文件及其元数据。

5.1.2 应内置电子文件分类方案、保管期限表等工具，支持电子文件形成或办理部门完整收集、整理应归档电子文件及其元数据。

5.1.3 应能以单个流式文档集中记录电子文件拟制、办理过程中对其进行的全部修改信息。

5.1.4 能按内置规则自动命名、存储电子文件及其组件，保持电子文件内在的有机联系，建立电子文件与元数据之间的关联关系。

5.1.5 能按标准生成电子文件及其元数据归档数据包，或向归档接口推送电子文件及其元数据。

5.1.6 能对已收集、积累的电子文件的所有操作进行跟踪、审计。

5.1.7 需通过业务系统开展电子档案管理活动时，业务系统电子档案管理功能应参照 GB/T 29194—2012、ISO 16175-3:2010 等标准以及 5.2 给出的要求执行。

5.2 电子档案管理系统基本功能

5.2.1 电子档案管理系统基本功能和可选功能应参照 GB/T 29194—2012、DA/T 31、ISO 13028—2010、JSO 16175-2:2011 等标准以及同级国家综合档案馆的相关要求执行。

5.2.2 应具备电子档案管理配置功能，包括分类方案管理、档号规则管理、保管期限表管理、元数据方案管理、门类定义等功能。

5.2.3 应具备电子档案管理功能，包括电子档案及其元数据的采集、登记、分类、编目、命名、存储、利用、统计、鉴定、销毁、移交、备份、报表管理等功能。

5.2.4 应具备电子档案安全管理功能，包括身份认证、权限管理、跟踪审计、生成固化信息等功能。

5.2.5 应具备系统管理功能，包括系统参数管理、系统用户和资源管理、系统功能配置、操作权限分配、事件报告等功能。

5.2.6 应具备各门类纸质档案管理功能，包括对电子档案和纸质档案同步编目、排序、编制档号等功能。

5.2.7 应具备纸质档案数字化以及纸质档案数字副本管理功能。

5.3 档案信息化基础设施

5.3.1 档案信息化基础设施和信息安全设施应能保障电子档案管理系统的正常运行，满足电子文件归档与电子档案管理活动的实际需求。

5.3.2 应为档案部门配备局域网、政务网和互联网等网络基础设施,网络性能应能适应各门类电子文件、电子档案传输、利用要求。

5.3.3 应配备与电子档案管理系统以及电子档案管理需求相适应的系统硬件、基础软件和存储、备份等设备。

5.3.4 应配备与电子档案管理系统相适应的安全保障设施,包括杀毒软件、防火墙等设备。

5.4 电子档案管理系统安全管理

5.4.1 电子档案管理系统安全管理应参照《档案信息系统安全等级保护定级工作指南》、涉密计算机信息系统分级保护等规定执行。

5.4.2 应建立电子档案管理系统安全管理制度,明确管理职责和要求,规范操作行为。

5.4.3 电子档案管理系统以及档案信息化基础设施、信息安全设施等各种设备的选型、采购应符合国家有关信息安全和知识产权保护等方面的规定。

5.4.4 支撑电子档案管理系统运行的网络应与互联网物理隔离,与互联网设备之间的数据传输应通过一次性写入光盘实施。

5.4.5 严格管理电子档案管理系统的专用离线存储介质及其用户,定期查杀病毒,监控非授权用户的登录与操作行为。

5.4.6 应制定并实施电子档案管理系统应急处置预案,明确职责分工和保障措施,建立预防预警、应急响应和奖惩等应急处置机制。

6 电子文件归档范围

6.1 电子文件归档范围

6.1.1 反映单位职能活动、具有查考和保存价值的各门类电子文件及其元数据应收集、归档。

6.1.2 文书类电子文件归档范围按照《机关文件材料归档范围和档案保管期限规定》《企业文件材料归档范围和档案保管期限规定》等执行。

6.1.3 照片、录音、录像等声像类电子文件归档范围参照 GB/T 11821—2002 执行。

6.1.4 科技类电子文件的归档范围按照 GB/T 11822—2008、DA/T 28—2002 等标准执行。

6.1.5 各种专业类电子文件归档范围按照国家相关规定执行。

6.1.6 邮件类电子文件的归档范围按照 DA/T 32—2005 等标准执行。

6.1.7 网页、社交媒体类电子文件归档范围可参照《机关文件材料归档范围和档案保管期限规定》执行。

6.2 电子文件元数据归档范围

6.2.1 应归档电子文件元数据应与电子文件一并收集、归档。

6.2.2 文书类电子文件应归档元数据按照 DA/T 46—2009 等标准执行，至少包括：

a）题名、文件编号、责任者、日期、机构或问题、保管期限、密级、格式信息、计算机文件名、计算机文件大小、文档创建程序等文件实体元数据；

b）记录有关电子文件拟制、办理活动的业务行为、行为时间和机构人员名称等元数据，应记录的拟制、办理活动包括发文的起草、审核、签发、复核、登记、用印、核发等，收文的签收、登记、初审、承办、传阅、催办、答复等。

6.2.3 科技、专业、邮件、网页、社交媒体类电子文件应归档元数据可参照6.2.2 给出的要求执行。

6.2.4 声像类电子文件应归档元数据包括题名、摄影者、录音者、摄像者、人物、地点、业务活动描述、密级、计算机文件名等。

7 电子文件的收集与整理

7.1 电子文件及其元数据的收集

7.1.1 应在业务系统电子文件拟制、办理过程中完成电子文件的收集，声像类电子文件、在单台计算机中经办公、绘图等应用软件形成的电子文件的收集由电子文件形成部门基于电子档案管理系统或手工完成。

7.1.2 应齐全、完整地收集电子文件及其组件，电子文件内容信息与其形成时保持一致，包括但不限于以下 6 个方面的要求：

a）同一业务活动形成的电子文件应齐全、完整；

b）电子公文的正本、正文与附件、定稿或修改稿、公文处理单等应齐全、完整，电子公文格式要素符合 GB/T 9704—2012 的有关要求；

c）在计算机辅助设计和制造过程中形成的产品模型图、装配图、工程图、物料清单、工艺卡片、设计与工艺变更通知等电子文件及其组件应齐全、完整；

d）声像类电子文件应能客观、完整地反映业务活动的主要内容、人物和场景等；

e）邮件、网页、社交媒体类电子文件的文字信息、图像、动画、音视频文件等应齐全、完整，网页版面格式保持不变。需收集、归档完整的网站系统时，应同时收集网站设计文件、维护手册等；

f）以专有格式存储的电子文件不能转换为通用格式时，应同时收集专用软件、技术资料、操作手册等。

7.1.3 以公务电子邮件附件形式传输、交换的电子文件，应下载并收集、归入业务系统或存储文件夹中。

7.1.4 应由业务系统按照 6.2.2、6.2.3 给出的要求，在电子文件拟制、办理过程中采集文书、科技、专业等类电子文件元数据。

7.1.5 可使用 WPS 表格或电子档案管理系统按照 6.2.2 a）、6.2.4 给出的要求著录、采集在单台计算机中经办公、绘图等应用软件形成的各门类电子文件元数据以及声像类电子文件元数据。

7.2 电子文件的整理

7.2.1 应在电子文件拟制、办理或收集过程中完成保管期限鉴定、分类、排序、命名、存储等整理活动，并同步完成会议记录、涉密文件等纸质文件的整理。

7.2.2 应以件为管理单位整理电子文件，也可根据实际，以卷为管理单位进行整理。整理活动应保持电子文件内在的有机联系，建立电子文件与元数据的关联。

7.2.3 应基于业务系统完成电子文件、纸质文件的整理，声像类电子文件的整理由电子文件形成部门基于电子档案管理系统或手工完成。

7.2.4 应归档电子文件保管期限分为永久、定期 30 年和定期 10 年等。

7.2.5 电子文件分类按照电子档案分类方案执行，可执行的标准或分类方案有：

a）文书类电子文件的分类整理按照 DA/T 22 执行。

b）科技类电子文件应按照 GB/T 11822—2008、DA/T 28—2002、《企业文件材料归档范围和档案保管期限规定》等进行分类。

c）专业、邮件、网页、社交媒体等类电子文件可参照 DA/T 22 等要求进行分类。有其他专门规定的，从其规定。

d）声像类电子文件应按照年度—保管期限—业务活动或保管期限—年度—业务活动等分类方案进行分类。

7.2.6 应在整理过程中基于业务系统电子文件元数据库建立纸质文件目录数据，涉密纸质文件目录数据的录入应符合国家保密管理要求，目录数据项参照 6.2.2 a）给出的要求执行。

7.2.7 应在分类方案下按照业务活动、形成时间等关键字，对电子文件元数据、纸质文件目录数据进行同步排序，排序结果应能保持电子文件、纸质文件之间的有机联系。

7.2.8 应按规则命名电子文件，命名规则应能保持电子文件及其组件的内在有机联系与排列顺序，能通过计算机文件名元数据建立电子文件与相应元数据的关联，具体要求如下：

a）应由业务系统按内置命名规则自动、有序地为电子文件及其组件命名。

b）在单台计算机中经办公、绘图等类应用软件形成的电子文件，应采用完整、准确的电子文件题名命名。

c）声像类电子文件可采用数字摄录设备自动赋予的计算机文件名。

7.2.9 可参照分类方案在计算机存储器中建立文件夹集中存储电子文件及其组件，完成整理活动。

8 电子文件归档与电子档案编目

8.1 电子文件归档程序与要求

8.1.1 电子文件形成或办理部门、档案部门可在归档过程中基于业务系统、电子档案管理系统完成电子文件及其元数据的清点、鉴定、登记和填写电子文件归档登记表（见表附录 A-1）等主要归档程序。

8.1.2 应清点、核实电子文件的门类、形成年度、保管期限、件数及其元数据数量等。

8.1.3 应对电子文件的真实性、可靠性、完整性和可用性进行鉴定，鉴定合格率应达到 100%，包括：

a）电子文件及其元数据的形成、收集和归档符合制度要求。

b）电子文件及其元数据能一一对应，数量准确且齐全、完整。

c）电子文件与元数据格式符合 8.3、8.4 给出的要求。

d）以专有格式归档的，其专用软件、技术资料等弄全、完整。

e）加密电子文件已解密。

f）电子文件及其元数据经安全网络或专用离线存储介质传输、移交。

g）电子文件无病毒，电子文件离线存储介质无病毒、无损伤，可正常使用。

8.1.4 档案部门应将清点、鉴定合格的电子文件及其元数据导入电子档案管理系统预归档库，自动采集电子文件结构元数据，通过计算机文件名建立电子文件与元数据的关联，在管理过程元数据中记录登记行为，登记归档电子文件。

8.1.5 应依据清点、鉴定结果，按批次或归档年度填写电子文件归档登记表（见表附录 A-1），完成电子文件的归档。

8.2 电子文件归档时间与归档方式

8.2.1 电子文件形成或办理部门应定期将已收集、积累并经过整理的电子文件及其元数据向档案部门提交归档，归档时间最迟不能超过电子文件形成后的第 2 年 6 月。

8.2.2 应基于安全的网络环境或专用离线存储介质，采用在线归档或离线归档方式，通过电子档案管理系统客户端或归档接口完成电子文件及其元数据的归档。

8.2.3 应结合业务系统、电子档案管理系统运行网络环境以及本单位实际，确定电子文件及其元数据归档接口并做出书面说明，归档接口通常包括但不限于以下三种：

a）webservice 归档接口。

b）中间数据库归档接口。

c）归档电子文件及其元数据的规范存储结构。

8.3 电子文件归档格式

8.3.1 电子文件归档格式应具备格式开放、不绑定软硬件、显示一致性、可转换、易于利用等性能，能够支持同级国家综合档案馆向长期保存格式转换。

8.3.2 电子文件应以通用格式形成、收集并归档，或在归档前转换为通用格式。版式文件格式应按照 DA/T 47—2009 执行，可采用 PDF、PDF/A 格式。

8.3.3 以文本、位图文件形成的文书、科技、专业类电子文件应按以下要求归档：

a）电子公文正本、定稿、公文处理单应以版式文件格式，其他电子文件、电子文件组件可以版式文件、RTF、WPS、DOCX、JPG、TIF、PNG 等通用格式归档。

b）电子文件及其组件按顺序合并转换为一个版式文件。

8.3.4 在计算机辅助设计与制造过程中形成的科技类电子文件应按以下要求归档：

a）二维矢量文件以 SVG、SWF、WMF、EMF、EPS、DXF 等格式归档。

b）三维矢量文件需永久保存的应转换为 STEP 格式归档，其他可根据需要按8.3.4 a）给出的要求转为二维矢量文件归档。

8.3.5 以数据库文件形成的科技、专业类电子文件应根据数据库表结构及电子档案管理要求转换为以下格式归档：

a）以 ET、XLS、DBF、XML 等任一格式归档。

b）参照纸质表单或电子表单版面格式，将应归档数据库数据转换为版式文件归档。

8.3.6 照片类电子文件以 JPG、TIF 等格式归档；录音类电子文件以 WAV、MP3 等格式归档；录像类电子文件以 MPG、MP4、FLV、AVI 等格式归档，珍贵且需永久保存的可收集、归档一套 MXF 格式文件。

8.3.7 公务电子邮件以 EML 格式，网页、社交媒体类电子文件以 HTML 等格式归档。

8.3.8 专用软件生成的电子文件原则上应转换成通用格式归档。

8.4 电子文件元数据归档格式

8.4.1 应根据电子文件归档接口以及元数据形成情况确定电子文件元数据归档格式。

8.4.2 经业务系统形成的各门类电子文件元数据应根据归档接口确定归档格式：

a）选择 8.2.3 a）或 8.2.3 c）所述归档接口时，可以 ET、XLS、DBF、XML 等任一格式归档。

b）选择 8.2.3 b）所述归档接口时，可与电子文件一并由业务系统数据库推送至中间数据库，也可由中间数据库导出数据库数据文件。

8.4.3 声像类电子文件元数据和在单台计算机中经办公、绘图等应用软件形成的电子文件可以 ET、XLS、DBF 等格式归档。

8.5 电子档案的编目

8.5.1 应对电子档案与纸质档案进行同步整理审核、编制档号等编目活动。

8.5.2 应对整理阶段划定的电子档案保管期限与分类结果进行审核和确认，对不合理或不准确的应进行修正。

8.5.3 应在整理审核基础上，对电子档案、纸质档案重新排序，并依据排序结果编制文件级档号。

8.5.4 应采用文件级档号或唯一标识符作为要素为电子档案及其组件重命名，同时更新相应的计算机文件名元数据。

8.5.5 应按照 DA/T 18—1999 以及 6.2.4 给出的要求对电子档案、纸质档案做进一步著录，规范、客观、准确地描述主题内容与形式特征。

8.5.6 完成整理编目后，应将电子档案及其元数据、纸质档案目录数据归入电子档案管理系统正式库，并参照 7.2.9 给出的要求分类、有序地存储电子档案及其组件。

8.6 档号编制要求

8.6.1 应按照 DA/T 13—1994 等标准以及电子档案全程管理要求确定档号编制规则。

8.6.2 应采用同级国家综合档案馆档号编制规则为室藏电子档案、纸质档案编制档号。

8.6.3 档号应能唯一标识全宗内任一电子档案或纸质档案。

8.6.4 以档号作为电子档案命名要素时，计算机文件名应能在计算机存储器中唯一标识、有序存储全宗内任意一件电子档案及其组件。

9 电子档案的管理

9.1 电子档案的存储

9.1.1 应为电子档案及其元数据的安全存储配置与电子档案管理系统相适应的在线存储设备。

9.1.2 电子档案管理系统应依据档号等标识符构成要素在计算机存储器中逐级建立文件夹，分门别类、集中有序地存储电子档案及其组件，并在元数据中自动记录电子档案在线存储路径。

9.1.3 在线存储系统应实施容错技术方案，定期扫描、诊断硬磁盘，发现问题应及时处置。

9.2 电子档案的备份

9.2.1 应结合单位电子档案管理和信息化建设实际，在确保电子档案的真实、完整、可用和安全基础上，统筹制定电子档案备份方案和策略，实施电子档案及其元数据、电子档案管理系统及其配置数据、日志数据等备份管理。

9.2.2 电子档案近线备份与灾难备份的基本要求如下：

a）宜采用磁带备份系统进行近线备份，定期对电子档案及其元数据、电子档案管理系统的配置数据和日志数据等进行全量、增量或差异备份。

b）电子档案数量达到一定量且条件许可时，可实施电子档案管理系统和数据库系统的热备份。

c）本单位建设灾难备份中心时，应将电子档案及其元数据、电子档案管理系统的灾难备份纳入规划之中，进行同步分析、设计和建设。电子档案的灾难备份和灾难恢复应参照 GB/T 20988—2007 等标准要求执行。

9.2.3 电子档案离线备份的基本要求如下：

a）应采用一次写光盘、磁带、硬磁盘等离线存储介质，参照 GB/T 2828.1—2012、GB/T 12628—2008、GB/T 17678—1999、DA/T 15—1995、DA/T 38—2008 等标准实施电子档案及其元数据、电子档案管理系统配置数据、日志数据等的离线备份。

b）电子档案离线存储介质至少应制作一套。可根据异地备份、电子档案珍贵程度和日常应用需要等实际情况，制作第二套、第三套离线存储介质，并在装具上标识套别。

c）应对离线存储介质进行规范管理，按规则编制离线存储介质编号，按规范结构存储备份对象和相应的说明文件，标识离线存储介质。禁止在光盘表面粘贴标签。

d）离线存储介质的保管除参照纸质档案保管要求外，还应符合下列条件：

——应做防写处理，避免擦、划、触摸记录涂层。

——应装盒，竖立存放或平放，避免挤压。

——应远离强磁场、强热源，并与有害气体隔离。

——保管环境温度选定范围：光盘 17 ～ 20℃，磁性载体 15 ～ 27℃。相对湿度选定范围：光盘 20% ～ 50%，磁性载体 40% ～ 60%。具体要求见 DA/T 15—1995、DA/T 38—2008。

e）电子档案或电子档案离线存储介质自形成起一年内可送同级国家综合档案馆电子档案中心进行备份。

f）应定期对磁性载体进行抽样检测，抽样率不低于 10%；抽样检测过程中如果发现永久性误差时应扩大抽检范围或进行 100% 的检测，并立即对发生永久性误差的磁性存储介质进行复制或更新。

g）对光盘进行定期检测，检测结果超过三级预警线时应立即实施更新。

h）离线存储介质所采用的技术即将淘汰时，应立即将其中存储的电子档案及其元数据等转换至新型且性能可靠的离线存储介质之中。

i）确认离线存储介质的复制、更新和转换等管理活动成功时，再按照相关规定对原离线存储介质实施破坏性销毁。应对离线存储介质管理活动进行登记，登记内容参见表附录 A–2。

9.3 电子档案的利用

9.3.1 电子档案的提供利用应严格遵守国家相关保密规定。

9.3.2 应根据工作岗位、职责等要求在电子档案管理系统中为利用者设置相应的电子档案利用权限。

9.3.3 利用者应在权限允许范围内检索、浏览、复制、下载电子档案、电子档案组件及其元数据。

9.3.4 电子档案及其元数据的离线存储介质不得外借，其使用应在档案部门的监控范围内。

9.3.5 对电子档案采用在线方式提供利用时，应遵守国家有关信息安全的相关规定，从技术和管理两方面采取严格的管理措施。

9.4 电子档案的统计

9.4.1 应按照档案统计年报要求及本单位实际需要对各门类电子档案情况进行统计。

9.4.2 可按档案门类、年度、保管期限、密级、卷数、件数、大小、格式、时长、销毁、移交等要素，对室藏电子档案数量等情况进行统计。

9.4.3 可按年度、档案门类、保管期限、卷数、件数、利用人次、利用目的、复制、下载等要素对电子档案利用情况进行统计。

9.5 电子档案元数据的维护

9.5.1 应基于电子档案管理系统在电子档案管理全过程中持续开展电子档案元数据采集、备份、转换和迁移等管理活动。

9.5.2 实施电子档案管理系统升级或更新、电子档案格式转换等管理活动时，应自动采集新增的电子档案背景、结构元数据，包括信息系统描述、格式信息、音频编码标准、视频编码标准、技术参数等。

9.5.3 应参照 GB/T 26163.1—2010 等标准持续并自动采集电子档案管理过程元数据，应记录的电子档案管理过程包括登记、格式转换、迁移、鉴定、销毁、移交等，具体见 8.1.4、10.2.5、10.3.4 给出的要求。

9.5.4 应通过备份、格式转换、迁移等措施管理电子档案元数据，包括电子文件归档接收的以及归档后形成的电子档案元数据，具体见 9.2、10.2、10.3.4 给出的要求。

9.5.5 应禁止修改电子档案背景、结构和管理过程元数据，对题名、责任者、文件编号、日期、人物、保管期限、密级等元数据的修改应符合管理规定，修改操作应记录于日志文件中。

9.5.6 应确保电子档案与其元数据之间的关联关系得到维护。

10 电子档案的处置

10.1 电子档案的鉴定与审查

10.1.1 应定期对电子档案进行销毁鉴定和解密审查，鉴定、审查程序应符合国家有关规定。

10.1.2 档案部门应根据本单位档案保管期限表进行电子档案销毁鉴定，提出被鉴定对象的续存或销毁意见，必要时可协商相关职能部门。销毁鉴定意见经上级领导或主管部门审核、批准后方可实施。

10.1.3 电子档案的解密审查应由档案部门、保密部门共同实施，必要时可协商相关职能部门。解密审查意见经上级领导或主管部门审核、批准后方可实施。

10.1.4 应根据电子档案所标密级并结合国家有关政策、要求，参照 GB/T 7156—2003 等标准定期对涉密电子档案进行密级审查，实施解密、延长保密期限或提升密级等处置活动。

10.1.5 到期电子档案移交进馆前，应进行解密审查。

10.2 电子档案的转换与迁移

10.2.1 应在确保电子档案的真实、可靠、完整和可用基础上，参照 ISO 13008—2012 等标准实施电子档案及其元数据的转换或迁移。

10.2.2 出现以下但不限于以下情况时，应实施电子档案及其元数据的转换或迁移：

a）电子档案当前格式将被淘汰或失去技术支持时，应实施电子档案或元数据的格式转换。

b）因技术更新、介质检测不合格等原因需更换离线存储介质时，应实施电子档案或元数据离线存储介质的转换。

c）支撑电子档案管理系统运行的操作系统、数据库管理系统、台式计算机、服务器、磁盘阵列等主要系统硬件、基础软件等设备升级、更新时，应实施电子档案管理系统、电子档案及其元数据的迁移。

d）电子档案管理系统更新时，应实施电子档案及其元数据的迁移。

10.2.3 应按照确认转换或迁移需求、评估转换或迁移风险、制定转换或迁移方案、审批转换或迁移方案、转换或迁移测试、实施转换或迁移、评估转换或迁移结果、报告转换或迁移结果等步骤实施电子档案及 / 或元数据的转换或迁移。

10.2.4 应在确信转换或迁移活动成功实施之后，根据本单位实际对转换或迁移前的电子档案及其元数据进行销毁或继续留存的处置。

10.2.5 电子档案及其元数据的转换、迁移活动应记录于电子档案管理过程元数据中，并填写电子档案格式转换与迁移登记表（表附录 A-3）。

10.2.6 重新对经过格式转换后的电子档案及其元数据进行备份。

10.3 电子档案的移交与销毁

10.3.1 保管期限为永久的电子档案及其元数据自形成之日起 5 年内应向同级国家综合档案馆移交，移交工作按照《电子档案移交与接收办法》和同级国家综合档案馆的要求执行。

10.3.2 纸质、银盐感光材料等各门类传统载体档案应以数字副本及其目录数据移交进馆，以确保移交年度内数字档案资源的完整性。纸质档案数字化转换应按照 DA/T 31、ISO/TR 13028—2010 以及同级国家综合档案馆的要求执行。

10.3.3 电子档案的销毁应参照国家关于档案销毁的有关规定与程序执行。

10.3.4 应从在线存储设备、异地容灾备份系统中彻底删除应销毁电子档案，电子档案管理系统应在管理过程元数据、日志中自动记录鉴定、销毁活动，将被销毁电子档案的元数据移入销毁数据库。

10.3.5 应销毁电子档案的离线存储介质，应对其实施破坏性销毁。实施销毁前，应对备份其中的其他电子档案进行离线存储介质的转换。

10.3.6 属于保密范围的电子档案，其销毁应按国家保密规定实施。

10.3.7 应填写电子档案销毁登记表（表附录 A-4）并归档保存。

附录 A（资料性附录）登记表格式

表附录A-1 电子文件归档登记表

单位名称		
归档时间		归档电子文件门类
归档电子文件数量	卷 件 张 分钟 字节	
归档方式	□ 在线归档 □ 离线归档	
检验项目	检验结果	
载体外观检验		
病毒检验		
真实性检验		
可靠性检验		
完整性检验		
可用性检验		
技术方法与相关软件说明 登记表、软件、说明资料检验		
电子文件形成或办理部门（签章） 年 月 日	档案部门（签章） 年 月 日	

注：归档电子文件门类包括文书、科技、专业、声像、电子邮件、网页、社交媒体、其他

表附录A-2　电子档案离线存储介质管理登记表

单位名称			
管理授权			
责任部门			
管理类型	□复制　　　　□更新　　　　□转换		
源介质描述 （类型、品牌、参数、数量等）			
目标介质描述（类型、品牌、参数、数量等）			
完成情况 （操作前后电子档案及其元数据内容、数量等一致性情况）			
管理起止时间			
操作者			
填表人（签名） 　　　　年 月 日	审核人（签名） 　　　年 月 日		单位（签章） 年 月 日

表附录A-3　电子档案格式转换与迁移登记表

单位名称	
管理授权	
责任部门	

管理类型	□格式转换　　　□迁移	
源格式或系统描述		
目标格式或系统描述		
完成情况 （操作前后电子档案及其元数据内容、数量一致性情况等）		
操作起止时间		
操作者		
填表人（签名） 　　　　年 月 日	审核人（签名） 　　　　年 月 日	单位（签章） 　　　　年 月 日

表附录A-4　电子档案销毁登记表

单位名称	
销毁授权	
被销毁电子档案情况 （范围、数量、大小等）	
在线存储内容销毁说明	
异地容灾备份内容销毁说明	

离线存储介质销毁说明	
销毁起止时间	
操作者	

填表人（签名）	审核人（签名）	单位（签章）
年 月 日	年 月 日	年 月 日

公务电子邮件归档与管理规则
（中华人民共和国档案行业标准 DA/T32—2005）

1 范　围

本标准规定了公务电子邮件的撰写、传递、鉴定、归档、整理、移交与保管等规范化程序与管理规则。

本标准适用于公务电子邮件的归档与管理，在维护其真实性、完整性和长期可读性的基础上，为其安全保管和有效开发利用提供依据。

国家机关、团体、企事业单位和其他社会组织的公务电子邮件归档与管理适用本标准。

2 规范性引用文件

下列文件中的条款通过本标准的引用而成为本标准的条款。凡是注明日期的引用文件，其随后所有的修改单（不包括勘误的内容）或修订版均不适用于本标准，然而鼓励根据本标准达成协议的各方，研究是否可使用这些文件的最新版本。凡是不注明日期的引用文件，其最新版本适用于本标准。

GB/T 18894—2002 电子文件归档与管理规范

GB/T 17678.1—1999CAD 电子文件光盘存储、归档与档案管理要求第一部分：电子文件归档与档案管理

GB/T 17678.2—1999CAD 电子文件光盘存储、归档与档案管理要求第二部分：光盘信息组织结构

DA/T 1—2000 档案工作基本术语

DA/T 18—1999 档案著录规则

DA/T 22—2000 归档文件整理规则

国家档案局令第 6 号电子公文归档管理暂行办法

3 术语和定义

DA/T I—2000 确立的以及下列术语和定义适用于本标准。

3.1 电子邮件（electronic mail）

由电子计算机生成、处理，并通过电子邮件系统经由计算机网络发送和接收的电子信息。它包括信息文本本身及其附件。

电子邮件可在一机构内部进行传递，也可在政府部门之间或政府部门与公众之间进行传递。电子邮件分为三种：公务电子邮件、暂时性公务电子邮件、私人电子邮件。

3.2 公务电子邮件（electronic mail document）

国家机关、团体、企事业单位和其他社会组织在公务活动中产生的经由电子邮件系统传输的电子邮件。

3.3 公务电子邮件系统（electronic mail document system）

用于产生、传送、接收、阅读和处置公务电子邮件的计算机应用系统。

3.4 电子文件管理系统（electronic records management system）

为了收集、组织、记录电子文件信息并对其进行分类，以利于电子文件保存、检索、使用和处置的计算机应用系统。

4 总 则

4.1 公务电子邮件自形成时应有严格的管理制度和技术措施，确保其真实性、完整性和有效性。

4.2 公务电子邮件的鉴定、归档、整理、保管、移交等应实行全过程管理与监控，保证管理工作的连续性。

4.3 应明确规定公务电子邮件归档的时间、范围、技术环境、相关软件、版本、数据类型、格式、被操作数据、检测数据等要求，保证归档公务电子邮件的质量。

4.4 归档公务电子邮件同时存在相应的纸质或其他载体形式的文件时，应在内容、相关说明及描述上保持一致。

4.5 公务电子邮件的鉴定、归档、整理、保管、移交等应纳入各单位公文处理程序和相关人员的岗位责任中。

4.6 机构内设置的公共邮箱（机构内对个人开放的邮箱，邮箱内设有许多文件夹，分别用来讨论工作中不同方面的问题）或共享邮箱（用来供员工发送疑问或关于执行的公务某一特定方面的信息，只有一定范围内的人员才能使用的邮箱）必须说明创建的目的或理由、邮箱使用者的范围，向使用者阐述邮箱的使用方法和要求。公共邮箱或共享邮箱必须明确相关责任人。

4.7 系统管理员应设定工作站和电子邮件账户的使用密码，密码应妥善保护，并定期更改。

4.8 各单位系统管理人员应为使用公务电子邮件系统的工作人员提供能够自动识别病毒特征的软件系统，并确保工作人员在使用文件或查找信息时，其工作站的杀毒软件和防火墙软件的自动保护功能都能启动。病毒特征库应当定期更新。

5 公务电子邮件的撰写与传递

5.1 公务电子邮件标题、正文内容的撰写以及署名规则参照相关纸质公文规定。邮件标题撰写应符合邮件主题或公务性质，以保证邮件应用的时效性以及归档、检索利用质量。

5.2 各单位应在公务电子邮件系统的公务信箱中发送和接收公务电子邮件，不得使用私人邮箱。邮件一经发出，必须原样保存。应尽量避免公务邮箱用于私人活动。

5.3 涉密公务电子邮件应使用专网和专门的邮件服务系统进行发送和接收，并对发送的邮件进行加密处理，同时应对网络环境、服务器、工作站进行安全性验证。

5.4 在发送公务电子邮件时应使用真实身份，并根据电子邮件的密级和发送范围，确定是否应进行加密和电子签名。不得在公务电子邮件及其附件中使用扫描签字等易被修改、伪造的签字方式。

5.5 各单位系统管理人员或有关人员应保存经由公务电子邮件系统传送的所有电子邮件收发记录，作为指导、监督归档的依据。

公务电子邮件收发记录应当归档，只有授权人员方可查询。

5.6 使用公务电子邮件系统的工作人员不得开启可疑电子邮件，如发现病毒，应立即通知系统管理人员。

5.7 公务电子邮件收发日志应备份，脱机保存，定期移交档案部门。

6 公务电子邮件的鉴定与归档

6.1 鉴定归档责任归属

6.1.1 对外发送的邮件由发送者进行鉴定归档；接收到的外部邮件，由接收者进行鉴定归档。

6.1.2 内部电子邮件应由邮件的发送者或邮件讨论的发起者进行鉴定归档。

6.1.3 公共邮箱文件夹或共享邮箱的邮件由文件夹或邮箱的责任人进行鉴定归档。个人邮箱内邮件的鉴定，由邮箱拥有者负责。

6.2 鉴定内容

6.2.1 应根据电子邮件的内容确定其是否具有公文性质，是否具有保存价值。对涉及公务但以个人名义收发的电子邮件应视为公务电子邮件。

6.2.2 公务电子邮件保管期限和密级的划分工作，参照国家有关纸质文件材料的保管期限和密级的有关规定执行。

6.2.3 各单位档案部门必须对需要归档的公务电子邮件进行真实性、完整性、有效性鉴定。真实性鉴定是指认定邮件是否是当时当人收发的，检查公务电子邮件的内容、结构和背景信息经过传输、迁移等处理后是否与收发时的原始状况一致。完整性鉴定是指利用有效的技术手段，检查公务电子邮件的内容信息、背景信息、结构信息等要素是否完备。有效性鉴定是指检测公务电子邮件是否具备可理解性和可用性，包括载体的完好性、信息的可识别性、存储系统的可靠性、载体的兼容性等。

6.3 归档范围

6.3.1 凡是反映本单位工作活动且具有查考利用价值的公务电子邮件均属归档范围。载有相同信息的纸质文件属于归档范围的，则该份电子邮件也应归档。

6.3.2 公务电子邮件归档时，应包括以下部分：

a）邮件发送人、接收人的具体情况（包括姓名、职务、所属部门和公务电子邮箱）；

b）发送、接收邮件的时间；

c）邮件密级；

d）邮件的题名；

e）邮件正文、附件；

f）邮件收发日志；

g）发送、接收邮件的软件名和版本号。

6.4 归档要求

6.4.1 办理完毕且具有保存价值的公务电子邮件应及时从原有邮箱中迁移出来，进行逻辑归档，保存到专门的电子文件管理系统中。需归档的电子邮件不可长期保存在公共邮箱内。

6.4.2 发送或接收具有保存价值的公务电子邮件后应立即将电子邮件打印成纸质文件，将打印输出存档到纸质文件管理系统中。

6.4.3 采用物理归档的公务电子邮件应采用或转换为本标准规定的标准格式，

如无法完整、准确地转换，应将相关的应用程序一并归档。

6.4.4 一般情况下电子邮件和附件作为整体进行归档。

6.4.5 经加密的公务电子邮件应解密后明文归档。

7 归档公务电子邮件的整理

7.1 归档公务电子邮件的整理按 DA/T22—2000 规定的要求进行。

7.2 归档公务电子邮件以件为单位整理。同一全宗可按类别、保管期限、机构（问题）等进行分类整理，公务电子邮件编号规则应与电子文件编号规则保持一致，有对应其他版本的，应通过档号建立两者之间的联系。

7.3 将已整理好的公务电子邮件按顺序存入规范化载体，不同保管期限的公务电子邮件应分别存储在不同的载体上，务必保证电子邮件的真实与完整。

7.4 公务电子邮件的著录参照国家有关规定进行。存储公务电子邮件的载体著录内容包括：

a）说明文件，对存储载体内文件及软硬件环境进行描述。

b）类目表文件，说明载体内文件分类信息。

c）著录文件，存放有关文件的目录信息。

d）公务电子邮件夹，存放已归档的各种公务电子邮件。

7.5 存储公务电子邮件的载体或包装盒上应贴有标签，标明以下信息：

a）载体编号；

b）立档单位名称；

c）类别（或主题）；

d）邮件起止日期；

e）转存日期；

f）密级；

g）文本（正本或备份）；

h）操作环境（硬件或软件）；

i）存储介质的生产日期；

j）保管期限。

8 公务电子邮件的移交与接收

8.1 各单位文件管理人员应按时向档案保管部门移交已归档的公务电子邮件，移交时应履行规定的程序，并做好移交登记，完全合格后方可移交。登记表一式两份，移交单位和档案管理部门各保存一份。

8.2 移交单位和档案保管部门应对归档的载体及其技术环境进行检验，检验结果分别由移交单位、接收单位填入《公务电子邮件移交检验登记表》。登记表一式两份，移交单位和档案管理部门各保存一份。

8.3 归档公务电子邮件移交可以采用逻辑方式或物理方式。涉密的公务电子邮件采用物理方式移交。

8.4 无论采用逻辑方式还是物理方式移交，对于需永久或长期保存的公务电子邮件，均应当将电子形式转换成纸质形式或者缩微形式一并保存后移交。

9 公务电子邮件的保管

9.1 档案保管部门应对各单位移交的公务电子邮件制作备份，一式三套，一套封存保管，一套提供利用，一套异地保存。

9.2 归档公务电子邮件的保管要求应符合 GB/T18894—2002 中 9.4 的相关规定。

9.3 档案部门应定期对公务电子邮件进行检查。公务电子邮件应当定期转移到适宜长期保存的介质上存储。公务电子邮件的删除和销毁应符合 GB/T18894—2002 中 9.8 的相关规定。

（注：本标准文本以国家档案局政策法规研究司法规标准化处编制的《档案工作标准汇编 6》收录文本为准。）

纸质档案数字化技术规范（DA/T31—2005）
（国家档案局 2005 年 4 月 30 日发布，2005 年 9 月 1 日实施）

1 范 围

本标准规定了纸质档案数字化的主要技术要求。

本标准适用于采用各种设备对纸质档案的数字化加工处理及数字化成果的管理。

2 规范性引用文件

下列文件中的条款通过本标准的引用而成为本标准的条款。凡是注明日期的引用文件，其随后所有的修改单（不包括勘误的内容）或修订版均不适用于本标准，然而，鼓励根据本标准达成协议的各方研究是否可使用这些文件的最新版本。凡是不注明日期的引用文件其最新版本适用于本标准。

GB/T17235.1—1998 信息技术 连续色调静态图像的数字压缩及编码 第 1 部分：要求和指南

GB/T17235.2—1998 信息技术 连续色调静态图像的数字压缩及编码 第 2 部分：一致性测试

GB/T18894—2002 电子文件归档与管理规范

3 术语和定义

下列术语和定义适用于本标准。

3.1 数字化（digitization）

用计算机技术将模拟信号转换为数字信号的处理过程。

3.2 纸质档案数字化（digitization of paper-based records）

采用扫描仪或数码相机等数码设备对纸质档案进行数字化加工，将其转化为存储在磁带、磁盘、光盘等载体上并能被计算机识别的数字图像或数字文本的处理过程。

3.3 数字图像（digital image）

表示实物图像的整数阵列。一个二维或更高维的采样并量化的函数，由相同维数的连续图像产生。在矩阵（或其他）网络上采样——连续函数，并在采样点上将值最小化后的阵列。

3.4 黑白二值图像（binary image）

只有黑白两级灰度的数字图像。它对应于黑白两种状态的文字稿、线条图等。

3.5 连续色调静态图像（continuous-tone still image）

以多于两级灰度的不同浓淡层次或以不同颜色通道组合成的静态数字图像。在纸质档案数字化过程中，通常表现为灰度扫描和彩色扫描两种模式。

3.6 分辨率（resolution）

单位长度内图像包含的点数或像素数，一般用每英寸点数（dpi）表示。

3.7 失真度（distortion measure）

对档案进行数字化转换后，数字图像与档案原件在色彩、几何等方面的偏离程度。

3.8 可懂度（intelligibility）

数字图像向人或机器提供信息的能力。

3.9 图像压缩（image compression）

清除图像冗余或对图像近似的任一种过程，其目的是对图像以更紧凑的形式表示。纸质档案数字化过程中，较常见的有 TIFF（G4）、JPEG 等压缩格式。

4 纸质档案数字化基本要求

4.1 基本原则

纸质档案数字化基本原则是使档案信息资源准确、方便、快捷地提供利用，使可以公开的档案信息资源得到共享，以满足社会对档案利用的需求。

4.2 数字化对象的确定原则

应当对所要进行数字化的对象按照一定的原则和方法进行确认，只有符合一定要求的纸质档案文献才能进行数字化。

4.2.1 符合国家法律法规的原则

纸质档案的数字化，必须符合国家档案开放规定以及有关规定。

4.2.2 价值性原则

属于归档范围且应永久或长期保存的、社会利用价值高的档案可列入数字化加工的范围。

4.3 基本环节

纸质档案数字化的基本环节主要包括：档案整理、档案扫描、图像处理、图像存储、目录建库、数据挂接、数据验收、数据备份、成果管理等。

4.4 过程管理

4.4.1 应加强纸质档案数字化各环节的安全保密管理机制，确保档案原件和数字化档案信息的安全。

4.4.2 纸质档案数字化的各个环节均应进行详细的登记，并及时整理、汇总、装订成册，在数字化工作完成的同时建立起完整、规范的记录。

5 档案整理

在扫描之前，根据档案管理情况，按下述步骤对档案进行适当整理，并视需要作出标识，确保档案数字化质量。

5.1 目录数据准备

按照《档案著录规则》（DA/T18）等的要求，规范档案中的目录内容。包括确定档案目录的著录项、字段长度和内容要求。如有错误或不规范的案卷题名、文件名、责任者、起止页号和页数等，应进行修改。

5.2 拆除装订

在不去除装订物情况下，影响扫描工作进行的档案，应拆除装订物。拆除装订物时应注意保护档案不受损害。

5.3 区分扫描件和非扫描件

按要求把同一案卷中的扫描件和非扫描件区分开。普发性文件区分的原则是：无关和重份的文件要剔除，有正式件的文件可以不扫描原稿。

5.4 页面修整

破损严重、无法直接进行扫描的档案，应先进行技术修复，折皱不平影响扫描质量的原件应先进行相应处理（压平或熨平等）后再进行扫描。

5.5 档案整理登记

制作并填写纸质档案数字化加工过程交接登记表单，详细记录档案整理后每份文件的起始页号和页数。

5.6 装 订

扫描工作完成后，拆除过装订物的档案应按档案保管的要求重新装订。恢复装订时，应注意保持档案的排列顺序不变，做到安全、准确、无遗漏。

6 档案扫描

6.1 扫描方式

6.1.1 根据档案幅面的大小（A4、A3、A0 等）选择相应规格的扫描仪或专业扫描仪（如工程图纸可采用 0 号图纸扫描仪）进行扫描。大幅面档案可采用大幅面数码平台，或者缩微拍摄后的胶片数字化转换设备等进行扫描，也可以采用小幅面扫描后的图像拼接方式处理。

6.1.2 纸张状况较差，以及过薄、过软或超厚的档案，应采用平板扫描方式；纸张状况好的档案可采用高速扫描方式以提高工作效率。

6.2 扫描色彩模式

6.2.1 扫描色彩模式一般有黑白二值、灰度、彩色等。通常采用黑白二值。

6.2.2 页面为黑白两色，并且字迹清晰、不带插图的档案，可采用黑白二值模式进行扫描。

6.2.3 页面为黑白两色，但字迹清晰度差或带有插图的档案，以及页面为多色文字的档案，可采用灰度模式扫描。

6.2.4 页面中有红头、印章或插有黑白照片、彩色照片、彩色插图的档案，可视需要采用彩色模式进行扫描。

6.3 扫描分辨率

6.3.1 扫描分辨率参数大小的选择，原则上以扫描后的图像清晰、完整、不影响图像的利用效果为准。

6.3.2 采用黑白二值、灰度、彩色几种模式对档案进行扫描时，其分辨率一般均建议选择大于或等于 100 dpi。特殊情况下，如文字偏小、密集、清晰度较差等，可适当提高分辨率。

6.3.3 需要进行 OCR 汉字识别的档案，扫描分辨率建议选择大于或等于 200 dpi。

6.4 扫描登记

认真填写纸质档案数字化转换过程交接登记表单，登记扫描的页数，核对每份文件的实际扫描页数与档案整理时填写的文件页数是否一致，不一致时应注明具体原因和处理方法。

7 图像处理

7.1 图像数据质量检查

7.1.1 对图像偏斜度、清晰度、失真度等进行检查。发现不符合图像质量要求时，应重新进行图像的处理。

7.1.2 由于操作不当，造成扫描的图像文件不完整或无法清晰识别时，应重新扫描。

7.1.3 发现文件漏扫时，应及时补扫并正确插入图像。

7.1.4 发现扫描图像的排列顺序与档案原件不一致时，应及时进行调整。

7.1.5 认真填写相关表单，记录质检结果和处理意见。

7.2 纠　偏

对出现偏斜的图像应进行纠偏处理，以达到视觉上基本不感觉偏斜为准。对方向不正确的图像应进行旋转还原，以符合阅读习惯。

7.3 去　污

对图像页面中出现的影响图像质量的杂质，如黑点、黑线、黑框、黑边等应进行去污处理。处理过程中应遵循在不影响可懂度的前提下展现档案原貌的原则。

7.4 图像拼接

对大幅面档案进行分区扫描形成的多幅图像，应进行拼接处理，合并为一个完整的图像，以保证档案数字化图像的整体性。

7.5 裁边处理

采用彩色模式扫描的图像应进行裁边处理，去除多余的白边，以有效缩小图像文件的容量，节省存储空间。

8 图像存储

8.1 存储格式

8.1.1 采用黑白二值模式扫描的图像文件，一般采用 TIFF（G4）格式存储。采用灰度模式和彩色模式扫描的文件，一般采用 JPEG 格式存储。存储时压缩率的选择，应以保证扫描图像清晰可读的前提下，尽量减小存储容量为准则。

8.1.2 提供网络查询的扫描图像，也可存储为 CEB、PDF 或其他格式。

8.2 图像文件的命名

8.2.1 纸质档案目录数据库中的每一份文件，都有一个与之相对应的唯一档号，以该档号为这份文件扫描后的图像文件名称。

8.1.2 多页文件可采用该档号建立相应文件夹，按页码顺序对图像文件命名。

9 目录建库

9.1 数据格式选择

目录建库应选择通用的数据格式。所选定的数据格式应能直接或间接通过 XML 文档进行数据交换。

9.2 档案著录

按照《档案著录规则》（DA/T18）的要求进行著录，建立档案目录数据库。

9.3 目录数据质量检查

采用人工校对或软件自动校对的方式，对目录数据库的建库质量进行检查。核对著录项目是否完整、著录内容是否规范、准确，发现不合格的数据应要求进行修改或重录。

10 数据挂接

10.1 汇总挂接

档案数字化转换过程中形成的目录数据库与图像数据库，通过质检环节确认为"合格"后，通过网络及时加载到数据服务器端汇总。通过编制程序或借助相应软件，可实现目录数据对相关联的数字图像的自动搜索、加入对应的电子地址信息等，实现批量、快速挂接。

10.2 数据关联

以纸质档案目录数据库为依据，将每一份纸质档案文件扫描所得的一个或多个图像存储为一份图像文件。将图像文件存储到相应文件夹时，要认真核查每一份图像文件的名称与档案目录数据库中该份文件的档号是否相同，图像文件的页数与档案目录数据库中该份文件的页数是否一致，图像文件的总数与目录数据库中文件的总数是否相同等。通过每一份图像文件的文件名与档案目录数据库中该份文件档号的一致性和唯一性，建立起一一对应的关联关系，为实现档案目录数据库与图像文件的批量挂接提供条件。

10.3 交接登记

认真填写纸质档案数字化转换过程交接登记表单，记录数据关联后的页数，核对每一份文件关联后的页数与档案整理、扫描时填写的页数是否一致，不一致时应注明具体原因和处理办法。

11 数据验收

11.1 数据抽检

11.1.1 以抽检的方式检查已完成数字化转换的所有数据，包括目录数据库、图像文件及数据挂接的总体质量。

11.1.2 一个全宗的档案，数据验收时抽检的比率不得低于5%。

11.2 验收指标

11.2.1 目录数据库与图像文件挂接错误，或目录数据库、图像文件之一出现不完整、不清晰、有错误等质量问题时，抽检标记为"不合格"。

11.2.2 一个全宗的档案，数字化转换质量抽检的合格率达到95%以上（含95%）时，予以验收"通过"。

合格率 = 抽检合格的文件数 / 抽检文件总数 ×100%

11.3 验收审核

验收"通过"的结论，必须经分管领导审核、签字后方有效。

11.4 验收登记

认真填写纸质档案数字化验收登记表单。

12 数据备份

12.1 备份范围

经验收合格的完整数据应及时进行备份。

12.2 备份方式

为保证数据安全，备份载体的选择应多样化，可采用在线、离线相结合的方式实现多套备份，并注意异地保存。

12.3 数据检验

备份数据也应进行检验。备份数据的检验内容主要包括备份数据能否打开、数据信息是否完整、文件数量是否准确等。

12.4 备份标签

数据备份后应在相应的备份介质上做好标签，以便查找和管理。

12.5 备份登记

填写纸质档案数字化备份管理登记表单。

13 数字化成果管理

13.1 应加强对纸质档案数字化成果的管理，确保其安全、完整和长期可用。

13.2 纸质档案数字化成果提供网上检索利用时，应有制作单位的电子标识，并根据具体情况分别采用可下载或不可下载的数据格式。

本科教学档案管理办法

第一条　为了加强本科教学档案管理工作，充分发挥教学档案在教学活动中的作用，实现教学档案管理的标准化、规范化，有效地建立和利用教学档案，根据《高等学校教学档案管理办法》《档案管理办法》等有关规定，结合学校实际情况，特制定本办法。

第二条　本科教学档案管理是学校教学管理的重要组成部分，是衡量学校教学管理水平和教学质量的重要标志之一，教学档案真实记录和反映了教学实践、教学研究和教学管理活动的过程和成果，为教学工作提供重要的参考和历史凭证。

第三条　本科教学档案是指在本科教学过程中直接形成的具有保存价值的文字、图表、声像载体等材料。

第四条　本科教学档案实行校级、二级单位、基层组织三级管理，确保档案保存的完整、准确、系统和安全，以便开发利用。

校级管理　由各相关职能部门按照《教学类档案立卷归档工作细则》等有关规定收集、整理，并及时向学校档案馆移交。

二级单位管理　除按规定移交学校档案馆的档案外，职能部门、教学单位在教学及管理工作中形成的，对学校的教学及管理工作在一定时期内有保存价值的档案，由相关职能处、教学单位保管和开发利用。

基层组织管理　除向上一级部门移交的档案外，各教研室、实验室在教学工作中形成的，对学校的教学及工作有保存价值的档案，由各教研室、实验室保管和利用。

第五条　本科教学档案应具有史料和应用价值，必须反映教学管理、教学实践活动的全过程，遵循其自然形成规律，保证完整、系统、准确。

第六条　本科教学档案一般按学年立卷并设立目录，对有专项要求的工作，如考试档案等，可根据实际情况按学期立卷。档案的整理立卷参照《归档文件整理规则实施办法》执行，电子档案的归档与管理参照《电子档案管理办法（暂行）》执行。

第七条　本科教学档案管理文件一般归档一份，重要的教学文件除原稿外，可根据实际情况配加副本。

第八条　本科教学档案主要包括教学文件、教学运行、考试管理、实践教学、质量监控、教学改革与研究等。校级教学档案归档范围及保管期限按《教学类档案立卷归档工作细则》中的规定执行。职能部门、各教学单位等二级单位应按《本科教学档案归档范围》进行归档管理，各教学基层组织教学档案的归档范围由各二级单位负责制定实施细则，教师教学文辑由各教学基层组织根据《教师教学文辑整理指南》进行归档管理。

第九条　各单位应设置教学档案专柜，存放在安全可靠、防火、防盗、防霉、防雨的地点。

第十条　各单位要建立教学档案的借阅制度，查阅档案一般就地查阅，确实需要借出的要遵循借阅登记制度，并及时催还。各单位档案管理人员工作变动时，要做好档案交接工作，在检查验收后，方可办理相关手续。

第十一条　相关职能部门、教学单位在组织教学过程中要注重积累教学材料，将其落实到各项工作中并定期整理积累的教学文件材料。

第十二条　《本科教学档案归档范围》未列及的有关教学档案，由各相关职能部门、教学单位根据工作实际、参照学校档案管理规定和本办法进行归档。

第十三条　预科和中专教学档案管理参照本办法执行。

第十四条　本办法自公布之日起执行，由教务处负责解释。

教师教学文辑整理指南

1. 教师个人简介及教学工作经历。

2. 教师对本人的教学思想、教学理论、教学目标和风格的综述。

3. 教师改进教学的措施，如开展教学研究、将科研成果引入课堂教学等。

4. 教师改进讲授方法和学生自学方法的尝试，如新教学方法的试行和新教育技术的引用，如课程学习包、阅读指导、计算机网络辅助学习资源、学习指导书，便于学生自学。

5. 教师在教学管理等方面的贡献，如在校内有关教学的委员会中服务，在专业性的教学期刊中发表文章或出版教材等。

6. 教师依据《课堂教学评估表（教师自评）》材料进行自评。

参考文献

[1] 陈兆祦，和宝荣，王英玮 . 档案管理学基础 [M]. 北京：中国人民大学出版社，2005.

[2] 陈少慧 . 文书与教学档案的管理 [M]. 北京：线装书局，2008.

[3] 薛四新 . 档案馆信息化与档案管理变革——数字记忆之思考 [M]. 北京：机械工业出版社，2008.

[4] 娄策群，桂学文，赵云合 . 信息化管理理论与实践 [M]. 北京：清华大学出版社，北京交通大学出版社， 2010.

[5] 杨善林 . 信息管理学 [M]. 北京：高等教育出版社，2003.

[6] 娄策群 . 信息管理学基础 [M]. 北京：科学出版社，2009.

[7] 潘明惠 . 信息化工程原理与应用 [M]. 北京：清华大学出版社，2004.

[8] 吕新奎 . 中国信息化 [M]. 北京：电子工业出版社，2002.

[9] 周宏仁 . 信息化论 [M]. 北京：人民出版社，2008.

[10] 游五洋，陶青 . 信息化与未来中国 [M]. 北京：中国社会科学出版社，2003.

[11] 刘宏志，葛遁康 . 信息化工程监理 [M]. 北京：中国电力出版社，2009.

[12] 柳纯录 . 信息系统监理师教程 [M]. 北京：清华大学出版社，2005.

[13] 冯周卓 . 走向柔性管理 [M]. 北京：中国社会科学出版社，2003.

[14] 李伟，陈雄鹰 . 企业 IT 战略与决策 [M]. 北京：机械工业出版社，2005.

[15] 薛华成 . 管理信息系统 [M]. 北京：清华大学出版社，1999.

[16] 陈国青，李一军 . 管理信息系统 [M]. 北京：高等教育出版社，2006.

[17] 杜栋 . 企业信息资源管理 [M]. 北京：北京交通大学出版社，2006.

[18] 左美云，邝孔武 . 信息系统开发与管理教程 [M]. 北京：清华大学出版社，2001.

[19] 龚炳铮 . 信息化的含义与分类的探讨 [J]. 中国信息界，2005（19）:11—15.